ফারুক আহমদ
জীবন ও ইতিহাস-চর্চা

ফারুক আহমদ
জীবন ও ইতিহাস-চর্চা

ড. মুকিদ চৌধুরী

Published by Deshi Roots imprint of MAPublishing (Penzance) January 2021

ISBN-13: 9781910499-67-2

Original Cover Jacket Designed by: Dewan Atiqur Rahman
Jacket cover re-purposed for the paper back cover by Mayar Akash
Typeset in: SutonnyMJ, BhagirathiMJ, Times New Roman

Paper printed on is FSC Certified, lead free, acid free, buffered paper made from wood-based pulp. Our paper meets the ISO 9706 standard for permanent paper. As such, paper will last several hundred years when stored.

উৎসর্গ

গবেষকবৃন্দ

প্রবেশক

এই গ্রন্থটি এক শিকড়ানুসন্ধান। অনুসন্ধান বলে এরমধ্যে এক অভিযানের উল্লাস। ছোটোখাটো আবিষ্কারে—চেনা, আধোচেনা, শিকিচেনা, অচেনা বিষয়ের—মনোলোক জটিল, পরিচ্ছন্ন, সমৃদ্ধ, ঋণী হতে থাকে।

ফারুক আহমদ একজন নিবিড় ইতিহাস গবেষক। তিনি অতীত ও সমকালীন চৈতন্যের, বাস্তব অস্তিত্বের ইশারা দিয়েছেন। অর্ধাবগুণ্ঠন, ছায়াচ্ছন্নতার মুক্তির এবং সৃষ্টিশীলতা, যুক্তিশীলতা, বাস্তবতার ইশারা দিয়েছেন। এইভাবে ফারুক আহমদ হয়ে ওঠেন তাঁর কর্মে ও গবেষণায় পুরিপূর্ণ মানুষ।

এই গ্রন্থে ফারুক আহমদকে তাঁর পরিপ্রেক্ষিতে—সমেত সংক্ষিপ্ত কিন্তু সমগ্রভাবে ধারণ করতে চেয়েছি। দ্রুততার কারণে, জ্ঞাতে-অজ্ঞাতে কিছু অসম্পূর্ণতা রয়ে গেছে। ফারুক আহমদের জীবন ও রচনাকর্মের সামগ্রিক কোনো মূল্যায়ন নয়, সমকালের পটভূমিতে তাঁর চিন্তা ও ইতিহাস-চর্চার মোটামুটি একটি পরিচয় তুলে ধরাই এই ক্ষুদ্র গ্রন্থের উদ্দেশ্য। এই প্রাথমিক প্রয়াস যদি ভবিষ্যতে যোগ্যজনকে ফারুক আহমদ সম্বন্ধে যথার্থ তাৎপর্যপূর্ণ কাজে উদ্বুদ্ধ করতে পারে, তাহলে এই প্রচেষ্টা সফল হবে। ফারুক আহমদ সম্বন্ধে এই গ্রন্থ পাঠে কিছু পরিমাণে তৃপ্ত-উদ্দীপ্ত হলেও কৃতার্থ বোধ করব।

ড. মুকিদ চৌধুরী

লন্ডন, ২০২১

ফারুক আহমদ

সূচিপত্র

জীবন

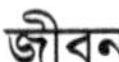

জীবন

ফারুক আহমদ একাধারে একজন লেখক, কবি ও গীতিকার।

—*বিলাতে বাংলা সংবাদপত্র ও সাংবাদিকতা*, আবদুল গাফফার চৌধুরী।

আমি আশ্চর্য হয়ে দেখেছি, বাউল গানের সাধন তত্ত্বে যে অসাম্প্রদায়িকতার সুর, জাতপাতের বাঁধন মুক্তির যে চেতনা, ফারুক আহমদের গানে তা অবিকল ধরা পড়েছে।

—*এ মাটিল বাউল*, আবদুল গাফফার চৌধুরী।

ফারুক আহমদ সচেতন ইতিহাসকার। [...] গবেষক হিসেবে তাঁর আনন্দ।

—*দুঃসাহস ও দুর্ভাবনার ইতিহাস*, ড. হাসিব তানভীর।

'ফারুক আহমদ একজন নিভৃতচারী, প্রচারবিমুখ, স্বল্পভাষী এবং সর্বোপরি নিরহংকার মানুষ।'—*ইতিহাস ও ঐতিহ্যের আয়নায় গোলাপগঞ্জ*।

– ইসহাক কাজল।

The author is a journalist and historian, with an intimate knowledge of language and the expanding Bangladeshi newspaper industry in Britain.

–*Christopher J Lloyd*

জন্ম ও পরিচয়

ফারুক আহমদ বিলাতে বসবাসকারী একজন গবেষক ও সাংস্কৃতিক ব্যক্তি। তাঁর চৈতন্য প্রতিভার তাবৎ বিচ্ছুরণ একটি জ্যোতিষ্মান কেন্দ্র থেকে প্রবিষ্ট। সৃজনশীল সাহিত্যকর্মের মধ্য দিয়ে সাহিত্যজগতে আবির্ভাব হলেও বর্তমানে তাঁর ভাবনাশীলতা মননশীল ইতিহাস চর্চাকে কেন্দ্র করেই আবর্তিত হচ্ছে। এর বাইরে বিদ্যালয় প্রতিষ্ঠা, জনকল্যাণ সংস্থা প্রতিষ্ঠা, সাহিত্য সংগঠন পরিচালনা— এসব তাঁর কর্মের পরিধি। কিন্তু সবকিছুর মধ্য দিয়েও একটি উৎকাঙ্ক্ষাই তীব্রভাবে প্রকাশ পেয়েছে— সমাজহিত।

বর্তমান সিলেট জেলার গোলাপগঞ্জ উপজেলার, গোলাপগঞ্জ ইউনিয়নের অন্তর্গত গোয়াসপুর গ্রামের এক কৃষিজীবী তালুকদার পরিবারে ১৯৬৪ সালের ২২শে জানুয়ারি ফারুক আহমদের জন্ম।[১]

ফারুক আহমদ বলেছেন, 'আমার জন্ম তারিখটি পিতাজি অত্যন্ত যত্নের সঙ্গে তাঁর দিনপঞ্জিকার পাতায় বড়ো দাগে চিহ্নিত করে, এর পাশে আমার নামটি লিখে রেখেছিলেন। শুনেছি, তিনি কৃতিত্বের সঙ্গে পাঠশালা ডিঙিয়ে এম.ই. স্কুল পর্যন্ত পৌঁছেছিলেন। পরে, আমার পিতামহ অসুস্থ্য হয়ে যাবার কারণে তাঁর আর লেখাপড়া হয়নি। তিনি শুধু আমার জন্ম তারিখই নয়, আমাদের ভাইবোন প্রত্যেকের জন্ম তারিখ তাঁর নিজের মতো করে লিখে রেখেছিলেন। এই লিখে রাখার পদ্ধতিটি ছিল, প্রত্যেক বছর তিনি তাঁর নিজস্ব প্রয়োজনে একটি মোহাম্মদি ও আরেকটি লোকনাথ পঞ্জিকা কিনতেন। আমাদের পরিবারে যখন যার জন্ম হয়েছে তিনি তাঁর পঞ্জিকার পাতায় সেই তারিখের নিচে দাগ দিয়ে শুধু নামটা লিখে রাখতেন।'[২]

---

[১]সঠিক জন্ম তারিখ নয়, বিদ্যালয়ের সনদ অনুযায়ী। লেখকের ভাই আব্দুল মুক্তাদিরের পরামর্শে পাঠশালার প্রধান শিক্ষক রাকেশরঞ্জন চক্রবর্তী মূল তারিখের পরিবর্তে এই তারিখটি সার্টিফিকেটে লিখে দেন। কারণ, সরকারি চাকুরি করলে বেশি দিন কাজ করা যাবে।

[২]*এক বাঙালি-ব্রিটিশের আত্মকথা* (আত্মজীবনী), ফারুক আহমদ, অপ্রকাশিত।

ফারুক আহমদের পিতার নাম কুতুব আলি এবং মায়ের নাম তেরাবুন নিসা। তেরাবুন নিসা ছিলেন একই থানার ১নং বাঘা ইউনিয়ন অধীন রস্তুমপুর গ্রামের সিকান্দর আলির প্রথম সন্তান। লেখাপড়াও ছিল পাঠশালা পর্যন্ত। বিয়ের আগে তিনি গ্রামের বাড়িতে ছোটোছোট ছেলেমেয়েদের ধর্মীয় শিক্ষক ছিলেন। তিনি যেমন ছিলেন সুন্দরী, তেমনই বুদ্ধিমতী ও সুরেলা কণ্ঠের অধিকারী। মায়ের দেওয়া হিসাবানুযায়ী, ফারুক আহমদের জন্ম তারিখ হচ্ছে ১৫ই পৌষ ১৩৬৬ বঙ্গাব্দ। ভূমিষ্ঠ হওয়ার পর পর অতি-উৎসাহে গৃহশিক্ষক মওলানা আব্দুল কুদ্দুস (পরবর্তীকালে স্থানীয় ঘোষগাঁও মাদ্রাসার প্রতিষ্ঠাতা ও প্রিন্সিপাল) নবজাত শিশুটির নাম রাখেন ইবরাহিম খলিলুল্লাহ; কিন্তু ১৬ই পৌষ ১৩৬৬ বঙ্গাব্দে, তেরাবুন নিসার ভ্রাতা হাফিজ আলাউদ্দিন তাঁর ভাগ্নের নাম রাখেন 'ফারুক আহমদ'। ফারুক আহমদ মাতাপিতার সপ্তম সন্তান।

ফারুক আহমদের পূর্বপুরুষের বসতি ছিল বিয়ানীবাজার থানার অন্তর্গত চারখাই এলাকার হাসান গ্রামে। তাঁর পূর্বপুরুষ গোলাম মোহাম্মদ (শাহ আবু) ছিলেন সংগীতপ্রিয় মানুষ। চারখাই এলাকার কনকলস গ্রামে এক বাউল গানের আসরের গিয়ে, সেই গ্রামের এক তালুকদার পরিবারের কন্যার রূপে মুগ্ধ হয়ে প্রেমে পড়েন এবং একপর্যায়ে গোপনে বিয়েও করেন। এই নারী-পরিবার তালুকদার সম্প্রদায়ভুক্ত হলেও সামাজিক মর্যাদার দিক থেকে গোলাম মোহাম্মদের পরিবারের সম-মর্যাদাসম্পন্ন না হওয়ায় বিবাহবন্ধনটি রাষ্ট্র হওয়ার সঙ্গে সঙ্গে গোলাম মোহাম্মদের পিতা তাঁকে ত্যাজ্যপুত্র করেন। ফলে অনেকটা বাধ্য হয়েই তিনি কনকলস গ্রামে, শশুড়ালয়ে আশ্রয় নেন। সেখানেই তিনি বাড়িঘর নির্মাণ করে স্থায়ী ভাবে বসবাস শুরু করেন। পরে পিতা তাঁকে ফিরিয়ে নিতে চাইলেও নিজ গ্রামে আর ফিরে যাননি। তবে সম্পত্তির কিছু ভাগ পেয়েছিলেন। গোলাম মোহাম্মদ ছিলেন এক পুত্র সন্তানের জনক। নাম মোহাম্মদ শফি। শফির প্রথম সন্তান জাকির মোহাম্মদ। জাকির মোহাম্মদের জন্মের পরে তাঁর মা মারা গেলে তিনি দ্বিতীয় বার বিয়ে করেন। সেই পক্ষে ছিলেন একজন কন্যা।[৩]

কোনো এক সময় কনকলস গ্রামের মসজিদকে কেন্দ্র করে বিবাদ সৃষ্টি হলে জাকির মোহাম্মদ একজন গ্রামবাসীকে হত্যার জন্য অভিযুক্ত হন। তাঁর বিরুদ্ধে মামলা হয়। তিনি তখন আত্মগোপনের জন্য রাণাপিং পরগণার গোয়াসপুর গ্রামে তাঁর খালার বাড়িতে আশ্রয় নেন।[৪] দীর্ঘদিন মামল-মোকদ্দমা চলতে থাকলে তিনি এই গ্রামেই (বাঘমারায়) আবাসস্থল স্থাপন করেন। পরে একই গ্রামের বাসিন্দা মোহাম্মদ মুসার বোনকে বিয়ে করে সংসারী হন। এই বাড়িতেই তাঁর একমাত্র পুত্র মোহাম্মদ মনসুরের জন্ম। কিন্তু বাড়িতে বংশবৃদ্ধি না হওয়ায় মোহাম্মদ মনসুর একই গ্রামের পূর্বদিকে অন্য-একটি টিলা কিনে সেখানে গিয়ে বসতি স্থাপন করেন। বাড়িটি নতুন ভাবে তৈরি করা হয়েছিল বলে লোকমুখে এটির নামকরণ হয়ে যায় নওয়া বাড়ি। বাড়িটি যেহেতু মোহাম্মদ মনসুরই তৈরি করেছিলেন সেজন্য তাঁরবর্তমান

---

[৩] নাম জানা যায়নি।

[৪] এই খালা ছিলেন তাঁর সৎমায়ের বোন।

উত্তরসূরিগণ তাঁরই স্মৃতির সম্মানে নামকরণ করেছেন ‘মোহাম্মদ মনসুর মেমোরিয়াল’। এই বাড়িতে আসার পরে মোহাম্মদ মনসুরের প্রথম পুত্র কেরামত আলির জন্ম হয়। এর কিছুদিন পরেই কেরামত আলির মা মারা গেলে মোহাম্মদ মনসুর দ্বিতীয় বিয়ে করেন। সেই পক্ষের দুই পুত্র ও এক কন্যা— আব্দুর রহমান (রেহমান আলি), একরাম আলি ও মস্তুরা বিবি।

আব্দুর রহমান কোনো এক কারণে পিতার সঙ্গে রাগ করে ১৯০০ সালে মাত্র বিশ বছর বয়সে বাড়ি ছেড়ে কলকাতায় চলে গিয়েছিলেন। থাকতেন হাওড়ায়। হাতের টাকা ফুরিয়ে গেলে কাজ নেন ব্রিটিশ মার্কেনটাইল মেরিনে। মেরিনার সার্টিফিকিটে তাঁর নাম লেখা আছে আব্দুর রহমান মোহাম্মদ মুন্‌শি, জন্ম তারিখ ১৮৮০ সাল। উচ্চতা পাঁচ ফুট ছয় ইঞ্চি। জাহাজে কাজ করতে গিয়ে এই ‘মুন্‌শি’ টাইটেল কেন তাঁর নামের সঙ্গে যোগ হলো তা জানা যায়নি। অনেকে মনে করেন জাহাজে তিনি মুন্‌শি বা কেরানি জাতীয় কোনো কাজ করতেন বলেই এ ধরনের টাইটেল যুক্ত হয়েছে।

আব্দুর রহমানের ছিলেন তিন পুত্র ও চার কন্যা। পুত্র— কুতুব আলি, আইয়ুব আলি (তেরা মিয়া) ও তৈয়ব আলি (ময়না মিয়া)। কন্যা— আকলিজা বিবি, শবজান বিবি, মনসুর নেসা ও সামসুন নেসা।

কুতুব আলির পাঁচ পুত্র ও দুই কন্যা। পুত্র— আফতাব উদ্দিন (আপ্তাব আলী), আসহাব উদ্দিন[৫], আবদুল মসব্বির[৬], আবদুল মুক্তাদির ও ফারুক আহমদ। কন্যা— বেগম বাহার ও সাহারুন নিসা। ফারুক আহমদ মাতাপিতার সপ্তম সন্তান। তিনি এক কন্যা ও দুই পুত্র সন্তানের জনক।

ফারুক আহমদের পিতা কুতুব আলি ১৯৭৭ সালের ১০ই এপ্রিল, এবং মাতা তেরাবুন নিসা ১৯৮০ সালের তেসরা জুলাই দুপুর ১টা ৫০ মিনিটে নিজ বাড়িতে মৃত্যুবরণ করেন।[৭]

প্রাথমিক শিক্ষা

ফারুক আহমদের প্রাথমিক শিক্ষার হাতেখড়ি বাড়িতে, মায়ের কাছে। তারপর ভর্তি হন এলাকার প্রাচীন বিদ্যাপীট রায়গড় দ্বিতীয় সরকারি প্রাথমিক বিদ্যালয়ে। গোলাপগঞ্জ উপজেলায় দুটি রায়গড় আছে। একটি শ্রীচৈতন্যের পিতৃভূমি ঢাকাদক্ষিণ ইউনিয়নে, অপরটি ২নং গোলাপগঞ্জ ইউনিয়নে।

১৯০১ সালে এলাকাবাসীর সহযোগিতায় স্থানীয় শিক্ষাবিদ নদীয়া শর্মা এই বিদ্যালয়টি প্রতিষ্ঠা করেন। নিজ গ্রামে নিজের পারিবারিক ভূমির ওপর ১৯৬৩ সালে প্রতিষ্ঠিত ‘চৌঘরী

---

[৫] আসহাব উদ্দিন বাল্যকালেই মারা যান।

[৬] আব্দুল মসব্বির ২০১৮ সালের ১০ই এপ্রিল বিকেল সাড়ে পাঁচটায় নিজ বাড়িতে মৃত্যুবরণ করেন।

[৭] *এক বাঙালি-ব্রিটিশের আত্মকথা* (আত্মজীবনী), ফারুক আহমদ, অপ্রকাশিত।

গোয়াসপুর সরকারি প্রাথমিক বিদ্যালয়’ নামে আরেকটি বিদ্যালয় থাকলেও ফারুক আহমদের শিক্ষাজীবন শুরু হয় এই রায়গড় দ্বিতীয় প্রথমিক বিদ্যালয়েই। বিদ্যালয়টি তাঁর বাড়ি থেকে মাত্র তিন বাড়ি দক্ষিণে। কিন্তু রাস্তা দিয়ে যেতে ঘুরে-ফিরে প্রায় মাইলখানেক পথ। এই স্কুলেই ফারুক আহমদের পিতা ও ভাইবোন লেখাপড়া করেছেন। নদীয়া শর্মার পরে তাঁরই পুত্র রামদুলাল শর্মা স্কুলের শিক্ষক হিসেবে দায়িত্ব গ্রহণ করেন। এর পরে তাঁরই ভাই রামদয়াল শর্মা। তিনি ছিলেন ফারুক আহমদের পিতারও শিক্ষক। এর পরে শিক্ষকতার দায়িত্ব গ্রহণ করেন রামদয়াল শর্মার ছেলে রাকেশরঞ্জন চক্রবর্তী। রাকেশরঞ্জন চক্রবর্তী ছিলেন ফারুক আহমদের পিতার প্রায় সমবয়েসী। ফারুক আহমদ যখন স্কুলে ভর্তি হন তখন সহকারী শিক্ষক ছিলেন মকবুল হোসেন চৌধুরী। ভর্তির হওয়ার ঘণ্টাখানেক পরে দুষ্টুমির কারণে মকবুল হোসেন চৌধুরী কোনো এক ছাত্রকে এমনভাবে পিঠিয়েছিলেন যে, সেই পেঠানোর দৃশ্য দেখে তিনি স্কুল থেকে পালিয়ে বাড়িতে না গিয়ে পাশের বাড়ির গোয়ালঘরে আত্মগোপন করেন। এ নিয়ে পরিবারে লঙ্কাকাণ্ড ঘটে। এর ঘটনারই সূত্র ধরে প্রায় দুই বছরের জন্য তাঁর প্রাথমিক শিক্ষা স্থগিত থাকে। দুই বছর পর আবারও তিনি পাঠশালায় যেতে শুরু করেন। এর পেছনেও একটি ঘটনা কাজ করেছিল। ফারুক আহমদ তাঁর অপ্রকাশিত আত্মজীবনীতে লিখেছেন, ‘তখন পাকিস্তানি শাসনামল। দিনটি ১৯৬৯ সালের ১৪ই অগাস্ট। পাকিস্তানের স্বাধীনতা দিবস। পাশের বাড়ির একজন সহপাঠী লিলউদ্দিন জানালো স্বাধীনতা দিবসে কোনো লেখাপড়া হবে না। শুধু খেলাধূলা চলবে। মারধরের মতো কোনো ঘটনাও ঘটবে না। সুতরাং ভয়ের কোনো কারণ নেই। এই বলে তিনি তাঁকে স্কুলে যাওয়ার জন্য অনুপ্রাণিত করেন। মূলত বন্ধু লিলউদ্দিনের অনুপ্রেরণায়ই ফারুক আহমদ স্কুলে যান। কিন্তু বহিরাগত হিসেবে খেলাধূলায় অংশ নেওয়ার কোনো সুযোগ পাননি। দিন শেষে পুরস্কার বিতরণীর সময় প্রধান শিক্ষক ঘোষণা করেন স্কুলের ছাত্রছাত্রীদের মধ্যে যাদের কাপড়-চোপড় ও দাঁত পরিষ্কার-পরিচ্ছন্ন, হাত ও পায়ের নখ সুন্দর ভাবে ছাটা তাদের মধ্য থেকে দুই জনকে পুরস্কৃত করা হবে। প্রথম পুরস্কার ১২টি মিনি চকলেট এবং দ্বিতীয় পুরস্কার ৬টি মিনি চকলেট। তিন জন বিচারক ঘুরে ঘুরে কাপড়, দাঁত এবং হাত ও পায়ের নোখ পরীক্ষা করেন। এই পরীক্ষায় ফারুক আহমদের ভাগ্য ছিল সুপ্রসন্ন। স্কুলের মধ্যে তিনিই প্রথম হন, দ্বিতীয় রিনা বেগম। কিন্তু নাম ঘোষণার সঙ্গে সঙ্গে অন্যান্য ছাত্রছাত্রীদের কাছ থেকে প্রতিবাদ আসে, ফারুক আহমদ স্কুলের ছাত্র নন, বহিরাগত। তিনি খেলাধূলা দেখতে এসেছেন। তখন সমস্যার সমাধান দিতে এগিয়ে আসেন স্বয়ং প্রধান শিক্ষক রাকেশরঞ্জন চক্রবর্তী। বলেন, ‘সে ছাত্র নয়তো কী হয়েছে? তার পুরো পরিবারই এই স্কুলের ছাত্র। আগামী কাল থেকে সে স্কুলে আসবে। সুতরাং তাকে পুরস্কার দেওয়া যায়।’ তিনি ফারুক আহমদকে পরদিন থেকে স্কুলে যাওয়ার নির্দেশ দিয়ে পুরস্কার তাঁর হাতে তুলে দেন।

ফারুক আহমদ বলেন, এই পুরস্কার লাভ করা তখন তাঁর কাছে ছিল পৃথিবী জয়ের সমান। একইসঙ্গে তাঁর জীবনের টার্নিংপয়েন্ট। এই ছোট্ট ঘটনাটি না ঘটলে হয়তো তাঁর

জীবনে লেখাপড়া হতো কি না সন্দেহ ছিল। সেই যে স্কুল যাওয়া শুরু তারপর পঞ্চম শ্রেণি পর্যন্ত বিনা কারণে আর স্কুল কামাই করেননি। শুধু তাই নয় প্রথম শ্রেণি থেকে পঞ্চম শ্রেণি পর্যন্ত প্রত্যেক শ্রেণিতে প্রথম স্থান অধিকার করেন। চতুর্থ শ্রেণিতে ওঠার পর তিনি 'স্কুল ক্যাপটেইন' নির্বাচিত হন। পঞ্চম শ্রেণিতে ওঠার পর প্রধান শিক্ষক সিকন্দর আলি চৌধুরীর অনুপ্রেরণায় বৃত্তি পরীক্ষায় অংশগ্রহণ করেন। কিন্তু বৃত্তি তাঁর ভাগ্যে জোটেনি।

সত্তরের নির্বাচন ও একাত্তরের মুক্তিযুদ্ধ

ফারুক আহমদের পাঠশালা জীবনেই ১৯৭০ সালের নিখিল পাকিস্তান জাতীয় পরিষদ নির্বাচনে কর্নেল এম এ জি ওসমানি সিলেট-৬ (বালাগঞ্জ-ফেঞ্চুগঞ্জ-গোলাপগঞ্জ-বিশ্বনাথ) নির্বাচনী এলাকা থেকে জাতীয় পরিষদ নির্বাচনের আওয়ামী লীগের প্রার্থী হিসেবে প্রতিদ্বন্দ্বিতা করেন। ফারুক আহমদের পুরো পরিবার, এম কী পুরো গ্রামের মানুষ আওয়ামী লীগের কর্মী এবং সমর্থক হলেও ব্যতিক্রম ছিলেন তাঁর পিতা। পাশের বাড়ির মওলানা রিয়াসৎ আলির প্রিয়পাত্র হিসেবে তিনি ছিলেন জমিয়তে উলামায়ে ইসলামের প্রার্থী মওলানা নুরুদ্দিনের সমর্থক। নির্বাচনে অবশ্যি আওয়ামী লীগের প্রার্থী কর্নেল এম এ জি ওসমানী জয়লাভ করেন।

৭ই মার্চ বঙ্গবন্ধু শেখ মুজিবুর রহমানের ঐতিহাসিক স্বাধীনতা ঘোষণার পর থেকে দেশ সশস্ত্র মুক্তিযুদ্ধের দিকে ধাবিত হয়।ফারুক আহমদ বলেন, 'তখন জঙ্গী বিমান যে কী জিনিস, এর আক্রমণের ভয়াবহতাই বা কী তা জানতাম না, এর প্রথম অভিজ্ঞতা হয় ১৯৭১ সালেই'।

এ সম্পর্কে তিনি তাঁর আত্মজীনীতে লিখেছেন, 'স্কুলে গেছি যথারীতি ক্লাস চলছে তখন দুপুর। হঠাৎ জঙ্গি বিমানের গগনবিধারী শা শা শব্দে আমরা ভীত হয়ে পড়ি। আকাশে অনেক বার উড়োজাহাজ উড়তে দেখেছি। কিন্তু এ ধরনের ভয়ঙ্কর শব্দ করে উড়তে এর আগে কখনো দেখিনি। উড়োজাহাজের আওয়াজ শুনতে না শুনতে শেলিংয়ের বিকট শব্দে পুরো অঞ্চল সেদিন কেঁপে ওঠে। স্কুলের কোমলমতি ছাত্রছাত্রীরা দিক-বিদিগ জ্ঞানশূণ্য হয়ে এদিক-ওদিক ছুটাছুটি করতে করতে গিয়ে আশ্রয় নেয় পাশের বাড়িগুলোতে। প্রাণ বাঁচাতে সেদিন আমাকে স্থানীয় শাহজির বাড়িতে গিয়ে আশ্রয় নিতে হয়েছিল। অনেকক্ষণ ওই বাড়ির খাটের নিচে লুকিয়েছিলাম। বাড়ির অন্যান্যরা কোথায় লুকিয়ে ছিল তা জানি না। তবে প্রায় আধঘণ্টা পর্যন্ত মানুষ তো দূরের কথা কোনো পশুপাখিরও শব্দ পাওয়া যায়নি। তারপর একজন মহিলা খাটের নিচ থেকে বেরিয়ে ঘরের বাইরে গিয়ে পরীক্ষা করলেন বাড়িতে কেউ জখম কিংবা মারা গেছে কি না। সব কিছু ঠিকঠাক দেখে আমাদের ডেকে বের করলেন। কিন্তু আমি ঘর থেকে বেরুতে সাহস পাচ্ছিলাম না। তিনিই আমাকে গাছগাছড়ার মধ্য দিয়ে নিয়ে গিয়ে বাড়ি পর্যন্ত পৌঁছে দেন। বাড়িতে যাবার পর জানা গেল চকরিয়ারমুরা ও

মৌলভিরপুলে বিমান আক্রমণ হয়েছে। পর দিন থেকে স্কুল অনির্দিষ্ট কালের জন্য বন্ধ হয়ে যায়। এর প্রায় মাসখানেক পরে পরিস্থিতি কিছুটা স্বাভাবিক হয়ে আসলে স্কুল আবারও খোলে। তখন স্কুলে গিয়ে জানতে পারি আমাদের স্কুলের জনৈক ছাত্রের ভগ্নিপতি এই যুদ্ধ বিমান আক্রমণে নিহত হন।'

এই ঘটনার মাধ্যমেই বাংলাদেশের স্বাধীনতাযুদ্ধের সঙ্গে ফারুক আহমদের প্রথম পরিচয়। এই দিনটি ছিল ১০ই এপ্রিল ১৯৭১। সেদিন বিমান আক্রমণের কারণ, মেওয়াক্যাম্প থেকে ফুলবাড়ি গ্রামের লাল মিয়ার নেতৃত্বে চার জন আনসার মুক্তিযোদ্ধাদের জন্য ট্রাকযোগে কিছু নিয়ে আসছিলেন। ট্রাকের ড্রাইভার ছিলেন জকিগঞ্জের এখলাস হোসেন (সতু মিয়া)। পাকিস্তানী সেনাদের কাছে এই খবরটি পৌঁছে যে, মোজাহিদদের জন্য ভারত থেকে ট্রাকযোগে অস্ত্রশস্ত্র আসছে। সেই গোপন খবরের ভিত্তিতেই ট্রাকটি গোলাপগঞ্জ থানা সদরের অনতিদূরে দাঁড়িপাতন গ্রামের অদূরে, মৌলভির পুলের কাছে আসতেই দুপুর প্রায় দেড়টার দিকে ট্রাকটিকে লক্ষ্য করে পাকিস্তানি এয়ারফোর্স আক্রমণ চালায়। ঠিক একইভাবে আরেকটি ট্রাককে লক্ষ্য করে গোয়াসপুর গ্রামের পশ্চিমপ্রান্তে চকরিয়ারমুরা নামক স্থানে (বর্তমান রাণাপিং আদর্শ উচ্চবিদ্যালয়ের পাশে) আক্রমণ চলে। মৌলভি পুলের নিচে আত্মরক্ষা করতে গিয়ে সেদিন শহীদ হন গোলাপগঞ্জ থানার আলমপুর গ্রামের এখলাস হোসেন (লুতু মিয়া), সাইদুর রহমান ও ফুলবাড়ি গ্রামের মতিউর রহমান। লাল মিয়া হারান তাঁর ডান হাতটি। চকরিয়ার মুরায় নিহত হন মোহাম্মদপুর গ্রামের ভেড়াই মিয়া টিকাদার। ১০ই এপ্রিলের এই আক্রমণের খবর ২৭শে এপ্রিল ভারতের *হিন্দুস্থান স্টানডার্ড* পত্রিকায় অন্যান্য খবরের পাশিপাশি গুরুত্বের সঙ্গে প্রকাশিত হয়।

> Meanwhile four Mukti Fouj men were injured when PAF shelled Golapganj, 13 km east of Sylhet town where the Mukti Foujguerrillas had earlier liquidated a Pakistani detachment of 22 soldiers in an ambush within their fire range.[8]

ফারুক আহমদ তাঁর আত্মজীবনীতে মুক্তিযুদ্ধের আরেকটি ঘটনার বর্ণনা দিতে গিয়ে লিখেছেন: 'একদিন স্কুলে যাচ্ছি, দেখি আমাদের এবং পার্শ্ববর্তী গ্রামগুলো থেকে লোকজন জয় বাংলা, জয় বঙ্গবন্ধু শ্লোগান দিতে দিতে লাঠিসোটা নিয়ে দল বেঁধে গোলাপগঞ্জ বাজারের দিকে যাচ্ছেন। ব্যাপারটা কী? জানতে আমরা দাঁড়িয়ে আছি। আমাদেরকে বল হলো, 'তোমরা বাড়ি ফিরে যাও, আজ স্কুল হবে না। পাকিস্তানীরা সিলেট এসে গেছে ওদেরকে তাড়াতে হবে, তাই আমরা যাচ্ছি। ... বন্ধু লিলুদ্দিন তখন জানালো, সে তার ভাইয়ের কাছ থেকে শুনেছে, বঙ্গবন্ধু নাকি রেডিওতে বলেছেন, যার যা আছে তা নিয়ে পাকিস্তানীদের বিরুদ্ধে যুদ্ধ করতে হবে; তাই সবাই যুদ্ধে যাচ্ছেন। উল্লেখ্য যে, তখন সবার বাড়িতে রেডিও ছিল না। লিলউদ্দিনের পিতা লন্ডনী ছিলেন। তাই তাদের একটি রেডিও ছিল। তার কথা

---

[৮] *Hindusthan Standard*, April 27, 1971.

শুনে আমরাও বড়ো সড়ক অর্থাৎ সিলেট-জকিগঞ্জ রাস্তা পর্যন্ত তাঁদের পিছু পিছু গিয়েছিলাম। ভাবখানা এমন যে, ওরা যদি যুদ্ধে যেতে পারেন তা হলে বঙ্গবন্ধুর ডাকে সাড়া দিয়ে আমরাও যুদ্ধে যেতে ক্ষতি কী। কিন্তু আমাদের ধমক দিয়ে ফিরিয়ে দেওয়া হলো। প্রায় দু'তিন ঘণ্টা পরে তারা যেভাবে দল বেঁধে গিয়েছিলেন, সেভাবে আবারও দল বেঁধে বাড়ি ফিরে আসেন। জানা গেল পাকিস্তানিরা সিলেট পর্যন্ত এসে গেছে। ওদের সঙ্গে বন্দুক ও কামান; লাঠিসোটা দিয়ে তাদেরকে দমন করা যাবে না। তাই আর সিলেট যাওয়া হয়নি। এখন বুঝতে পারি ওটা ছিল লাঠি মিছিল।'

মাধ্যমিক শিক্ষা

১৯৭৪ সালে পাঠশালার পাঠ চুকিয়ে মাধ্যমিক স্কুলে ভর্তি হবেন। চারিদিকে দুর্ভিক্ষের ঘনঘটা। অভাব আর অভাব। এই অভাব থেকে তাঁদের পরিবারও মুক্ত ছিল না। দুর্ভিক্ষের সময়ে ফারুক আহমদের পরিবারেও টানাপোড়েন দেখা দেয়। তাঁর বড়ো ভাই আবদুল মুক্তাদির তখন কলেজে পড়েন। তাঁর পড়ার খরচ জোগানোর পাশাপাশি ফারুক আহমদকে স্কুলে ভর্তির মাত্র কয়েকটি টাকা জোগাড় হচ্ছিল না। শেষ পর্যন্ত ধান-চাল বিক্রি করে ভর্তির একেবারে শেষ দিনে তাঁকে স্কুলে গিয়ে ভর্তি হতে হয়েছিল। নতুন বইয়ের পরিবর্তে অর্ধেক দামে কিনতে হয়েছিল আরেকজন ছাত্রের পুরনো একসেট বই। তখন তাঁদের পারিবারিক খাই-খরচ ও লেখাপড়ার খরচ জোগানের একমাত্র উৎস তখন ফসল বিক্রি করা। এতেও টানাপোড়নের সৃষ্টি হলে তাঁর পিতাকে তখন সন্তানদের শিক্ষাখরচ এবং অন্যান্য খরচপাতি চালাতে জমি বিক্রয় করতে হয়েছিল। ষষ্ঠ শ্রেণিতে ভর্তি হওয়ার অল্পসময় পরে অনুষ্ঠিত হয় ক্লাস ক্যাপ্টেইন নির্বাচন। সেই নির্বাচনে ফারুক আহমদ 'ক্লাশ ক্যাপটেইন' নির্বাচন হন।

ফারুক আহমদের সময়ে এম সি একাডেমিতে যে সকল খ্যাতিমান শিক্ষক শিক্ষকতায় নিয়োজিত ছিলেন তাঁদের মধ্যে উল্লেখযোগ্য: মছরুছুল করিম চৌধুরী, ওহিদ আহমদ চৌধুরী, আব্দুর রহমান চৌধুরী (কাছাড়ি স্যার), বিনয়ভূষণ দেব, আব্দুর রহমান চৌধুরী (হিলঘাটি স্যার), নিজামউদ্দিন চৌধুরী, শচীন্দ্র চন্দ্র দেব, শুধাংশু শেখর পুরকায়স্থ (দাসু বাবু), আবুল হোসেন, আবু বকর, আব্দুল লতিফ চৌধুরী, গিয়াস উদ্দিন আহমদ, আবিদ হোসেন (এমএ স্যার), দয়াময় চন্দ্র দাস, খন্দকার ফাহিম উদ্দিন, মওলানা সামসুদ্দিন আহমদ, জমির আহমদ চৌধুরী, পণ্ডিত নীলমনি সিংহ, মনির উদ্দিন ভুঁইয়া, রফিক উদ্দিন আহমদ, আরমুজ আলি প্রমুখ।

সংগীত প্রতিযোগিতা

ষষ্ঠ শ্রেণিতে ছাত্র থাকাকালীন, রবীন্দ্র জয়ন্তী অনুষ্ঠানে বরীন্দ্রনাথের ওপর বক্তৃতা প্রতিযোগিতায় অংশ নিয়ে প্রথম হন। এটাই ছিল তাঁর জীবনের প্রথম বক্তৃতা। আগেই

বলেছি, তাঁর মা যেমন ছিলেন সুন্দরী তেমনই ছিল তাঁর সুরেলা কণ্ঠ। কবি নজরুলের ভক্তিমূলক অনেক গান ছিল তাঁর কণ্ঠস্থ। মায়ের কণ্ঠে কণ্ঠ মিলিয়ে তিনিও গান করতেন। এ বিষয়ে ফারুক আহমদ বলেন, 'বাল্যকালে আমাদের এলাকায় কোনো বিজলীবাতি ছিল না। বিজলিতাবির প্রথম লাইন টানা হয় ১৯৭৮ সালে। এলাকায় বিদ্যুৎ সংযোগ দেওয়া হয় আরও অনেক পরে। ১৯৪৭-এর দেশভাগ এবং ১৯৬৫-এর পাক-ভারত যুদ্ধের পর গ্রামের হিন্দুসম্প্রদায় জায়গাজমি বিক্রি করে ভারতে পাড়ি জমালে পরে গ্রামটি অনেকটা জনশূন্য হয়ে পড়ে। দিনদুপুরে শেয়াল ও বানর দেখা যেত। রাতে শেয়াল, বনবিড়াল ইত্যাদির ডাক ও আনাগোনা টের পাওয়া যেত। সেজন্য কূপি অথবা হারিকেন জ্বালানো না থাকলে অজ্ঞাত ভয়ে চোখে ঘুম আসত না। বিশেষ করে মা আমাকে নজরুলের ভক্তিমূলক গান অথবা এলাহির পুঁথি শুনিয়ে ঘুম পাড়াতে চেষ্টা করতেন। এগুলো শুনতে শুনতে একসময় ঘুমিয়ে পড়তাম। এভাবেই শুনতে শুনতে অনেক গান মুখস্ত হয়ে যায়। তখন আমিও মায়ের কণ্ঠে কণ্ঠ মিলিয়ে গান করতাম।'

রবীন্দ্র জয়ন্তীর পর আসে নজরুল জয়ন্তী। রবীন্দ্র জয়ন্তীতে আয়োজিত বক্তৃতা প্রতিযোগিতায় প্রথম হওয়ায় ফারুক আহমদের সাহস বেড়ে যায়। তাই নজরুল জয়ন্তীতে অনুষ্ঠিতব্য নজরুল গীতির প্রতিযোগিতায়ও অংশগ্রহণের জন্য নাম তালিকাভুক্ত করান। মায়ের কণ্ঠ থেকে শেখা একটি গান পাশের বাড়ির এক চাচার কলেরগানের সঙ্গে মিলিয়ে ভালোভাবে রপ্ত করে প্রতিযোগিতায় অংশগ্রহণ করেন। গানটি ছিল আব্বাস উদ্দিনের গাওয়া পল্লীর সুরে নজরুলগীতি। তাঁর কণ্ঠে গাওয়া গানটি ছাত্রছাত্রীদের মধ্যে বিপুলভাবে প্রশংসিত হয়। কিন্তু ফলাফল ছিল ঠিক উল্টো। প্রধান শিক্ষক জানালেন নজরুল গীতি এভাবে গাওয়া হয় না। প্রকৃতপক্ষে তিনি জানতেন না যে, পল্লী সুরেও নজরুল গীতি আছে। যে সকল সহপাঠী প্রথমে তাঁর গান শুনে প্রশংসায় ফেটে পড়েছিলো প্রধান শিক্ষকের মন্তব্য শুনে এবং রেজাল্ট দেখে সেই তাঁরাই তাঁকে নিয়ে হাসি-ঠাট্টা করতে শুরু করে।

ফারুক আহমদ বলেন, 'এর পর থেকে আমি আর কোনো দিনই কণ্ঠ ছেড়ে গান করতে পারিনি, এখনো পারি না।' সেইদিন থেকেই শেষ হয় তাঁর সংগীত জীবন।

লেখালেখির হাতেখড়ি

গান গাওয়া ছেড়ে দেওয়ার পর, তিনি গান গাওয়াকে গান লেখায় রূপান্তরিত করেন। শুরুটা হয় একটি পল্লী গীতির বই থেকে গান বেচে নিয়ে সেই গানটিকে প্যারোডি করার মধ্য দিয়ে। এখানেও এর একমাত্র শ্রোতা বা পাঠক তাঁর মা। ভাইদেরকে দেখালে চাতুরী ধরা পড়ে যাবে এই ভয়ে তিনি অন্য কাউকে দেখাতেন না। ওদিকে মায়ের গানের দৌড় ছিল নজরুল গীতি এবং দু-একটি হাসন রেজার গানের মধ্যে সীমিত। সেজন্য মা প্যারোডি করে লেখা গানগুলো শুনে পিঠ চাপড়িয়ে প্রশংসা করতেন। মায়ের প্রশংসাই তাঁকে আবারও

গানের ভূবনে ফিরিয়ে নিয়ে আসে এবং তিনি গান লিখতে শুরু করেন। পাশাপাশি চলতে থাকে কবিতা, গল্প ও প্রবন্ধ লেখার চর্চা।

১৯৭৮ সালে এম সি একাডেমি থেকে একটি ম্যাগাজিন প্রকাশিত হয়। নাম 'গোলাপ কুঁড়ি'। এটাই ছিল এম সি একাডেমির ইতিহাসের প্রকাশিত প্রথম স্মরণিকা। এতে তাঁর তিনটি লেখা মনোনীত হয়েছিল। একজনের দুটো লেখার বেশি ছাপানোর বিধান না থাকায় তাঁর একটি কবিতা ও একটি গল্প ছাপানো হয়। প্রবন্ধটি তিনি তাঁর বন্ধু হোসেন আহমদের নামে চালিয়ে দেন।

রাজনীতির পাঠ

১৯৭৫ সালের জুলাই মাস। ফারুক আহমদ তখন সপ্তম শ্রেণির ছাত্র। সেই সময় বাকশাল সম্পর্কে সিলেট জেলার মানুষকে সচেতন করার জন্য আব্দুস সামাদ আজাদ, মোহাম্মদ ইলিয়াস, দেওয়ান ফরিদ গাজী প্রমুখ নেতৃবৃন্দ সিলেটের বিভিন্ন অঞ্চল সফর করেন। এ ধরনের একটি সভা হয়েছিল এম সি একাডেমিতে। কাকতালীয়ভাবে সেই সভার মাইকিং করার দায়িত্ব পড়েছিল ফারুক আহমদ, আহমদ হোসেইন চৌধুরী ও তানহার আহমদ চৌধুরীর ওপর। এটাই তাঁর জীবনের প্রথম রাজনৈতিক কোনো কাজে সরাসরি অংশগ্রহণ। এই সভা শেষ হতে না হতে ১৫ই অগাস্ট বঙ্গবন্ধু শেখ মুজিবুর রহমানকে সপরিবারে এবং জেলের মধ্যে জাতীয় চার নেতাকে হত্যা করা হয়। তারপরই জেনারেল জিয়াউর রহমানের সামরিক শাসনর যুগের সূচনা।

২৪শে এপ্রিল ১৯৭৭। জেনারেল জিয়াউর রহমানের সামরিক স্বৈরশাসনের যুগ শুরু হয়। তখন সীমিত আকারে ঘরোয়াভাবে রাজনীতি করার সুযোগ দেওয়া হয়। এই সুযোগে বিয়ানীবাজার থানার মাথিউরা গ্রামের আলি ইসমাইল[৯] জাতীয় জনতা পার্টির এম সি চৌধুরী একাডেমি শাখার গঠন বিষয়ে ফারুক আহমদের সঙ্গে আলাপ করতে তাঁরই সহপাঠী শৈলেন্দ মালাকারের মাধ্যমে একটি পত্র পাঠান। পত্রে তাঁর সাহায্য ও সহযোগিতা একান্তভাবে কামনা করা হয়। বিদ্যালয়ে এতো ছাত্রছাত্রী থাকতে তাঁকে কেন পত্রটি পাঠানো হলো তা তিনি বুঝতে পারেননি। এম সি একাডেমিতে তখন ছাত্ররাজনীতির প্রচলন ছিল না। বিশেষ করে প্রধান শিক্ষক মহোদয় ছিলেন এর ঘোরবিরোধী। সেজন্য ভয়ে কেউ ছাত্ররাজনীতিতে জড়াতে চাইতেন না। আলি ইসমাইলের চিঠিখানা ভাই আবদুল মুক্তাদিরকে দেখালে তিনি ধমক দিয়ে এসবে না জড়ানোর পরামর্শ দেন। আলি ইসমাইলও তাঁর সঙ্গে আর যোগাযোগ করেননি।

---

[৯] আলি ইসমাইলের বাড়ি মাথিউরা গ্রামে হলেও তিনি ছিলেন বার্মিংহামবাসী। এম এ জি ওসমানির অত্যন্ত ভক্ত। পরবর্তীকালে তিনি ওসমানির অনুকরণে গোঁফও রেখেছিলেন। তাঁর বাড়ি যে, মাথিউরা গ্রামে এটা তিনি লন্ডনে আসার পরেই জানতে পারেন।

১৯৭৭ সালে ফারুক আহমদ যখন নবম শ্রেণির ছাত্র তখন রাষ্ট্রক্ষমতায় স্বৈশাসক জিয়াউর রহমান। বিয়ানীবাজারে একটি জনসভায় যাবার পথে এম সি একাডেমির গেইটের পাশে, সিলেট-জকিগঞ্জ রাস্তায় দাঁড়িয়ে হাত নেড়ে অভিবাদন জানান। দশম শ্রেণিতে উত্তীর্ণ হওয়ার পর, দ্বিতীয় বার এ স্বৈরশাসকের একেবারে সরাসরি এম সি একাডেমি মাঠে এসে সভা করেন। তখন দূর থেকে দর্শনলাভ করেন ফারুক আহমদ।

ফারুক আহমদ বাল্য কাল থেকে লেখাপড়ায় ভালো হলেও নানা কারণে এসএসসি পরীক্ষায় আশানুরূপ ফল লাভ করতে পারেননি; দ্বিতীয় বিভাগে উত্তীর্ণ হন।

কলেজ জীবন

ফারুক আহমদের ইচ্ছে ছিল এমসি কলেজ অথবা ইন্টারমেডিয়েট কলেজে ভর্তি হবেন। কিন্তু তখন কলেজ হোস্টেলে থাকার সামর্থ না থাকায় অনেক চিন্তাভাবনা করে শেষ পর্যন্ত বাড়ি থেকে যাওয়া-আসার সুবিধার্থে মদনমোহন কলেজে বিজ্ঞান বিভাগে ভর্তি হন। ভর্তির হওয়ার জন্য কলেজ আঙিনায় প্রবেশ করার সঙ্গে সঙ্গে কয়েকজন ছাত্র এসে তাঁকে লুফে নিয়ে যায়। এরমধ্যে ছিলেন মামুন সিদ্দিকী, প্রদীপ ভট্টাচার্য, মিসবাহউদ্দিন সিরাজ, খিজির হায়াত চৌধুরী প্রমুখ। তাঁরা প্রথমে ছাত্রলীগের সদস্যপদ পূরণ করিয়ে নিয়ে, এর পরে ভর্তির সকল আয়োজন শেষ করেন। সেই থেকে তাঁর ছাত্ররাজনীতির হাতেখড়ি।

গীতিকার, নাট্যকার ও কথক

মদনমোহন কলেজের প্রিন্সিপাল তখন শ্রী কৃষ্ণকুমার পাল চৌধুরী। মহাশয়ের হাত ধরেই তিনি বাংলাদেশ বেতার সিলেট কেন্দ্রের গীতিকার ও নাট্যকার হিসেবে তালিকাভুক্ত হন। তারপর থেকে বেতারকেন্দ্র থেকে প্রচারিত আমরা নবীন অনুষ্ঠানে অংশগ্রহণের পাশাপাশি তাঁর অসংখ্য গান, কথিকা, জীবন্তিকা ইত্যাদি নিয়মিতভাবে প্রচারিত হয়। এ ব্যাপারে তিনি বিশেষভাবে সহযোগিতা লাভ করেন আপেল মাহমুদ, আশরাফুল আলম, নারায়ণ চন্দ্র দাস, আশীষ কুমার চৌধুরী, আব্দুর রহিম সরকার, তা. মা, আসাদুজ্জামান, আব্দুল হামিদ মানিক প্রমুখের কাছ থেকে। কিন্তু বিলাতে আসার পর, প্রায় তিন দশক থেকে অজ্ঞাত কারণে সৃজনশীল সাহিত্যকর্ম থেকে তিনি মননশীল সাহিত্য কর্মেই নিয়োজিত রয়েছেন। তাঁর সৃজনশীল সাহিত্যকর্মের উদাহরণ হিসেবে এখানে তিন দশক আগে প্রকাশিত 'এ মাটির বাউল', এবং অপ্রকাশিত 'তনে কান্দে মন' গানের একটি পাণ্ডুলিপি থেকে গানের কিছু নমুনা দেওয়া হলো :

দেশাত্মবোধক গান

(১)

বলো তোমরা কি কেউ জানো
আমার মা কোথায় আছে
ষোড়শী বোনটি আমার
ছোট্ট সোনা ভাইটি আমার
কোথায় হারিয়ে গেছে।।

আঞ্চলিকগান

(১)

যে মাটিতে ঘুমাইয়াছেন
 বাবা শাহাজালাল আউলিয়া
সেই মাটিতে হাসন উদাস
প্রাণ বন্ধুর লাগিয়া
শ্রীহরি নামে রাধারমণ
কৃষ্ণ প্রেমাকুল
আমি এই মাটিরই বাউল।।

(২)

ও মাঝিরে মাঝি
এই সুরমার ঘাটে নাও ভিড়াইয়া মাঝিরে
একটু থাইমা যা
বাবা শাহ জালালের দেশ সিলেট দেইখা যা
বাবার দেয়া লইয়া যা।।
[...]
মরমীয়া হাসন রেজার দেশ দেইখা যা।।
... মহাপ্রভু শ্রীচৈতন্যের দেশ দেইখা যা।।

(৩)
কী গান গাইতাম শরম লাগে, মানুষ মেলো মুখ লুকাই
বিয়া করি অইছি ভাইরে, লন্ডনির জামাই।।

(৪)
হায়রে দারুন লন্ডন
রেস্টুরেন্ট আর ফেক্টরিতে মোর
গেলরে জীবন
টাকা-পয়সা রোজগার করি
পাঠাই আমি দেশর বাড়ি
ভাইয়ে উড়ায় মামলা করি
তবু পাই না কারো মন।।

ভক্তিমূলক
(১)
আমার দেহরাজ্য শাসন করে
স্বৈরাচারি মন
বুঝাইলেও বুঝ মানে না,
শুনে না শাসন বারণ।।

(২)
কলমা শোনাও তওবা করাও, রিয়াইত করে দেওরে ভাই
আজরাইল দোয়ারে খাড়া, আর তো সময় নাই।।

(৩)
মন, মনরে আমার
এই যে দেখ শাদা কাপড়, সঙ্গে যাবে এটাই তোর
আর যা আছে ঈমান-আমল, শেষ পারানীর কড়ি

ওমন ভিখারী, কার লাগি সাজাইলায় ঘরবাড়ি।।

আধুনিকগান

(১)

তুমি তো ভুলে গেছো, আমার কথাটি
আমি তো তোমাকে ভুলিনি, না ভুলিনি, ভুলিনি।।

(২)

শরৎ বাবু তুমি বলেছিলে
বড়ো প্রেম শুধু কাছে টানে না
দূরেও ঠেলে দেয়
এই কথাটি সত্যি হয়ে গেল
আজ আমার জীবনে।।

(৩)

দুঃখরে তুমি আমার বুকে, কী সুখ পেল্লী বল
ভাঙা বুকের এই পাঁজরে, কেমন আচিস বল।।

ফারুক আহমদের গান যে সকল শিল্পী পরিবেশন করেছেন তাঁদের মধ্যে উল্লেখযোগ্য হলেন – শাম্মী আখতার, সুবলচন্দ্র দেব, হিমাংশু গোস্বামী, অন্নদারঞ্জন দাস, জামালউদ্দিন হাসান বান্না, শফিকুন নূর, সাধনকুমার চক্রবর্তী, কুদালী শাহ, নবীর উদ্দীন খান, আবুল বশর, গৌরী চৌধুরী, শাশ্বতী চক্রবর্তী, প্রদীপ দে, মুহিবুর রহমান (টেনু) প্রমুখ।

ফারুক আহমদের গানে সুরারোপ করেছেন ওস্তাদ সৈয়দ আহমদ কবির, ওস্তাদ আলি আকবর খা, ওস্তাদ হোসেইন আলি, সুবলচন্দ্র দেব, অবিনাশ শীল, নুরুল ইসলাম সরকার প্রমুখ।

সাংবাদিকতায় হাতেখড়ি

১৯৭৯ সালে ফারুক আহমদ ভর্তি হন সিলেটের মদনমোহন কলেজে, বিজ্ঞান বিভাগে। কলেজে ভর্তি হওয়ার পর, সম্পর্ক গড়ে ওঠে গোলাপগঞ্জের কদমরসুল গ্রাম নিবাসী এবং সাপ্তাহিক *দেশবার্তা*র নির্বাহী সম্পাদক ও 'সিলেট রেডিও'র কর্মকর্তা মাহমুদ হকের সঙ্গে। মূলত তাঁর হাত ধরেই তিনি দেশবার্তায় সংবাদ পাঠাতেন। এভাবেই তখন থেকে ফারুক

আহমদের সাংবাদিকতায় হাতেখড়ি। ১৯৮১ সালে সাপ্তাহিক সিলহট কণ্ঠ প্রকাশিত হলে পরে তিনি গোলাপগঞ্জের সংবাদদাতা হিসেবে সংবাদ পাঠাতেন। এই সিলহট কণ্ঠই পরবর্তীকালে 'সিলেট কণ্ঠ' নাম ধারণ করে।

কলেজের পাঠ চুকিয়ে গ্রামে ফিরে যান এবং ১৯৮৪ সালের পয়লা নভেম্বর আব্দুল আজিজ তকির সম্পাদনায় প্রকাশিত গোলাপগঞ্জ থেকে প্রকাশিত প্রথম সংবাদপত্র মাসিক 'খেদমত' এবং ১৯৮৫ সালের পয়লা মে প্রকাশিত পাক্ষিক *গোলাপ দর্পণ* পত্রিকার নির্বাহী সম্পাদক নিযুক্ত হন। তাছাড়া ছাতক থেকে প্রকাশিত সিরাজুল ইসলাম সিরাজ সম্পাদিত *খেদমত এবং* সাহিত্য পত্রিকা সুচয়ন-এর সহসম্পাদক ছিলেন।

কর্মজীবন

ফারুক আহমদের কর্মজীবন শুরু হয় ব্যবসায়ের মাধ্যমে। কলেজে অধ্যয়নকালীন তাঁর বড়ো ভাই আবদুল মসব্বির হঠাৎ করে বিদেশ চলে যান। তাঁর ছিল টেইলারিং ব্যবসা। লেখাপড়ার পাশাপাশি তখন ফারুক আহমদকেই সেই ব্যবসা দেখাশোনা করতে হত। অন্য ভাই তখন ছাতকে স্বাস্থ্য বিভাগে কর্মকর্তা। ওখানে তাঁরও ব্যবসা ছিল। কলেজজীবন শেষে ফারুক আহমদকে সেই ব্যবসার হাল ধরতে হয়। একপর্যায়ে এক ভযাবহ অগ্নিকাণ্ডে ব্যবসা প্রতিষ্ঠানটি পুড়ে যায়। পরে ১৯৮৯ সালে দ্বিতীয় বার ফার্মাসি ব্যবসা শুরু করেন, এবং একই সালের ২৮শে ডিসেম্বর বিলাতে পাড়ি জমান। তখন থেকেই লন্ডনের স্থায়ী বাসিন্দা। বিলাতে এসে কর্মজীবন শুরু করেন উত্তর লন্ডনের হাইগেইট এলাকায় 'বেঙ্গল বার্টিস' নামক একটি রেস্তোরাঁয় কাজের মাধ্যমে। তারপর নিজেই সেই ব্যবসায়ে অংশীদার হন, এবং একে একে অংশীদারত্বের মাধ্যমে মোট তিনটি রেস্তোরাঁর অংশিদারত্ব অর্জন করেন। তাছাড়া, একটি শাড়ি সেন্টার এবং একটি ভিডিও শপেরও অংশীদার ছিলেন।

শিক্ষকতা

১৯৮৭ সালে ছাতকের ব্যবসা অগ্নিকাণ্ডে পুড়ে যাবার পরে ফারুক আহমদ বাড়িতে চলে যান এবং একই সালের ৫ই ফেব্রুয়ারি এলাকাবাসীর সহযোগিতায় চালু করেন 'রাণাপিং আদর্শ উচ্চবিদ্যালয়'। দায়িত্ব লাভ করেন অবৈতনিক ভারপ্রাপ্ত প্রধান শিক্ষক হিসেবে। পরবর্তীকালে প্রধান শিক্ষক নিয়োগ দেওয়া হলে তিনি ভারপ্রাপ্ত সহকারী প্রধান শিক্ষক হিসেবে ১৯৮৯ সালের মধ্যভাগ পর্যন্ত অবৈতনিক ভাবে শিক্ষকতা পেশায় নিয়োজিত ছিলেন। তাঁর বিদ্যালয় ত্যাগের সময়েই বিদ্যালয়টির এমপিও ভুক্ত হয়। ২০১৩ সালের জুন মাস থেকে বিদ্যালয়টিতে কলেজ শাখা চালু করা হয়। ফারুক আহমদ এই কলেজ শাখারও অন্যতম দাতা সদস্য।তাঁর সময়ে স্কুলের শিক্ষকদের মধ্যে ছিলেন – আব্দুল মুকিত, রফিক উদ্দিন (আনা মিয়া), সাদিক আহমদ, আসমান উদ্দিন ও ময়েজউদ্দিন আহমদ এবং

খণ্ডকালীন – হোসেন আহমদ, বদরউদ্দিন আহমদ (টুনু মিয়া), হেলালউদ্দিন আহমদ ও মওলানা আব্দুল লতিফ।

সংসার ও সন্তান

ফারুক আহমদ ১৯৯১ সালের ২৪শে মে লন্ডনে বেড়ে ওঠা জাহানারা বেগমের সঙ্গে বিবাহবন্ধনে আবদ্ধ হন। জাহানারা বেগম পূর্ব লন্ডনের একটি শিশু বিদ্যালয়ে কর্মরত। ফারুক আহমদ ও জাহানারা দম্পতি এক কন্যা ও দুই পুত্র সন্তানের জনক। কন্যা দ্বীনা লায়লা (জন্ম : ২৫শে ফেব্রুয়ারি ১৯৯২) ২০১৩ সালে কুইন মেরি ইউনিভার্নিটি অব লন্ডন থেকে স্নাতক পাশ করে একটি ল'ফার্মে কর্মরত ও বিবাহিত। ছেলে আবরার নাদিম ফারুকী (জন্ম : পয়লা জুন ১৯৯৬) ২০১৯ সালে রোহাম্পটন ইউনিভার্সিটি থেকে স্নাতক পাশ করে এবং সামির হাসান ফারুকী (জন্ম : ১৫ই জানুয়ারি ২০০১) ইউনিভার্সিটি আর্টস লন্ডন-এর প্রথম বর্ষের ছাত্র।

সমাজকর্ম

লন্ডনে আসার পরে ফারুক আহমদের সংকল্প ছিল লন্ডনে তিনি বিয়ে করবেন, ব্যবসায়ের মালিক হবেন এবং ব্রিটিশ পাসপোর্ট করেই দেশে ফিরবেন। এই তিনটি কাজ করেই তিনি দেশে ফিরেন ২০০০ সালের ৭ই ফেব্রুয়ারি। দেশে গিয়ে বাড়িঘর করার আগেই ২০০০ সালের ৭ই ফেব্রুয়ারি— এলাকাবাসীর অনুপ্রেরণা ও সহযোগিতায় তাঁর পিতার নামে প্রতিষ্ঠা করেন 'গোয়াসপুর কুতুব আলি প্রাথমিক বিদ্যালয়'। এতে লন্ডনবাসী তমজ্জুল আলি (তুতা মিয়া), ড. রেণু লুৎফা, জাহানারা বেগম, আলহাজ্ব মানিক মিয়া, জালাল উদ্দিন, ড. আব্দুল আজিজ তকি, হাবিব কিবরিয়া তালুকদার, শামসুল হক, আতিকুর রহমান. সওয়াব উদ্দিন প্রমুখ তাঁকে আর্থিকভাবে সহযোগিতা করেন। ভূমি রেজিষ্ট্রি করা হয়। পাঁচ লাখ টাকার তহবিল গঠন করা হয়। একই সময় বিদ্যালয়টিকে এমপিওভুক্ত করার জন্য বাংলাদেশ সরকারের কাছে আবেদনপত্র দাখিল করা হয়। পয়লা অগাস্ট ২০০৭ বিদ্যালয়টি গণপ্রজাতন্ত্রী বাংলাদেশ সরকারের অনুমোদন লাভ করে।

ফারুক আহমদের প্রসঙ্গ যে সকল গ্রন্থে আছে

- 'বিলেতের দিনগুলি ও অন্যান্য প্রসঙ্গ', আনোয়ার শাহজাহান, ১৯৯৫, আশা প্রকাশনী, সিলেট।
- 'সিলেটের শতবর্ষের সাংবাদিকতা', মহিউদ্দিন শীরু, ১৯৯৮, প্রকাশক : হাসনা বেগম চৌধুরী, ধোপাদীঘির পূর্বপার, সিলেট ৩১০০০।

- 'বৃটেনে বাংলাদেশী' (২ম খণ্ড), মুহাম্মদ ফয়জুর রহমান, ১৯৯৯, সেন্টার ফর ইনফরমেশন এন্ড রিসার্চ, সিলেট।
- 'নানা রঙের দিনগুলি', হিরন্ময় ভট্টাচার্য', ২০০৯, দে বুক স্টোর, ১৩ বঙ্কিম চ্যাটার্জি স্ট্রিট, কলকাতা ৭০০ ০৭৩।
- 'সাগর পারের সাতসতের', সঞ্চিতা, ২০১১, পার্ল পাবলিকেশ্‌স, ৩৮/২ বাংলাবাজার, ঢাকা ১১০০।
- 'বাংলার মাটি টেম্‌সের জল', মহাদেব সাহা, ২০১২, বাংলাপ্রকাশ, ৩৮/২খ তাজমহল মার্কেট, বাংলাবাজার, ডাকা ১১০০।
- 'গোলাপগঞ্জের ইতিহাস ও ঐতিহ্য', আনোয়ার শাহজাহান, ২০১৫, বইপত্র প্রকাশন, ১১/১ ইসলামী টাওয়ার, বাংলাবাজার, ঢাকা ১১০০।
- 'শামসুল করিম কয়েস রচনা সমগ্র-৩', শামসুল করিম কয়েস, ২০১৭, দোলা প্রকাশনী, ৩ পরিজাত, হাউজিং এস্টেইট, সিলেট।

সাংগঠন ও সংবাদপত্র

- সাধারণ সম্পাদক: গোলাপগঞ্জ ছাত্রপরিষদ, সিলেট (১৯৮১-১৯৮২)।
- সহসাধারণ সম্পাদক: শ্যামলিমা লেখাঘর আসর, গোলাপগঞ্জ (১৯৮৪-১৯৮৫)।
- সহসভাপতি: জাতীয় ছাত্রলীগ মদন মোহন কলেজ শাখা, সিলেট (১৯৮৩-১৯৮৪)।
- সহসভাপতি: জাতীয় ছাত্রলীগ, সিলেট জেলা শাখা (১৯৮৩-৮৪)।
- পৃষ্ঠপোষক: কেন্দ্রীয় মুসলিম সাহিত্য সংসদ, সিলেট (১৯৮১-বর্তমান)।
- সহসাধারণ সম্পাদক: সিলেট জেলা খেলাঘর আসর (১৯৮৪-১৯৮৬)।
- নির্বাহী সম্পাদক: গীতিকবি সংসদ, সিলেট শাখা (১৯৮৪-১৯৮৬)।
- অন্যতম প্রতিষ্ঠাতা ও প্রতিষ্ঠাকালীন ভারপ্রাপ্ত প্রধান শিক্ষক : রাণাপিং আদর্শ উচ্চবিদ্যালয় (১৯৮৭-১৯৮৮)।
- সভাপতি: ঝলক শিল্পীগোষ্ঠী, ছাতক, সুনামগঞ্জ (১৯৮৮-১৯৮৯)।
- সাধারণ সম্পাদক: ঝলক শিল্পীগোষ্ঠী, লন্ডন (১৯৯৪-১৯৯৮)।

- সাধারণ সম্পাদক: ছাতক ফার্ম্যাসি মালিক সমিতি, ছাতক, সুনামগঞ্জ (১৯৮৯-১৯৯০)।
- প্রতিষ্ঠাতা: গোয়াসপুর কুতুব আলি সরকারি প্রাথমিক বিদ্যালয়, গোলাপগঞ্জ, সিলেট (২০০০)।
- সদস্য: বাংলাদেশ ক্যাটারার্স অ্যাসোসিয়েশন, লন্ডন (১৯৯২-২০১৪)। সেক্রেটারি: অ্যাথনিক মাইনোরিটিজ অরিজিন্যাল হিস্ট্রি অ্যান্ড রিসার্চ সেন্টার, লন্ডন (১৪ই ফেব্রুয়ারি ২০০১-বর্তমান)।
- গভর্নর: স্মিথি স্ট্রিট প্রাইমারি স্কুল, লন্ডন (২০০০-২০০৩)।
- নির্বাহী কমিটির সদস্য: লন্ডন বাংলা প্রেসক্লাব, লন্ডন (২০০৫-২০০৬)।
- প্রতিষ্ঠাতা সদস্য: গোলাপগঞ্জ কোয়ালিটি (ইংলিশ মিডিয়াম) স্কুল, গোলাপগঞ্জ, সিলেট (২০০৮)।
- সভাপতি: বাংলাভবন, লন্ডন (২০১১-২০১২)।
- উপদেষ্টা: সম্মিলিত সাংস্কৃতিক পরিষদ, যুক্তরাজ্য (২০১০-২০১৪)।
- সহসভাপতি: সম্মিলিত সাংস্কৃতিক পরিষদ, যুক্তরাজ্য (২০১৫-২০১৬)। সভাপতি: সম্মিলিত সাংস্কৃতিক পরিষদ, যুক্তরাজ্য (২০১৭-২০১৮)।
- উপদেষ্টা: হেলপিং হেন্ডস, গোলাপগঞ্জ (২০১২-২০১৫)।
- সভাপতি: সম্মিলিত সাংস্কৃতিক পরিষদ, যুক্তরাজ্য (২০১৫-২০১৬)।
- সমন্বয়ক: এম সি একাডেমি ছাত্রছাত্রী পুনর্মিলনী উদযাপন কমিটি, যুক্তরাজ্য (২০১৮)।
- সভাপতি: সম্মিলিত সাহিত্য ও সাংস্কৃতিক পরিষদ, যুক্তরাজ্য (২০১৯-২০২০)।
- সংবাদদাতা: সাপ্তাহিক দেশবার্তা, সিলেট (১৯৭৯-৮০) *সাপ্তাহিক সিলহেট কণ্ঠ*, সিলেট (১৯৮১-১৯৮৩)।
- সহসম্পাদক: *মাসিক দেশ-দুনিয়া*, সিলেট (১৯৮৩-১৯৮৪)।
- *নির্বাহী সম্পাদক: মাসিক খেদমত*, সিলেট (১৯৮৪)।
- নির্বাহী সম্পাদক: *পাক্ষিক গোলাপদর্পণ*, সিলেট (১৯৮৪-১৯৮৫)।
- সহসম্পাদক: *মাসিক সুচয়ন*, ছাতক, সুনামগঞ্জ (১৯৮৭-১৯৮৯)।
- *প্রধান সম্পাদক: লন্ডন বিচিত্রা* (১৯৯৪-১৯৯৬)।

প্রকাশিত গ্রন্থ তালিকা

প্রকাশিত গ্রন্থ তালিকা

প্রকাশিত গ্রন্থ তালিকা: এ মাটির বাউল(১৯৯৪ : গীতিকবিতা), *বিলাতে বাংলা সংবাদপত্র ও সাংবাদিকতা* (২০০২: ইতিহাস), *গোলাপগঞ্জে ইসলাম* (১৯৯৯: প্রবন্ধ), মুক্তিযুদ্ধের স্মৃতি (২০০৭: প্রবন্ধ), *বিলাতে বাংলার রাজনীতি* (২০১২: ইতিহাস), *গোলাপগঞ্জের ইতিহাস (ইতিহাস : ২০১৫)*, সাপ্তাহিক জনমত *: মুক্তিযুদ্ধের অনন্য দলিল* (ইতিহাস : ২০১৬),*বিলাতে বাংলা সাহিত্য ও সংস্কৃতি চর্চা* (২০১৯ : প্রবন্ধ), বিলাতে বাঙালি অভিবাসন (ইতিহাস : ২০২০)।

'Bengali Journals and Journalism in the United Kingdom (1916-2007)', 2008, EMOHRC, London, ISBN: 978-0-9555473-1-7; 'Bengali Journals and Journalism in Britain (1916-2007)', 2009, Lulu Publication, North Carolina, USA, ISBN: 978-0-557-61516-2 (Hard cover); 'Bengal Politics in Britain: Logic, Dynamics and Disharmony', 2010, Lulu Publication, North Carolina, USA. ISBN: 928-0-557-61516-2 (Paperback).

প্রকাশিতব্য : 'সিলেটের ইতিহাস : ব্রিটিশ শাসনামল', 'এক বাঙালি-ব্রিটিশের আত্মকথা' (আত্মজীবনী), 'তনে কান্দে মন' (গীতিকবিতা)।

সম্পাদনা : 'জীবন খাতার কুড়ানো পাতা' (২০০২), 'সিলেট জেলা আওয়ামী লীগ ও ছাত্রলীগের গোড়ার কথা' (২০০৭, লেখক : আব্দুল মুনিম)', 'একজন ব্রিটিশ-বাঙালির আত্মকথা' (২০১৬, লেখক : আব্দুল গফুর), 'একজন ইসহাক কাজল' (২০১৬), 'প্রবাসে স্বদেশি : স্বাধীনতা পদকপ্রাপ্ত আবদুল মতিন স্মারকগ্রন্থ' (২০১৮), 'রাণাপিং আদর্শ উচ্চবিদ্যালয় স্মারক ২০০৬', 'গোলাপগঞ্জ হেলপিং হ্যান্ডস বার্ষিকী ২০১২', 'শতাব্দীর মিলিত প্রাণে' (এম সি একাডেমি'র প্রাক্তন ছাত্রছাত্রী পুনর্মিলনী, লন্ডন, ২০১৭), 'প্রজন্মের সেতু' (গোলাপগঞ্জ ফেস্টিবল, ২০১৮)।

প্রবন্ধ-নিবন্ধ : 'একজন আদর্শ সংগঠক তাসাদ্দুক আহমদ' (২০০০), 'স্বাধীনতা ঘোষণার ইতিবৃত্ত' (২০০৭), 'শেখ আব্দুল মান্নানের সাথে প্রথম সাক্ষাৎকারের স্মৃতি' (২০০৮), 'শেখ আব্দুল মান্নানের প্রয়াণে শ্রদ্ধাঞ্জলি' (২০০৮), 'বিলাতে বাঙালি লেখক পরিচিতি' (২০০৯), 'কবি বন্ধু মিলাদকে জন্মদিনের শুভেচ্ছা' (২০১১), 'সাপ্তাহিক জনমত : একটি অনন্য কাগজ' (২০০৯), 'গীতিকার মাহমুদ হক : কিছু স্মৃতি কিছু কথা (২০১৩), 'বর্ণবৈষম্যবিরোধী আন্দোলন ও লন্ডনের বাঙালি সমাজ' (২০১৭), 'কবি দিলওয়ার : কিছু স্মৃতি কিছু কথা' (২০১৭), 'আমাদের বুদ্ধিজীবী-সম্প্রদায় ও বিলাতে বাংলা সাংবাদিকতার ভবিষ্যৎ' (২০০২), 'কিয়ের হার্ডি থেকে জর্জ গ্যালওয়ে' (২০০৫), '৫ই মে-এর নির্বাচনে কা'কে ভোট দেবো, কেন দেবো?' (২০০৫), 'সিলেট বিভাগের পরিচিতি' (২০০৫), 'বাঙালির কালাপানি আখ্যান' (২০০৮), 'শেখ আব্দুল মান্নান : অনির্বাণ এক মহাপ্রয়াণে' (২০১০), 'লন্ডনে বাংলা একাডেমির গ্রন্থমেলা ও বিক্ষিপ্ত কিছু কথা' (২০১০), 'বিলাতে বাংলা একাডেমি পুরস্কার ও বইমেলা ২০১১ : প্রাসঙ্গিক কিছু কথা' (২০১১), 'সংহতি সাহিত্য পরিষদ-এর তৃতীয় কবিতা উৎসব ২০১১ : পেছন ফিরে দেখা' (২০১১), 'বিলাতে বাংলা একাডেমির বইমেলা : অর্থমন্ত্রীর ঘোষণা ও তালগাছের কাহিনি' (২০১১), 'বিসিএ-এর বসুবর্ণ জয়ন্তী ও প্রকাশিত ম্যাগাজিন সম্পর্কে কিছুকথা' (২০১১) , '১৯৬৯ সালে বঙ্গবন্ধুর লন্ডন আগমন ও যুক্তরাজ্য আওয়ামী লীগের জন্ম' (২০১১), 'বিসিএ-এর নির্বাচন : একটি সরলালোচনা' (২০১২), 'নারী নিয়ে কথা' (২০১২), 'যুক্তরাজ্যে বাংলা ইলেকট্রনিক মিডিয়ার ক্রমবিকাশ' (২০১২), 'বাংলাদেশে পহেলা বৈশাখ পালনের সূচনা ও লন্ডনে বৈশাখি মেলার গোড়ার কথা' (২০১২), 'লন্ডনে ছক্কু মিয়া : তিন দশকেরও বেশি সময় পরে মুগ্ধ

হয়ে পড়া একটি বইয়ের পাঠপ্রতিক্রিয়া' (২০১৪), 'বিলাতে বাঙালির সংগঠন প্রতিষ্ঠায় গোলাপগঞ্জবাসীর অবদান' (২০১৪), 'একাত্তরের শহীদের সংখ্যা কত?' (২০১৬), 'লাঙ্গল টু লন্ডন এবং কয়েকজন সিলেটপ্রেমীর ইতিহাস চর্চা-১', (২০১৬), 'লাঙ্গল টু লন্ডন এবং কয়েকজন সিলেটপ্রেমীর ইতিহাস চর্চা-২' (২০১৬), 'বিলাতে একুশ: প্রভাতফেরি ও কিছুকথা' (২০১৬), 'লন্ডনকে দেখার আগেই সাপ্তাহিক জনমতকে দেখেছি' (২০১৬), 'গোলাপগঞ্জে ইংরেজি শিক্ষার গোড়ার কথা এবং প্রাচীনতম বিদ্যাপীট এম সি একাডেমি' (২০১৭), 'সিলেটী : লস্কর থেকে লন্ডনি হবার কাহিনি' (২০১৮), 'বাংলাদেশ বইমেলা, সাহিত্য ও সাংস্কৃতিক উৎসব' (২০১৮), 'সম্মিলিত সাংস্কৃতিক পরিষদ : অতীত ও বর্তমান' (২০১৮), 'ইতিহাসের আলোকে গোলাপগঞ্জ ও কিছু কথা' (২০১৯)।

ঝশরষষং ঝযড়ৎঃধমব ধহফ ধহধষুংরং, ইৎরঃরংয ইধহমষধফবংযর ঈধঃবৎবৎং অংংড়পরধঃরড়হ, এওযব ইইঈঅ ওহধঁমঁৎধঃরড়হ ঝড়বপরধষ উফরঃরড়হ, ঔঁহব ১০, ২০১৫, ৮ধ ঋড়ৎফযধস ঝঃৎববঃ, খড়হফড়হ উ১ ১ঐঋ, ঢ়. ১৭.

প্রকাশিত গ্রন্থগুলোর ওপর বিভিন্ন পত্রপত্রিকায় প্রকাশিত সমালোচনা :

- 'এ মাটিল বাউল', নাঈমুল হক, *সাপ্তাহিক সুরমা*, ১৬ বর্ষ, ইস্যু ৮৬৭, শুক্রবার, ১৩-১৯শে জানুয়ারি, ১৯৯৫, পৃষ্ঠা ১৪।

- 'এ মাটিল বাউল', আবদুল গাফফার চৌধুরী। *সাপ্তাহিক নতুন দিন*, ৩-৯ই ফেব্রুয়ারি, ১৯৯৫, পৃষ্ঠা ২২।

- 'বিলাতে বাংলা সংবাদপত্র ও সাংবাদিকতা' (১৯১৭-২০০১), 'সত্যবাণী' থেকে 'হিজরত' : বাঙালির ভাঙা-গড়ার ইতিহাস চিহ্ন, মাসুদা ভাট্টি, *সাপ্তাহিক জনমত*, লন্ডন, ১৫-২১শে মার্চ ২০০২, পৃষ্ঠা ২৫।

- 'বিলাতে বাংলা সংবাদপত্র ও সাংবাদিকতা', রুমা পারভীন, *দৈনিক জনকণ্ঠ*, ঢাকা, ২৫শে মার্চ ২০০২, পৃষ্ঠা ১৭।

- 'বিলাতে বাংলা সংবাদপত্র ও সাংবাদিকতা' (১৯১৬-২০০১), 'এক বিশ্বস্ত বিবরণ', সর্বাচীন পাঠক, *সাপ্তাহিক পত্রিকা*, লন্ডন, ৯-১৫ই এপ্রিল ২০০২, পৃষ্ঠা ২২।

- 'বিলাতে বাংলা সংবাদপত্র ও সাংবাদিকতা', সালেহা চৌধুরী, *সাপ্তাহিক সুরমা*, তেসরা মে ২০০২, পৃষ্ঠা ২৭।

- 'বিলাতে বাংলা সংবাদপত্র ও সাংবাদিকতা গ্রন্থের প্রকাশনা উৎসব অনুষ্ঠিত', *সাপ্তাহিক সুরমা*, লন্ডন, ১৩ সেপ্টেম্বর ২০০২, পৃষ্ঠা ২৭।

বাংলা একাডেমি প্রবাসী লেখক পুরস্কার ২০১৩

বাম থেকে ইসহাক কাজল, বাংলাএকাডেমির সভাপতি ইমেরিটাস প্রফেসর ড. আনিসুজ্জান, বিমান ও পর্যটন মন্ত্রণালয়ের মাননীয় মন্ত্রী রাশেদ খান মেনন এমপি এবং বাংলা একাডেমির মহাপরিচালক প্রফেসর শামসুজ্জামান খান।

সৃজনশীল গ্রন্থ

এ মাটির বাউল

ফারুক আহমদের *এ মাটির বাউল*[১০] ৮৮টি গীতিকবিতার গ্রন্থ। এসব গীতিকবিতায় যেমন আধ্যাতিক সংগীত রয়েছে তেমনি প্রেমসংগীতও। আঞ্চলিক ভাষার ব্যবহার পরিলক্ষিত। একটি উদাহরণ—

চিঠি লিখতে বইসা সখি
কাইন্দা নিশি হইল ভোর
আমি জানি না তার ঠিকানা
সে আছে কত দূর।

ফারুক আহমদ রেডিও বাংলাদেশ সিলেট কেন্দ্রের অনুমোদিত গীতিকার ও নাট্যকার। গীতিকার হিসেবেই তিনি লন্ডনে আসেন। তাঁর বই প্রকাশের সূচনাও হয় ১৯৯৪-এ *এ মাটির বাউল* গীতিকবিতার গ্রন্থটি দিয়ে। গ্রন্থটি লন্ডনের ভিডিও টাইম্‌স থেকে প্রকাশিত হয়।

---

[১০]প্রচ্ছদ : শিল্পী অরবিন্দ দাস গুপ্ত। প্রকাশক : আলী আহমদ চৌধুরী, ১৬৪ ক্যানন স্ট্রিট রোড, লন্ডন ই১। প্রকাশ : নভেম্বর ১৯৯৪। বর্ণবিন্যাস : শামীম আহমদ চৌধুরী। মূল্য : ৩ পাউন্ড ৯৯ পেন্স। উৎসর্গ : মা মনি দ্বীনাকে।

ইসলাম ধর্ম ও পরকালের প্রতি তাঁর অগাধ বিশ্বাস, মৃত্যুভয় ও খোদাপ্রীতি এবং পীর আউলিয়াদের প্রতি অশেষ ভক্তি পরিলক্ষিত। *এ মাটির বাউল* গ্রন্থটিতে রয়েছে একজন গীতিকবির কাব্য রচনার গীতল উচ্চারণ। গ্রন্থটি ভূমিকায় গণমানুষের কবি দিলওয়ার লিখেছেন :

একজন সাহিত্য ও সঙ্গীতপ্রিয় প্রবাসী বাঙালি ফারুক আহমদ। তার লেখা বিভিন্ন মেজাজের ৮৮টি গান নিয়ে বেরিয়েছে, এ মাটির বাউল। সুদূর বিলাতে বসে কঠোর জীবনসংগ্রাম চালিয়েও স্বদেশ এবং মাতৃভাষার প্রতি তার এ অনাবিল অনুরাগ প্রদর্শন, সত্যি অভিনন্দনযোগ্য। তার মতো আর যারা বিদেশে এভাবে স্বদেশানুরাগ দেখিয়ে যাচ্ছেন, তাদের মঙ্গল কামনা করি শুদ্ধ চিত্তে।—*ঝঢ়বধশং ঃযব ধভভরৎসধঃরাব, বসঢ়যধংরুব ৃড়ঁৎ পযড়রপব নু ঁঃঃবৎ রমহড়ৎরহম ড়ভ ধষষ ঃযধঃ ৃড়ঁ ৎবলবপঃ*, জ ড উসধৎংড়হ।

ফারুক আহমদের প্রথম গানে শুনি : ‘আল্লাহ বলো গড বলো/ আর বলো ভগবান/ সর্বমতেই আছেন তিনি/ তিনিই মহান/ ও মন গাও তারই গান/ ...। যদিও এ ভাবটি নতুন নয়, তবু এর বিশ্বতোমুখী সত্যই আগামী কালের অখণ্ড মানব বিশ্বের মেরুদণ্ড।

ফারুকের বহুমুখী একটি মন আছে। তার এই মনের গুরুত্বপূর্ণ হৃদয়গ্রাহী বিস্তারই এনে দেবে তার কাঙ্ক্ষিত সাফল্য। এ সিঙ্গার ডাইস বাট নট এ সঙ (অ ংরহমবৎ ফরবং নঁঃ হড়ঃ ধ ংড়হম)।

আর আবদুল গাফফার চৌধুরী বলেছেন :

আউল বাউলের দেশ বাংলাদেশে মরমী ঝর্ণাধারা বহুদিন আগে স্তব্ধ হয়ে গেছে বলে আমার ধারণা জন্মেছিল। আমার এ ভুল ভেঙে দিয়েছে ফারুক আহমদের ‘এ মাটির বাউল’ গানের সংকলন।

আমি আশ্চর্য হয়ে দেখেছি, বাউল গানের সাধন তত্ত্বে যে অসাম্প্রদায়িক সুর, জাতপাতের বাধন মুক্তির যে চেতনা, ফারুক আহমদের গানে তা অবিকল ধরা পড়েছে। লালনের মতো ফারুকও সকল ধর্মভেদের উর্দ্ধে উঠেছেন এবং বলতে পেরেছেন,

আল্লাহ বলো, গড বলো/ আর বলো ভগবান

সর্বমতে আছেন তিনি/ তিনিই মহান ॥

এই কথা, এই সুর হাজার বছরের বাঙালি সহজিয়া সুর। এই সুরটি এত তরুণ বয়সে ফারুক আহমদ এত সহজে কি করে তার কলমে তুলে নিলেন, তা সত্যি বিস্ময়কর। বইয়ের কাভারে তার ছবি না দেখলে অনায়াসে ভাবতে পারতাম, এই গান এ যুগের নয়, এক তরুণের লেখা নয়। ফারুকের কৃতিত্ব এখানেই যে, আবহমান বাংলার লোকজীবনের প্রেমসাধনা ও ধর্মসাধনার সহজ সুরটি তিনি এ যুগের কথার বাঁধনে মূর্ত করে তুলতে পেরেছেন, কিন্তু অগভীর আধুনিক ভাবালুতায় আচ্ছন্ন হতে দেননি।

'এ মাটির বাউল' আবহমান বাংলার চিরায়ত সুর। সেই সুরটি আবার নতুন করে বাজালেন ফারুক আহমদ। এই সুর, এই গানের কথা চিরকাল বাঙালির মনে অনুরনন তুলবে।[১১]

দুরুদ পড়ি সালাম জানাই/ তোমার দরগায় আইয়া
ভক্তের সালাম লওরে বাবা/ শাহ জালাল আউলিয়া।
ইয়ামেন থাকি আইলায় বাবা/ লইয়া পাক কোরআন
তোমার নাসিরে হুনাইলা সিলেট/ বেলালী আজান'।

এখানে মরমীবাদের ইঙ্গিত পাওয়া যায়। এখানে একজন ছান্দসিক কবি হিসেবে উদ্ভাসিত। প্রতিটি গীতিকাবিতা ছন্দবদ্ধ। ছন্দ ব্যবহারের অসাধারণ যাদুর স্পর্শ। ভাষা সহজসরল ও মার্জিত। শ্রীভূমির প্রকৃতির প্রতি তাঁর দুর্বলতাও প্রকাশিত।

ও মাঝিরে মাঝি/ কমলালেবু আনারস আর
এই সিলেটের চা/ যার তুলনা বাংলাদেশের '
কোথাও পাবি না/ ও তুই ক্লান্তি মুছে যা
মরমীয়া হাসন রাজার/ দেশ দেইখা যা ॥

রাজনীতির ওপরও তাঁর কয়েকটি গীতিকবিতা অন্তর্ভুক্ত হয়েছে। একমুঠো উদাহরণ :

'হবুচন্দ্র রাজা বলে গবুচন্দ্র ডাকি/ ছাত্র রাজনীতি বন্ধ কর
একটু সুখে থাকি।/ মিছিল মিটিং চলবে কেন
মানুষ মরুক ভাতে/ যত পারো বাজেট বাড়াও
প্রতিরক্ষা খাতে।

অথবা

রাজনীতি রাজনীতি/ তোমার আসল রূপটা কী
তুমি নর নাকি নারী/ নাকি মিথ্যে মুখোশধারী
বলে দাওনা আমাকে/ তোমাকে জানতে ইচ্ছে করে ॥

এ মাটির বাউল গীতিকবিতার গ্রন্থটিতে স্থান পেয়েছে গীতিকবির নিজস্ব জীবনের ঘটনা। ফলে *এ মাটির বাউল* একটি বিচিত্র স্বাদের গ্রন্থ। চমৎকার উপস্থাপন ভঙ্গি।[১২]

---

[১১]*এ মাটিল বাউল*, আবদুল গাফফার চৌধুরী, *সাপ্তাহিক নতুন দিন*, লন্ডন, ৩-৯ ফেব্রুয়ারি ১৯৯৫, পৃষ্ঠা ২২।
[১২]সাপ্তাহিক সুরমা, লন্ডন, শুক্রবার, জানুয়ারি ১৯৯৪, পৃষ্ঠা ১৪।

ইতিহাস-চর্চা

ইতিহাস-চর্চা

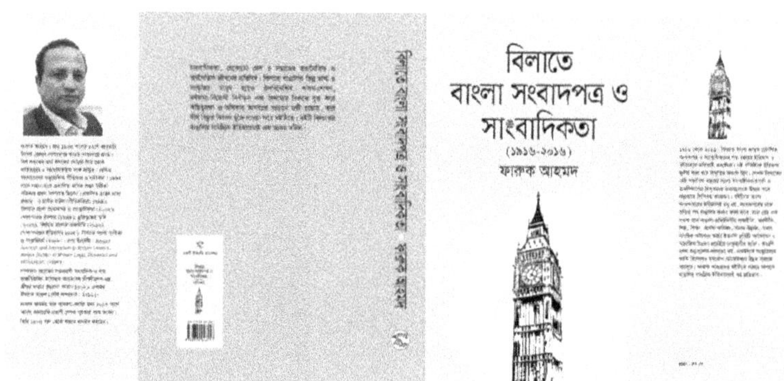

বিলাতে বাংলা সংবাদপত্র ও সাংবাদিকতা

বিলাত থেকে প্রকাশিত সংবাদপত্রের ধারাবাহিক ইতিহাস। সংবাদিকদেরও ইতিহাস তুলে ধরা হয়েছে। সংবাদপত্র বা খবরের কাগজ হলো একটি লিখিত প্রকাশনা, যার মধ্যে থাকে বর্তমান ঘটনা, তথ্যপূর্ণ নিবন্ধ, সম্পাদকীয়, বিভিন্ন ফিচার এবং বিজ্ঞাপন। এটি সাধারণত স্বল্পমূল্যের কাগজে মুদ্রণ করা হয় (যেমন নিউজ প্রিন্ট)। পৃথিবীর আধুনিক বিপ্লব ও সংগ্রামের ইতিহাসে সংবাদপত্রের ভূমিকা অনেক। ২০০৭ সালের পরিসংখ্যন অনুযায়ী, বিশ্বব্যাপী দৈনিক খবরের কাগজের সংখ্যা ছিল ৬,৫৮০টি, যারা একদিনে প্রায় ৩৯৫ মিলিয়েনের বেশি কপি বিক্রি হতো। বর্তমানে বেশিরভাগ সংবাদপত্রই অনলাইন সংস্করণ বের করে।

প্রাচীন রোমে, অ্যাক্টা দিউরমা বা সরকারের ঘোষণাপত্র প্রকাশ করা হতো। সেটা ধাতু বা পাথরে খোদাই করে জনসমাগম হয়, এমন জায়গায় ঝুলিয়ে দেওয়া হতো। চীন দেশে, অষ্টম শতাব্দীর দিকে কাইয়ুয়ান জিং পাও নামে এক রাজকীয় দৈনিক পত্রিকা প্রকাশের অস্তিত্ব পাওয়া যায়। জনগণকে কিছু খবর ও ফরমান জানানোর জন্য রাজসভা থেকে এই খবরের কাগজ প্রকাশিত হতো।

ভারতবর্ষে আরব বা পারস্যের রাজত্বকালে সংবাদপত্রের প্রচলন ছিল। অবশ্য তখন সংবাদপত্র মুদ্রিত হতো না, সমস্ত রাজনৈতিকবিষয়ক সংবাদ হাতে লেখা হতো এবং তা দেশের রাজকর্মচারীদের কাছে প্রেরিত হতো। বিভিন্ন প্রদেশের সংবাদ একত্র করে সম্রাটের কাছে দেওয়া হতো। এরূপ সংবাদ-সংগ্রহের জন্য আলাদা বিভাগ ছিল।

কানুন এ-জং নামক প্রাচীন পারস্য গ্রন্থে লেখা আছে যে, পানিপথের প্রথম যুদ্ধে (১৫২৬) বাবর শাহ শিবিরে বসে সংবাদপত্র পাঠ করছিলেন এমন সময় স্থানীয় রাজারা এসে সন্ধির প্রস্তাব করেন। আবুল ফজল আইন-ই-আকবরি গ্রন্থে লিখেছেন যে, সম্রাট আকবরের সময় রাজকীয় সমাচারপত্রের প্রচলন ছিল। শাজাহান আগ্রার দরবারে বলেছিলেন, "এলাহাবাদের স্থানীয় রাজাদের বিদ্রোহের কথা সমাচারপত্রে পাঠ করে বিস্মিত ও বিষাদিত হলাম।" সম্রাট আওরঙ্গজেব ঔরঙ্গাবাদ নামক স্থানে জীবনলীলা সম্বরণ করেন, তাঁর পীড়ার সমাচার ও বিবরণ দিল্লির 'পয়গম-এ-হিন্দ্' নামক ফারসি সংবাদপত্রে প্রকাশিত হয়।

১৬৬৫ সালে ইংল্যান্ডে প্রকাশিত হয় 'অক্সফোর্ড গেজেট'। ১৬৯০ সালে যুক্তরাষ্ট্রে 'পাবলিক অকারেন্সেস বোথ ফরেন অ্যান্ড ডোমেস্টিক' প্রকাশিত হয়। ১৭০২ সালে ব্রিটেনে প্রথম দৈনিক সংবাপত্র 'দ্য ডেইলি কারেন্ট' প্রকাশিত হয়। যুক্তরাষ্ট্রে প্রথম দৈনিক সংবাদপত্র, ১৭৮৪ সালে 'পেনসিলভানিয়া প্যাকেট, অ্যান্ড ডেইলি অ্যাডভারটাইজার' প্রকাশিত হয়।

ইস্ট ইন্ডিয়া কোম্পানির শাসনামলে, ১৭৮০ সালে, জেইম্স অগাস্টাস হিকি স্থানীয় ইংরেজদের জন্য বেঙ্গল গেজেট বা ক্যালকাটা জেনারেল অ্যাডভার্টাইজার নামে দুই পাতার একটি সাপ্তাহিক প্রকাশ করেন। কিন্তু ওয়ারেন হেস্টিংস, তাঁর পত্নী ও ইংরেজ বিচারকদের সম্পর্কে সমালোচনামূলক প্রতিবেদন প্রকাশের দরুন এটিও দ্রুত বাজেয়াপ্ত হয়। ১৮১৮ সালের গোড়ার দিকে রাজা রামমোহন রায়ের সহায়তায় শিক্ষক ও সংস্কারক গঙ্গা কিশোর ভট্টাচার্য প্রথম বাংলা সাপ্তাহিক বেঙ্গল গেজেট প্রকাশ করেন। অতঃপর ১৮১৮ সালের এপ্রিল মাসে ব্যাপ্টিস্ট মিশনারিদের উদ্যোগে শ্রীরামপুর থেকে বাংলা মাসিক পত্রিকা 'দিগদর্শন' প্রকাশিত হয়। ১৮১৮ সালের ২৩শে মে 'বেঙ্গল গেজেট' প্রকাশের একসপ্তাহ পর 'সমাচার দর্পণ' প্রকাশিত হয়। রাজা রামমোহন রায় বাংলা সংবাদ কৌমুদী, ইংরেজি ব্রোট্যানিক্যাল ম্যাগাজিন ও পারসিতে মিরাত-উল-আকবর প্রকাশ করেন। তাঁর নেতৃত্বে ভারতীয় ও ইউরোপীয় সম্পাদকদের ঐক্যবদ্ধ চাপে লর্ড উইলিয়ম বেন্টিঙ্ক বিদ্যমান সংবাদপত্র আইন শিথিল করতে বাধ্য হন। ১৮৫৮ সালে ঈশ্বরচন্দ্র বিদ্যাসাগর বাংলা সাপ্তাহিক 'সোমপ্রকাশ' প্রকাশ করেন। ১৮৫৯ সালে ঢাকায় 'বাংলাযন্ত্র' নামে প্রথম বাংলা মুদ্রণালয় প্রতিষ্ঠিত হয়, যেখান থেকে ১৮৬১ সালে 'ঢাকা প্রকাশ' প্রকাশিত হয়। একই বছর 'দ্য জন বুল ইন দ্য ইস্ট' (পরবর্তী নামকরণ 'দ্য ইংলিশম্যান') ইউরোপীয়দের ও ভারতবর্ষে নীলকরদের শক্তিশালী মুখপত্র হয়ে ওঠে। ১৮৬৫ সালে এলাহাবাদ থেকে প্রকাশিত পাইওনিয়র পূর্ণাঙ্গ সংবাদ পরিবেশনের জন্য খ্যাতি অর্জন করে। ১৮৬৮ সালে ঘোষ ভ্রাতৃদ্বয় (শিশিরকুমার ঘোষ

ও মতিলাল ঘোষ) যশোরের ক্ষুদ্র গ্রাম ফুলুয়া-মাগুরা থেকে বাংলা সাপ্তাহিক 'অমৃতবাজার পত্রিকা' প্রকাশ করেন (পরবর্তীকালে কলকাতায় স্থানান্তরিত হয়)। ১৮৮১ সালে যোগেন্দ্রনাথ বসু 'বঙ্গবাসী' প্রকাশ করেন। ১৮৭২ সালে প্রকাশিত বাংলা 'নীলদর্পণ' নাটক ইউরোপীয় নীলচাষীদের নির্মম অত্যাচারের চিত্র তুলে ধরলে সরকারি মহলে তীব্র প্রতিক্রিয়া সৃষ্টি হয়। ফলত, সরকার ১৮৭৬ সালে নীলকরদের স্বার্থরক্ষার উদ্দেশ্যে অভিনয় নিয়ন্ত্রণ আইন পাস করে। 'অমৃতবাজার পত্রিকা' (যশোর)-সহ আরও কতিপয় স্থানীয় পত্রিকা নীলচাষীদের পক্ষাবলম্বন করে।

বিলাতে বাংলা সাংবাদিকতা মূলত দিকনির্দিষ্ট হয়েছে ভারত উপমহাদেশ, পাকিস্তান, ভারত, বাংলাদেশের উদ্ভব ও পরবর্তীকালীন রাজনীতিকে কেন্দ্র করে। বাঙালি অভিবাসী বিলাতে বসে বিভিন্ন রাজনৈতিক আন্দোলনের সাথে যুক্ত থেকেছেন এবং তাদের প্রকাশনা শক্তি দিয়ে দেশের রাজনীতিকে প্রভাবিত করার চেষ্টা করেছেন। যার ফল হচ্ছে গত ১০০ বছরের প্রকাশিত শতাধিক সংবাদপত্র ও পত্রিকা। বিলাতে যেসব রাজনৈতিক ও আর্থসামাজিক নীতি অভিবাসী জীবনকে প্রভাবিত বা আহত করেছে সেগুলোও বাংলা সংবাদপত্রের এক বিরাট অংশ দখল করেছে। তাই বিলাতের বাংলা পত্রপত্রিকার পাতাগুলোতে স্থান করে নেয় বাঙালি সমাজের সংগ্রাম এবং স্বাধীনতাপ্রিয়তার ইতিহাস, তাদের বর্ণবৈষমের বিরুদ্ধে ইতিহাস।

বিলাতে বাংলা সংবাদপত্রের শুরু পয়লা নভেম্বর ১৯১৬ সালে পাক্ষিক 'সত্যবাণী'র প্রকাশের মাধ্যমে। তবে ১৯০৯ সালে উপমহাদেশের প্রখ্যাত বাঙালি বাগ্মী রাজনীতিক, হবিগঞ্জের বিপীন চন্দ্র পাল বিলাতে ইংরেজি ভাষায় প্রকাশ করেন মাসিক স্বরাজ। তারপর তিনি প্রকাশ করেন ইংরেজি মাসিক 'দ্য ইন্ডিয়ান স্টুডেন্ট'। ভারতবর্ষে ব্রিটিশ শাসনের বিরোধিতা কারায় দুটি প্রকাশনাকেই ব্রিটিশ সরকার বন্ধ করে দেয়।

লন্ডন স্ট্রান্ডের মিলফোর্ড লেন থেকে প্রকাশিত হয় পাক্ষিক 'সত্যবাণী' পত্রিকাটি। নামটি বাংলা, হিন্দি ও ইংরেজিতে ছাপা হয়। 'কাগজটির মূল বিষয়বস্তু ছিল প্রথম বিশ্বযুদ্ধে ব্রিটেনের বীরত্বও কার্যক্রম, যুদ্ধে ভারতবাসীর কৃতিত্ব ও কর্মতৎপরতা-সম্পর্কিত ছবির নিচে প্রথমে বাংলা, পরে হিন্দি ও সবশেষে ইংরেজি ভাষায় ছবির বিষয়বস্তুর বিবরণ প্রদান।'[১৩] প্রথমে মূলচিত্র বা ছবি দিয়ে এর নিচে বাংলা, হিন্দি ও ইংরেজিতে তার বিষয়বস্তু লেখা হয়। মূল্য : এক আনা। পৃষ্ঠা : আট। সম্পাদক ও প্রকাশক : নামহীন। প্রথম বিশ্বযুদ্ধে ভাতরবাসীর সমর্থন লাভই ছিল পত্রিকাটির প্রধান উদ্দেশ্য।[১৪] তারপর আসে দ্বিভাষিক (উর্দু ও বাংলা) মুখপত্র 'দ্য সিম্যান্স বুলেটিন (আগস্ট ১৯২৬)। ১৮ই অক্টোবর ১৯৪০-এ সাপ্তাহিক 'জগৎ-বার্তা' আধা পেন্স মূল্যের চার পৃষ্ঠার পত্রিকার পথযাত্রা শুরু হয়। এটি

---

[১৩]বিলাতে বাংলা সংবাদপত্র ও সাংবাদিকতা (১৯১৬-২০১৬), ফারুক আহমদ।

[১৪]প্রগুক্ত।

শাহজাহান মসজিদ (ওকিং, সারে, ইংল্যান্ড) থেকে 'মুসলিম সোসাইটি ইন গ্রেট ব্রিটেন'-এর উদ্যোগে প্রকাশিত হয়। ওকিং মসজিদ থেকে প্রকাশিত সাপ্তাহিক 'জগৎ-বার্ত্তা'র প্রকাশক ছিলেন মসজিদের ইমাম মৌলভি আবদুল মজিদ এবং সম্পাদক বিবিসির একজন সংবাদ লেখক সুশীল দাশগুপ্ত।

১৯৪৪ সালে প্রকাশ পায় 'নিউজ বুলেটিন'। প্রকাশক জাহাজি শ্রমিকনেতা সুরত আলি। পয়লা এপ্রিল ১৯৫০-এ 'পাকিস্তানী খবর' পাকিস্তান হাইকমিশনের উদ্যেগে বিনামূল্যে বিতরণ করা হয়, পাকিস্তান সরকারের সাফল্য গাঁথা প্রচার করার জন্য। 'পূর্ব পাকিস্তানের খবরাখবর' ও 'জাহাজি জাহান' শিরোনামে দুটি আলাদা বিভাগ নিয়মিত প্রকাশিত হয়।[১৫]

২১শে ফেব্রুয়ারি ১৯৫৪-এ সাংবাদিক তাসাদ্দুক আহমদের সম্পাদনায় ও সাংবাদিক নজমূল হোসেনের সহযোগিতায় প্রকাশিত হয় বিভন্ন দাবি-দাওয়া আদায়ের সংগ্রামী মুখপত্র ও হস্তলিপিতে মাসিক পত্রিকা 'দেশের ডাক'। বাংলা টাইপরাইটারের 'অপেক্ষা না করেই' হস্তলিপিতে 'দেশের ডাক' প্রকাশিত হয়।[১৬] ৪ঠা জানুয়ারি ১৯৬৪ সালে পত্রিকাটি বন্ধ হয়ে যায়।[১৭]

জানুয়ারি ১৯৬০-এ ব্যারিস্টার আলী মোহাম্মদ আব্বাস কতৃক হস্তলিপিতে আরেকটি ত্রিভাষিক (বাংলা, উর্দু ও ইংরেজি) পত্রিকা প্রকাশিত হয়, মাসিক 'আমাদের দেশ'। এটির যুগ্মসম্পাদক ছিলেন আবুল হায়াত ও ব্যারিস্টার আলী মোহাম্মদ আযহার। ইংরেজি বিভাগ 'আওয়ার হোম'-এর সম্পাদক ছিলেন ব্যারিস্টার আলী মোহাম্মদ আব্বাস। উর্দু বিভাগ 'হামারা ওয়াতন'-এর সম্পাদক ছিলেন আব্দুল ওয়াহিদ।

জুলাই ১৯৬০-এ ত্রৈমাসিক 'দেশ-বিদেশ', মাসিক 'সংবাদ' ও মাসিক 'মুসলিম'; আগস্ট ১৯৬৩-এ মাসিক 'চলার পথে'; মে ১৯৬৪-এ বাঙালি জাতীয়তাবাদ এবং প্রবাসী বাঙালির আর্থ-সামাজিক, রাজনৈতিক ও সাংস্কৃতিক মুখপাত্র মাসিক 'পূর্ব-বাংলা'; অক্টোবর ১৯৬৭-এ মাসিক 'বৈদেশিক সংবাদ', মে ১৯৬৮-এ 'দেশ-বিদেশ' ও ত্রৈমাসিক 'দর্পণ'; এপ্রিল ১৯৬৮-এ প্রগতিশীল বামপন্থী মাসিক 'শিখা', জুলাই ১৯৬৮-এ মাসিক 'মশাল' ও সাপ্তাহিক 'জাগরণ'; ফেব্রুয়ারি ১৯৬৯-এ সাপ্তাহিক 'জনমত'; অক্টোবর ১৯৬৯-এ মাসিক 'দিশারী'; নভেম্বর ১৯৬৯-এ মাসিক 'পদ্মা'। জানুয়ারি ১৯৭০-এ বাঙালির আন্দোলনকে এগিয়ে নিয়ে যাওয়ার মখুপত্র পাক্ষিক 'বিদ্রোহী বাংলা', মে ১৯৭০-এ হিরন্ময় ভট্টাচার্য্য-এর সম্পাদনায় দ্বিমাসিক 'সাগর পারে'।

এপ্রিল ১৯৭১-এ স্বাধীনতার পক্ষের প্রবাসী বাঙালির মধ্যে বিনামূল্যে প্রচারিত সাপ্তাহিক 'জয় বাংলা', মুক্তিযুদ্ধের খবরাখবর, স্বাধীনতার পক্ষশক্তিকে সংঘবদ্ধ ও বিশ্বজনমত গঠনের

---

[১৫]বিলাতে বাংলা সংবাদপত্র ও সাংবাদিকতা (১৯১৬-২০১৬), ফারুক আহমদ।

[১৬]তৃতীয় বাংলা, তাসাদ্দুক আহমদ, লন্ডন, ১৯৯৫।

[১৭]বিলাতে বাংলা সংবাদপত্র ও সাংবাদিকতা (১৯১৬-২০১৬), ফারুক আহমদ।

অনিয়মিত পত্রিকা 'স্বাধীন বাংলা', মুক্তিযুদ্ধের বিভিন্ন রণাঙ্গনের খবরাখবর, পাকিস্তান সেনাবাহিনীর বর্বরতার সচিত্র-সংবাদ, মুক্তিযুদ্ধসম্পর্কিত বিভিন্ন প্রতিবেদনসহ প্রকাশিত পত্রিকা পাক্ষিক 'রণাঙ্গন'। তারপর একে একে প্রকাশিত হয় সাপ্তাহিক 'প্রলয়' (১১ই জুন ১৯৭১), সাপ্তাহিক 'বাংলা দেশ' (১২ই জুন ১৯৭১), সাপ্তাহিক 'জন্মভূমি' (১৬ই জুলাই ১৯৭১), 'বাংলাদেশ সংবাদ পরিক্রমা' (আগস্ট ১৯৭১), সাপ্তাহিক 'মুক্তিযুদ্ধ' (৭ই সেপ্টেম্বর ১৯৭১)।

১৯৭২-এ সাপ্তাহিক 'সংগ্রাম', 'বলাকা', 'প্রবাসী'; ১৯৭৩-এ সাপ্তাহিক 'বাংলা খবর' ও 'বাংলার ডাক' এবং পাক্ষিক 'আগামী বাংলা'; ১৯৭৪-এ পাক্ষিক 'বাংলার কথা' ও 'আওয়াজ'; ১৯৭৬-এ সাপ্তাহিক 'জাগরণ', 'বাংলাদেশ', 'জনতা' ও দ্বিমাসিক 'সেতুবন্ধ'; ১৯৭৭-এ সাপ্তাহিক 'সোনার বাংলা'।

২০শে মে ১৯৭৮-এ ডা. বসির আহমেদের সম্পাদনায় প্রকাশিত হয় সাপ্তাহিক 'সুরমা'। তারপর একের-পর-এক প্রকাশিত হয় : সাপ্তাহিক 'লন্ডন বার্তা' (১৯৭৯), ত্রৈমাসিক 'প্রবাসী সমাচার' (১৯৭৯), পাক্ষিক 'বাঙালী সমাচার' (১৯৮০), সাপ্তাহিক অধিকার (১৯৮০), মাসিক 'দেশবার্তা' (১৯৮০), সাপ্তাহিক 'দেশ' (১৯৮০), সাপ্তাহিক 'বজ্রকণ্ঠ' (১৯৮১) ইত্যাদি।

১৯৮৭-এ প্রখ্যাত সাংবাদিক আবদুল গাফফার চৌধুরীর সম্পাদনায় প্রকাশিত হয় 'নতুন দিন'। ১৯৯৭-এ সাপ্তাহিক 'পত্রিকা'। সম্পাদক ছিলেন আহমেদ উস সামাদ চৌধুরী।

সত্যবাণীর পরে ইংল্যান্ড থেকে দৈনিক, সাপ্তাহিক, পাক্ষিক ও মাসিক ১২৫টি পত্রিকার বিবরণ রয়েছে 'বিলাতে বাংলা সংবাদপত্র ও সাংবাদিকতা (১৯১৬-২০১৬)' গ্রন্থে। রয়েছে ইংল্যান্ডে বাংলা ইলেকট্রনিক মিডিয়ার ক্রমবিকাশ, সাংবাদিকদের সংগঠনগুলো ইতিহাস এবং সাংবাদিক, কলামিস্ট ও সম্পাদকদের পরিচিতি। এই পর্বে ১৩টি রেডিও, ১৩টি টিভি চ্যানেল এবং ৪০ জন সাংবাদিকের পরিচিতি স্থান পেয়েছে।

বিলাতে বাংলার রাজনীতি

ফারুক আহমদের সবচেয়ে উল্লেখযোগ্য গ্রন্থটি হচ্ছে ‘বিলাতে বাংলার রাজনীতি’। এটি বাংলা ও ইংরেজি ভাষায় আলাদাভাবে প্রকাশিত হয়েছে। বাংলা ভাষা লেখা বইটি প্রকাশ করেছেন ঢাকার খ্যাতিমান প্রকাশনা সংস্থা ‘সাহিত্য প্রকাশ’-এর কর্ণধার মফিদুল হক। প্রকাশ কাল ২০০২। ইংরেজি ভার্সনের প্রকাশক, ত্রিয়েট স্পেইস, নিউইয়র্ক, অ্যামেরিকা। প্রকাশ কাল ২০১২।

‘বিলাতে বাংলার রাজনীতি’ শীর্ষক গ্রন্থটিতে বিলাতে বাঙালি-সম্প্রদায়ের রাজনৈতিক কর্মকাণ্ডের আদ্যোপান্ত স্থান পেয়েছে। অনেক না জানা কাহিনি, বিশেষ করে রাজনৈতিক অভ্যুত্থানের ইতিহাস তুলে ধরেছেন লেখক।

‘বিলাতে বাংলার রাজনীতি’ গ্রন্থটি ফারুক আহমদ আটটি অধ্যায়ে বিভক্ত করে রচনা করেছেন। প্রতিটি অধ্যায়ে বিশদভাবে আলোচনা করেছেন যুক্তরাজ্যের বাঙালি রাজনীতিক কর্মকাণ্ড। তথ্য সন্নিবেশিত করেছেন অনেক অজানা বিষয়ে। ‘বিলাতে বাংলার রাজনীতি’র অর্ন্তভূক্ত বিভিন্ন অধ্যায়ের আলোচিত বিষয়াদির বর্ণনা দিতে গিয়ে ভূমিকার বিশাল আয়োজন সন্নিবেশিত করতে হয়েছে।

প্রথম অধ্যায়— ‘ভারতের স্বাধীনতা সংগ্রাম’ (ব্রিটিশ সাম্রাজ্যবাদী শাসনকাল)। উপশিরোনাম— সূচনাপর্ব, বিপ্লবীপর্ব, শ্রমজীবী সংগঠন ও রাজনৈতিক তৎপরতা, ‘ইন্ডিয়া লীগ’, ‘ইন্ডিয়ান সিম্যান্স ওয়েলফেয়ার লীগ’ ও ‘অল ইন্ডিয়া মুসলিম লীগ’।

লেখক সূচনাপর্বে নিয়ে এসেছেন যুগন্ধর বাঙালি রাজা রামমোহন রায়ের নাম। রাজা রামমোহন রায় ১৮৩০ সালের ১৯শে নভেম্বর লিভারপুলগামী একটি ব্রিটিশ জাহাজে রওনা হয়ে ১৯৩১ সালের ৮ই এপ্রিল ইংল্যান্ডে পৌঁছেন। রাজা রামমোহন যখন ইংল্যান্ড আসেন, তখন দিল্লীর মসনদে আসীন ছিলেন নখদন্তহীন মোগল সম্রাট আবু-নাসার মইনুদ্দিন আকবর। ধারণা এই যে, তিনিই রামমোহন রায়কে ‘রাজা’ উপাধি দিয়েছিলেন এবং তাঁর ইংল্যান্ড ভ্রমণের যাবতীয় ব্যয়ভার বহন করেছিলেন। মোগল সম্রাট আবু নাসার মইনুদ্দিন

আকবর ইস্ট ইন্ডিয়া কোম্পানি থেকে যে মাসোহারা পেতেন, সেই মাসোহারা বা মাসিক বরাদ্দের পরিমাণ যথাসম্ভব বাড়িয়ে নেওয়ার জন্যই কোম্পানির ঘনিষ্ঠজন হিসেবে পরিচিত রামমোহন রায়কে তাঁর দূত হিসেবে ইংল্যান্ডে প্রেরণ করেছিলেন। অন্যদিকে, রাজা রামমোহন রায়ের ইংল্যান্ড ভ্রমণের আসল উদ্দেশ্য ছিল— সতীদাহ প্রথারদের বিরুদ্ধে ইংল্যান্ডের প্রিভি-কাউন্সিলে হিন্দুসমাজ যে রিটপিটিশন দায়ের করে সেই রিটপিটিশনটি যাতে— কোনো আবস্থাতেই গৃহীত না হয়, তার জন্য চেষ্টা-তদবির করা। তাছাড়া, ইস্ট ইন্ডিয়া কোম্পানির ভারত শাসনের সনদপত্র নবায়ন হওয়ার বিষয়টিও রামমোহনের বিবেচনায় ছিল। ইংরেজদের ভারত শাসনের অধিকার নিয়ে প্রশ্ন তোলার পরিবর্তে, তাদের ভারতশাসনের জন্য নতুন করে প্রণীতব্য সনদপত্রে যতটা সম্ভব ভারতীয় নেটিভদের স্বার্থরক্ষার বিষয়টিকেই রামমোহন গুরুত্ব দিয়েছিলেন। রবার্ট ক্লাইভের পাল্টাবিহারে কালাপানি পাড়ি দিয়ে ইংল্যান্ডে যাওয়ায় রাজা রামমোহন রায়ের মিশনও অনেকাংশেই সফল হয়। ধর্মের দোহাই দিয়ে, সতীদাহ রদ (১৮২৯) আইনের বিরুদ্ধে ভারতের হিন্দুদের আনীত রিটপিটিশনটি ইংল্যান্ডের আইনসভা প্রিভি কাউন্সিলে খারিজ হয়ে যায়। ফলে সতীদাহ প্রথার মতো অভাবিত, অকল্পনীয় ও অবিশ্বাস্য কুপ্রথাটির চির অবসান ঘটে। রাজা রামমোহনের সফল দূতিয়ালির কারণে সম্রাট আবু নাসার মইনুদ্দিন আকবরের জন্য ইস্ট ইন্ডিয়া কোম্পানির বরাদ্দকৃত মাসোহারার পরিমাণও যথেষ্টই বৃদ্ধি পেয়েছিল।

প্রথম অধ্যায়ে অতিসংক্ষেপে ব্রিটেনে সর্বভারতীয় পটভূমিতে বাঙালির অগ্রণী ভূমিকার কথা বর্ণিত হয়েছে। এই পর্বে রাজা রামমোহন রায়ের আগমন ও তার পরবর্তী বিশিষ্ট ভারতীয় কর্মকর্তাদের ঐতিহাসিক সাফল্যের কথা সুষ্টভাবে জানানো হয়েছে। রাজা রামমোহন রায় ও দ্বারকানাথ ঠাকুর বিশ্বাস করতেন যে, ভারতবাসী তাদের ন্যায্য দাবি-দাওয়া আদায় করতে হলে, স্বাধীনতার দাবি নিয়ে অভীষ্ট লক্ষ্যে পৌঁছতে হলে, ব্রিটিশ পার্লামেন্টে ভারতীয় প্রতিনিধি পাঠাতে হবে। তাঁদের সেই স্বপ্ন বাস্তবায়নে প্রথম উদ্যোগী হন একজন বাঙালি ব্যারিস্টার লালমোহন ঘোষ। তিনি সাউথ লন্ডনের ডেপ্টফোর্ড নির্বাচনী এলাকা থেকে লিবারাল পার্টির প্রার্থী হিসেবে প্রতিদ্বন্দ্বিতা করে মাত্র ৩৬৭ ভোটে পরাজিত হন।

পরবর্তীকালে বিপ্লবী পর্বের সূচনা হলো বঙ্গভঙ্গকে কেন্দ্র করে, সাম্রাজ্যবাদী শাসন-শোষণের অবসানের জন্য লন্ডন থেকেই সশস্ত্র সংগ্রামের মধ্য দিয়ে। কিন্তু প্রথম বিশ্বযুদ্ধ অবসানের পর, ভারতবর্ষে স্বায়ত্বশাসনের অজুহাতে, মহাত্মা গান্ধীর অহিংস অসহযোগ আন্দোলনের ফলে স্থানীয় সমস্যা নিয়ে জ্যোতি বসু, শাহ আব্দুল মজিদ কোরেশি, আইয়ুব আলী মাস্টার প্রমুখের নেতৃত্বে ছাত্র-লস্কর সমস্যা সমাধানের জন্য প্রতিষ্ঠানিকভাবে সক্রিয় কর্মপন্থা গ্রহণের মাধ্যমে নানাবিধ কার্যক্রম শুরু গ্রহণ করেন।

বিশ শতকের সূচনায় আরেকটি ঘটনা ইতিহাসের মোড় ঘুরিয়ে দেয়। সম্প্রদায়গত সম্পর্ক উন্নয়নের উদ্দেশ্যে ঢাকায় প্রতিষ্ঠিত হয় 'নিখিল ভারত মুসলিম লীগ'। মে ১৯০২-এ স্যার

সৈয়দ আমীর আলী এর ইংল্যান্ড শাখা প্রতিষ্ঠা করেন। ১৯২৮-এ মৃত্যুকাল অবধি তিনি 'নিখিল ভারত মুসলিম লীগ'-এর ইংল্যান্ড শাখা, ব্রিটিশ রেড ক্রিসেন্ট সোসাইটি এবং ওকিং মসজিদ কমিটির সভাপতি ছিলেন।

১৯৪৭ সালে পাকিস্তান প্রতিষ্ঠার পরে স্বদেশে ও বিদেশে বাঙালিরা নানাভাবে নির্যাতীত হন। এই পটভূমিতে লন্ডনে পাকিস্তান ওয়েলফেয়ার অ্যাসোসিয়েশন, পাকিস্তান ক্যাটারার্স অ্যাসোসিয়েশন অব গ্রেট ব্রিটেন, ন্যাশনাল ফেডারেশন অব পাকিস্তানি অ্যাসোসিয়েশন ইন গ্রেট ব্রিটেন ইত্যাদি সংগঠন গড়ে ওঠে, এবং এগুলোর মাধ্যমে বাঙালি নিজের স্বার্থরক্ষার জন্য সচেষ্ট হয়ে উঠেন। ১৯৬৫-এ ইস্ট পাকিস্তান হাউস প্রতিষ্ঠা করে প্রবাসী বাঙালি ছাত্রদের অল্পমূল্যে থাকার ব্যবস্থা করা হয়।

১৯৫২-এর ভাষা আন্দোলনের পর, পূর্ব-বাংলার সাংস্কৃতিক স্বাতন্ত্র্যের এবং ১৯৬০-এর দশকের শুরু থেকে রাজনৈতিকভাবে স্বায়ত্তশাসনের চেতনা বদ্ধমূল হয়। তার প্রভাব প্রবাসী বাঙালির ওপর পড়ে। এই পটভূমিতে সাংস্কৃতিক আন্দোলনকে জোরদার করার জন্য ঢাকা বিশ্ববিদ্যালয়ের অধ্যাপক এ কে নাজমূল করিমের (সমাজ বিজ্ঞানী) পৃষ্ঠপোষকতায় ১৯৬২-এ লন্ডনে বাংলা একাডেমী গড়ে ওঠে। তারপর নিয়মিতভাবে সাংস্কৃতিক কর্মকাণ্ডের মাধ্যমে প্রবাসী বাঙালি স্বদেশপ্রেমের চর্চা করতে থাকেন।

পূর্ব-বাংলার স্বাধীনতার লক্ষ্যে কাজ করার জন্য গড়ে ওঠা 'পূর্বসূরী' এবং 'দ্য গ্রুপ ২১' সংগঠনের কথাও জানা যায়। এরই ধারাবাহিকতায় এক পর্যায়ে শেখ মুজিবুর রহমানের বিরুদ্ধে আগরতলা ষড়যন্ত্র মামলা শুরু হলে, বিভিন্ন সূত্রে খবর পেয়ে ব্রিটেনের বিক্ষুব্ধ বাঙালি সাহায্য-সহযোগিতার হাত প্রসারিত করেন। অচিরে প্রতিষ্ঠিত হয় 'ইউকে আওয়ামী লীগ'।

দ্বিতীয় অধ্যায় : 'পাকিস্তানী আমলে বাঙালিদের রাজনৈতিক তৎপরতা ও আন্দোলন'। উপশিরোনাম : 'পাকিস্তান ওয়েলফেয়ার অ্যাসোসিয়েশন', 'পাকিস্তান ক্যাটারার্স অ্যাসোসিয়েশন', 'ন্যাশনাল ফেডারেশন অব পাকিস্তানী অ্যাসোসিয়েশন্স ইন গ্রেটব্রিটেন', '১৯৫২ সালের ভাষা আন্দোলন', 'মওলানা ভাসানীর লন্ডন আগমন: পাকিস্তানী আমালে বাঙালিদের প্রগতিশীল রাজনীতি', 'কমিউনিস্ট পার্টি অব গ্রেট ব্রিটেন ও বাংলাদেশ কমিউনিস্ট পার্টি যুক্তরাজ্য শাখা' এবং 'বিলাতে ছাত্র আন্দোলন'।

প্রথমেই উল্লিখিত হয়, ভারত বিভাগের আগে জাহাজিদের ওপর যেসব হয়রানি চলে, পরেও তা অব্যাহত থেকে যায়। তারপর, ভাষা আন্দোলনের কথা সকলেই জানা। ঢাকার রাজপথে, সালাম, রফিক, জব্বারের শহীদ হওয়ার খবর বিলাতে পৌঁছার পর সেখানকার অধ্যয়নরত প্রগতিশীল ছাত্ররা সভা করে সেই মর্মান্তিক ঘটনার প্রতিবাদ জানান।

তৃতীয় অধ্যায় : 'প্রবাসে বাঙলার স্বাধীনতা আন্দোলনের সূচনা'। উপশিরোনাম : 'কমিটি ফর দ্য রেস্টারেশন অব ডেমোক্র্যাসি ইন পাকিস্তান', 'বাংলা একাডেমি', 'পূর্বসূরি',

'আনহ্যাপি ইস্ট পাকিস্তান', 'ইস্ট পাকিস্তান হাউস প্রতিষ্ঠা', 'দ্য গ্রুপ', 'হোসেন শহীদ সোহরাওয়ার্দী, শেখ মুজিব ও ইস্ট পাকিস্তান হাউস', 'পূর্ব বাংলা ও এশিয়ান টাইড', 'আইয়ূব এক্সপোজড', 'ইস্ট পাকিস্তান লিবারেশন ফ্রন্ট গঠন ও কার্ড' ইত্যাদি। এই অধ্যায়ে রয়েছে পাকিস্তানে সামরিক শাসন জারির পরিপেক্ষিতে 'সিআরডিপি' নামক সংগঠন প্রতিষ্ঠা, লন্ডনে 'বাংলা একাডেমি' প্রতিষ্ঠা, 'পূর্বসূরি' সংগঠনের প্রতিষ্ঠা, 'অ্যানহ্যাপি ইস্ট পাকিস্তান' নামক পুস্তিকা প্রকাশ, 'ইস্ট পাকিস্তান হাউস প্রতিষ্ঠা', 'দ্যা গ্রুপ' সংগঠনের প্রতিষ্ঠা, '*পূর্ব বাংলা ও এশিয়ান টাইড*'-এর প্রকাশনা, 'আইয়ুব এক্সপোজড' প্রচারপত্রের প্রকাশনা, 'ইস্ট পাকিস্তান লিবারেশন ফ্রন্ট' গঠন, 'কার্ড' সংগঠন প্রতিষ্ঠার অনেক অজানা বিবরণ। এই অধ্যায়ের উল্লেখযোগ্য প্রসঙ্গ : বিলাতে কয়েক দিনব্যাপী পূর্ব পাকিস্তান ও পশ্চিম পাকিস্তানের রাজনৈতিক পরিস্থিতি নিয়ে হোসেন শহীদ সোহরাওয়ার্দি ও শেখ মুজিবুর রহমানের মধ্যকার আলোচনা। সে আলোচনায় হোসেন শহীদ সোহরাওয়ার্দি সমগ্র পাকিস্তানভিত্তিক রাজনীতির ওপর গুরুত্ব আরোপ করতে চাইলে শেখ মুজিবুর রহমান বলেন, 'পশ্চিম পাকিস্তানের রাজনীতি থেকে পূর্ব পাকিস্তানের রাজনীতি আলাদা, তাদের রাজনীতি হলো নবাব-নাইট ও আমির-ওমরাহদের রাজনীতি, আর পূর্ব পাকিস্তানের রাজনীতি হলো জনতার রাজনীতি, তাই পূর্ব পাকিস্তানের মানুষের চাহিদা অনুযায়ী স্বাধিকার আদায়ের আন্দোলনের ডাক দিতে হবে।' নুরুল ইসলামের বরাত দিয়ে লেখক আরও জানান যে, সে-সময়কার আলোচানায় এটা বোঝা গিয়েছিল যে, শেখ মুজিব পূর্ব পাকিস্তানের দাবিদাওয়া নিয়ে আন্দোলন শুরু করতে বদ্ধ পরিকর।

চতুর্থ অধ্যায় : 'আগরতলা ষড়যন্ত্র মামলা ও এর ফলাফল'। উপশিরোনাম : 'শেখ মুজিব ডিফেন্স ফান্ড', 'দ্য রাইট্স অব ইস্ট পাকিস্তান ডিফেন্স ফ্রন্ট', 'যুক্তরাজ্য আওয়ামী লীগ: পটভূমি', '১৯৬৯ সালে বঙ্গবন্ধুর লন্ডন আগমণ', 'যুক্তরাজ্য আওয়ামী লীগের জন্ম ও লন্ডন আওয়ামী লীগ'। তৎকালীন পূর্ব পাকিস্তানের বাঙালি নিয়ে শেখ মুজিবের স্বপ্ন ও উচ্চাকাঙ্ক্ষার আরও চমকপ্রদ তথ্যের সমারেশ ঘটেছে এই অধ্যায়ে। 'মুক্তিযুদ্ধে প্রবাসী বাঙালি' এই অধ্যায়ে মুক্তিযুদ্ধ-পূর্ববর্তী ঘটনার সংক্ষিপ্তসার উল্লেখ করে বিলাতের বাঙালি সেসব সতর্কতার সঙ্গে পর্যবেক্ষণ করছিলেন। এর প্রমাণ রয়েছে বইয়ের ১৫৭ পৃষ্ঠায়।

'৭ই মার্চ ঢাকা ঐতিহাসিক রেসকোর্স ময়দানে অনুষ্ঠিতব্য বঙ্গবন্ধুর ঐতিহাসিক জনসভার সাথে সামঞ্জস্য রেখে যুক্তরাজ্য আওয়ামী লীগও হাইডপার্ক স্পিকার্স কর্নারে জনসভা ও বিক্ষোভ প্রদর্শনের আয়োজন করে। তাছাড়া ২৫শে মার্চ গভীর রাতে ঢাকাসহ পূর্ব পাকিস্তানে নারকীয় হত্যাকাণ্ড সংঘটিত হওয়ার খবর লন্ডনে পৌঁছার পর, পূর্বপ্রস্তুতি ছাড়াই হাজার হাজার বাঙালি ছাত্র-জনতা চেশাম প্লেইসের ছাত্রবাসে হাজির হয় এবং রাত নয়টার সময় স্বাধীন বাংলাদেশের পতাকা নিয়ে পাকিস্তানি দূতাবাসের সামনে হাজির হয়ে হত্যাযজ্ঞের নিন্দা জানিয়ে ইয়াহিয়া খানের পদত্যাগ দাবি করেন।

এই অধ্যায়ে অত্যন্ত গুরুত্বপূর্ণ তথ্য হচ্ছে বাংলাদেশের স্বাধীনতা ঘোষিত হওয়ার পর, এর পক্ষে বিশ্বজনমত সৃষ্টির লক্ষ্যে 'বেঙ্গল স্টুডেন্ট অ্যাকশন কমিটি'র কর্মসূচি। তারা ২৬ থেকে ২৮শে মার্চ পর্যন্ত বাংলাদেশের স্বীকৃতি ও সমর্থনদানের দাবিতে ব্রিটিশ প্রধানমন্ত্রীর বাসভবন ও ১০ নং ডাউনিং স্ট্রিটের মোড়ে অনশন ধর্মঘট করেন। শতশত ছাত্র-জনতা তাদের অনশতকে সমর্থণ জানান। এক সময় এই অনশন ব্রিটিশ পার্লামেন্টে প্রতিক্রিয়ার সৃষ্টি করে। এমপিদের সমবেদনা আদায় করতে সক্ষম হয়।

পঞ্চম অধ্যায় : 'মুক্তিযুদ্ধে যুক্তরাজ্য-প্রবাসী বাঙালি'। স্বাধীনতাযুদ্ধে প্রবাসী বাঙালির অংশগ্রহণের গুরুত্বপূর্ণ বর্ণনা। মুক্তিযুদ্ধে যুক্তরাজ্য আওয়ামী লীগের ভূমিকা, কাউন্সিল ফর দ্য পিপলস রিপাবলিক অব বাংলাদেশ গঠন: চল চল যুদ্ধে চল, স্বাধীনতা সংগ্রামে প্রবাসী ছাত্রদের ভূমিকা, ছাত্র সংগ্রাম পরিষদের অনশন ধর্মঘট, বিচারপতি আবু সাঈদ চৌধুরীর বিলাত আগমণ, মুক্তিযুদ্ধকালে লন্ডনে কেন্দ্রীয় সংগ্রাম পরিষদ গঠনের চেষ্টা ও ফলাফল, কেন্দ্রীয় সংগ্রাম পরিষদ গঠনের ব্যর্থতার কারণ, মুক্তিযুদ্ধে চাঁদা আদায়ের রসিদ যেসব ব্যক্তি ও সংগঠন ফেরত দেয়নি, স্টিয়ারিং কমিটির অফিসে আগুন, যুক্তরাজ্যে ন্যাপের (ওয়ালি-মোজাফফর) জন্ম, ১৯৭১ সালে বাংলাদেশের স্বাধীনতা-বিরোধী সংগঠন ও ব্যক্তি, বাংলাদেশ উইমেন্স অ্যাসোসিয়েশন ইন গ্রেট ব্রিটেন (বাংলাদেশ মহিলা সমিতি) ।

ষষ্ট অধ্যায় : 'যুক্তরাজ্যে বাংলার রাজনীতি : স্বাধীনতার পরে'। উপশিরোনাম : 'যুক্তরাজ্য আওয়ামী লীগ', 'বাংলাদেশ আওয়ামী লীগ', 'বাংলাদেশ আওয়ামী লীগ— ওভারসিজ', 'জাসদের রাজনীতি', 'যুক্তরাজ্য আওয়ামী লীগ ১৯৭৫ সালের পরে', 'সর্বদলীয় বাংলাদেশ জাতীয় সংগ্রাম পরিষদ', 'সাপ্তাহিক বাংলার ডাক ও মাসিক সানরাইজ', 'বাকশাল সংগ্রাম পরিষদ', 'সাপ্তাহিক সোনার বাংলা', 'যুক্তরাজ্য আওয়ামী লীগ পুর্নগঠন ও বঙ্গবন্ধু পরিষদ', 'সাপ্তাহিক বজ্রকণ্ঠ', 'কাদের সিদ্দিকীর লন্ডন আগমন : যুক্তরাজ্য আওয়ামী লীগে দ্বিধাবিভক্তি', 'যুক্তরাজ্য আওয়ামী লীগ (ফ্যাক্স কমিটি) বনাম যুক্তরাজ্য আওয়ামী লীগ ইউকে লিমিটেড', 'ডেমোক্রেটিক লীগ', 'রাজনীতির বলি বাংলাদেশ ভবন (ইস্ট পাকিস্তান হাউস)', 'বাংলাদেশ ও পাকিস্তান এক করার আন্দোলন'। শুরুতেই যুক্ত হয়েছে স্বাধীনতা-পরবর্তী আওয়ামী লীগ নেতাদের প্রসঙ্গ, তাদের অর্ন্তদ্বন্দ্ব ও 'বাংলাদেশ আওয়ামী লীগ ওভারসিজ'-এর প্রতিষ্ঠার ক্ষোপট, জাসদের রাজনীতি, বাকশাল সংগ্রাম পরিষদ এবং কাদের সিদ্দিকীর লন্ডন আগমন, যুক্তরাজ্য আওয়ামী লীগের দ্বিধাবিভক্তিসহ বেশ কিছু প্রসঙ্গ।

সপ্তম অধ্যায় : 'সামরিক শাসন থেকে গণতন্ত্রের পথে'। উপশিরোনাম : 'বিএনপির রাজনীতি : পটভূমি', 'যুক্তরাজ্য বিএনপি', 'জাতীয় পার্টি', 'যুক্তরাজ্যে জাতীয় পার্টির রাজনীতি'। এই অধ্যায়ে বিএনপির রাজনীতির পটভূমি ও জাতীয় পার্টি নিয়ে সবিস্তার আলোচনা করা হয়েছে।

অষ্টম অধ্যায় : 'ভাঙ্গাগড়ার রাজনীতি'। উপশিরোনাম : 'বাংলাদেশ সমাজতান্ত্রিক দল (বাসদ)', 'গণফোরাম', 'ওয়ার্কার্স পার্টি', 'বিকল্পধারা বাংলাদেশ ইস্ট'। এখানে বাংলাদেশ

সমাজতান্ত্রিক দল (বাসদ), গণফোরাম, ওয়াকার্স পার্টি, ও বিকল্পধারা বাংলাদেশ ইস্ট গঠনের বিবরণ রয়েছে।

উপসংহারে লিপিবদ্ধ করা হয়েছে তথ্যসূত্র, ঐতিহাসিক ঘটনাপঞ্জি, সহায়ক গ্রন্থ তালিকা ও নির্ঘণ্ট। ব্রিটেনে বাংলার রাজনীতির নানা বর্ণাঢ্য দিক উন্মোচিত হয়েছে। 'আজকে সব জায়গায় যখন রাজনীতি, বিশেষ করে দলীয় রাজনীতি খোঁজা হয়ে থাকে তখন এ রকম মত প্রকাশের সাহস চাট্টিখানি কথা নয়: 'যুক্তরাজ্যে স্থায়ীভাবে বসবাস করে একজন ব্রিটিশ নাগরিকের জন্য নীতিগত ভাবে বাংলাদেশী বিশেষ করে কোনো দলের রাজনীতির সাথে জড়িত হওয়ার যুক্তিসঙ্গত কোনও কারণ আছে কি? ইতিহাস এবং অভিজ্ঞতা থেকে আমরা জেনেছি, প্রবাসে দেশীয় রাজনীতির চর্চা প্রবাসী বাঙালিদের জন্য কোনও ইতিবাচক সুফল বয়ে আনেনি। এটি তাদের অগ্রযাত্রাকে বাধাগ্রস্ত করেছে, করছে এবং ভবিষ্যতেও করবে।' লেখক এখানে সামাজিক ঐক্য বিনষ্টের আশংকায় আশঙ্কিত, এই আশংকা প্রবাসীদের কল্যাণকামী একজন মানুষের আশংকা। বইটি প্রবাসীদের ছবিপ্রদর্শনকারী বাণিজ্যপটূ অন্যান্য বইয়ের লেখকদের যে লজ্জিত করবে সে-বিষয়ে নিঃসন্দেহ।

মুক্তিযুদ্ধের স্মৃতি

'মুক্তিযুদ্ধের স্মৃতি' গ্রন্থটি বাংলাদেশের মুক্তিযুদ্ধকালীন স্মৃতি, অনুভূতি এবং স্থানীয় এলাকার ঘটনাবলি নিয়ে কয়েকটি প্রবন্ধ। বিষয়বস্তু : মুক্তিযুদ্ধের নানা ঘটনা, হানাদার বাহিনীর নির্যাতনমূলক কর্মকাণ্ড ইত্যাদি। তাছাড়া গ্রন্থে রয়েছে 'বিজয় দিবসে বাঙালি জাতির কাছে একটি প্রশ্ন', মুক্তিযুদ্ধে বিলাতের অন্যতম সংগঠক শেখ আবদুল মান্নানের সঙ্গে প্রথম সাক্ষাতের স্মৃতি, মুক্তিযুদ্ধে প্রবাসী বাঙালি, বাঙালির মুক্তিযুদ্ধ ব্রিটিশ দলিলপত্র ইত্যাদি।

গ্রন্থটির নামকরণ যথার্থ হয়নি; কারণ অসর্তকভাবেই গ্রন্থটিতে অন্যপ্রসঙ্গও যুক্ত হয়েছে; যেমন— 'জীবন জয়ী হবে : সরদার ফজলুল করিমের সাথে কথোপকথন', 'ব্যারিস্টার আবদুল রসুল : জীবন ও কর্ম', 'মনির উদ্দিন আহমদ স্মারক গ্রন্থ ও আমার কিছু কথা', 'পলাশী থেকে ধানমণ্ডি', 'জীবন যুদ্ধে বিলাত প্রবাসীরা', 'ব্রিটিশ স্বার্থ বনাম বাঙালি আবেগ', 'শত বছরের ঐতিহ্য: সিলেট কেন্দ্রয় মুসলিম সাহিত্য সংসদ', 'সিলেটের সাহিত্যাঙ্গন', 'দেওয়ান একলিমুর রাজা: জীবন ও কাব্য', 'গীতিকবি মাহমুদ হক : কিছু স্মৃতি কিছু কথা', 'ছাতকের ইতিহাস ও ঐতিহ্য', 'বিয়ানীবাজার পরিক্রমা-২', 'সিলেট বিভাগ পরিচিতি', 'সিলেট বিভাগের গবেষক পরিচিতি', 'টেলিফিলম্ : করিমুননেসা' এবং 'ইউরোপের কথা ও কাহিনী'।

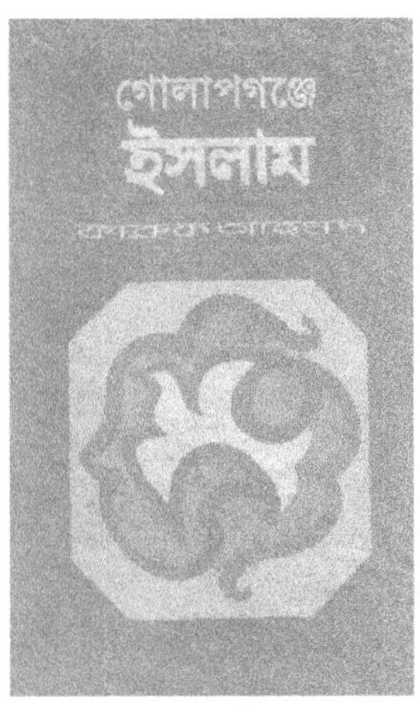

গোলাপগঞ্জে ইসলাম

গোলাপগঞ্জে ইসলাম গ্রন্থটি সিলেট অঞ্চলে ইসলামধর্ম প্রচার ও প্রসারের তথ্যসমৃদ্ধ একটি প্রচেষ্টা। ফারুক আহমদ গোলাপগঞ্জ এলাকার বাসিন্দা। তিনি বিভিন্ন সময় এলাকার জ্ঞানীগুণীদের কাছ থেকে তথ্যসংগ্রহ করে এই গ্রন্থটি রচনা করেন। অধ্যায়গুলো হচ্ছে :

প্রথম অধ্যায়: শাহজালাল (র:) আগমনের সময় গোলাপগঞ্জ কোন খণ্ড রাজ্যের অর্ন্তগত ছিল?

দ্বিতীয় অধ্যায়: শাহজালাল (র:)-এর কোন সাথী কি গোলাপগঞ্জ এলাকায় আগমন করেছিলেন?

তৃতীয় অধ্যায়: স্থানীয় ও প্রচলিত ইতিহাস থেকে বিভিন্ন অলি আউলিয়া সম্পর্কিত বিভ্রান্তিগুলো, প্রচলিত ইতিহাস, স্থানীয় স্মৃতি-শ্রুতি ও কিংবদন্তিগুলোর একটি মূল্যায়ন।

চতুর্থ অধ্যায়: শাহ পাতা (র:) কি শামসুদ্দিন শাহ পাতা, নাকি শাহ ফাত্তাহ নাকি বাহা উদ্দিন শাহ পুতলা?

পঞ্চম অধ্যায়: ভাদেশ্বর নামকরণ কি কোন আউলিয়ার নামে হয়েছিল?

ষষ্ঠ অধ্যায়: প্রখ্যাত অলি গণের সংক্ষিপ্ত পরিচিতি (ক) হযরত শেখ মোহাম্মদ সাঈদ (র:), (খ) সৈয়দ বাহাউদ্দিন শাহ পুতলা (র:), (গ) হযরত মীর হাজরা (র:), (ঘ) হযরত শাহনূর (র:), (ঙ) শেখ ফয়েজুল্লা, (চ) শাহ শরফ উদ্দিন (র:) ও (ছ) শাহ মোল্লা (র:)।

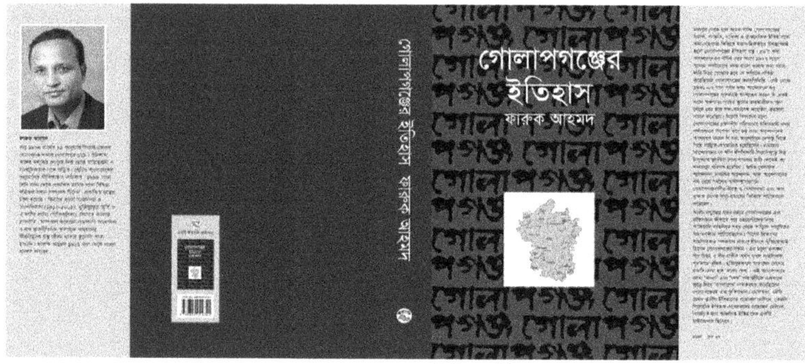

গোলাপগঞ্জের ইতিহাস[১৮]

গোলাপগঞ্জের ইতিহাস গ্রন্থটি সম্বন্ধে সাংবাদিক ও লেখক ইসহাক কাজল বলেছেন, '২০১৫ সালে প্রকাশিত 'গোলাপগঞ্জের ইতিহাস' গ্রন্থটি পড়ে আমার মনে হয়েছে এই গ্রন্থটি কিছুটা হলেও সিলেটের ইতিহাসকে সমৃদ্ধ করবে, এগিয়ে নিয়ে যাবে। [...] 'গোলাপগঞ্জের ইতিহাস' গ্রন্থটি পড়ে বিশেষ করে সিলেট সম্পর্কে যে সকল তথ্য জেনেছি তা অন্য কোনো ইতিহাস পড়ে জানা সম্ভব হয়নি।'

গোলাপগঞ্জের ইতিহাস গ্রন্থটি দীর্ঘ ভূমিকা-সহ আটটি অধ্যায়ে রচিত— নামকরণ (প্রথম অধ্যায়), স্থানীয় প্রশাসনব্যবস্থা (দ্বিতীয় অধ্যায়), রাজনৈতিক ইতিহাস (তৃতীয় অধ্যায়), আন্দোলন-সংগ্রামে গোলাপগঞ্জ (চতুর্থ অধ্যায়), থানার শিক্ষাব্যবস্থা (পঞ্চম অধ্যায়), স্বাধীনতা সংগ্রাম (ষষ্ঠ অধ্যায়), সাহিত্য ও সাংবাদিকতা (সপ্তম অধ্যায়), হাট-বাজার,

[১৮]ইত্যাদি গ্রন্থ প্রকাশ, ঢাকা। ৩৩০ পৃষ্ঠা। মূল্য : ৫০০ টাকা। প্রচ্ছদ : ধ্রুব এষ। উৎসর্গ : হ্বীনা লায়লা, তানযিফা হোসেন ও জাহানারা বেগমকে।

ক্রয়বিক্রয় ব্যবস্থা, দর্শনীয় স্থান, (অষ্টম অধ্যায়), টীকা ও ব্যাখ্যা, সহায়ক গ্রন্থ এবং নির্ঘণ্ট (পরিশেষ)।

আটটি অধ্যায়ে বিভক্ত গ্রন্থটিকে আরও প্রায় ৫৩টি শিরোনামে ভাগ করে সাজানো হয়েছে। প্রত্যেকটির অধ্যায়ের ব্যাপ্তি প্রায় ৩০-৪০ পৃষ্ঠা। প্রথম অধ্যায়ে রয়েছে গোলাপগঞ্জ উপজেলার প্রাচীন নাম, উপজেলার নামকরণ নিয়ে আলোচনা এবং স্থানীয়ভাবে প্রচলিত কিংবদন্তীর আলোকে বিভিন্ন স্থানের নামকরণ ইত্যাদি।

গোলাপগঞ্জের ইতিহাস গ্রন্থটির প্রথম অধ্যায় সম্বন্ধে হামিদ মোহাম্মদ (কবি, লেখক ও সাংবাদিক) বলেছেন, ‘প্রথম অধ্যায় থেকেই যদি আলোচনার সুত্রপাত করি তবে আমরা জানি, কোনো অঞ্চল, গ্রাম, শহর ও নগরের গোড়াপত্তনের সময় নামকরণ মানব সভ্যতার অংশ। যে কোনো জনপদকে চিহ্নিত করতে নামের প্রয়োজন পড়ে যা আধুনিক সভ্যতায়ও প্রয়োজনীয়। অস্বীকার করার উপায় নেই যে, নাম ছাড়া কোনো স্থাপত্য বা স্থাপনা চিহ্নিত হয়েছে, নির্ণিত হয়েছে কোনোকালে, জানা নেই। সে কোনো ঐতিহ্যিক হউক বা উল্লেখযোগ্য কোনো কিংবদন্তীতুল্য নিদর্শন বা শৌর্য-বীর্যকে স্মরণীয় করে রাখাই হোক। গোলাপগঞ্জের নামকরণেও এ রকম কোনো সর্বজনস্বীকৃত বিষয়যুক্ত হয়ে কালের সাক্ষি আজ, বহন করছে একটি সভ্যতার নাম, যার ইতিহাস অনেক পুরোনো। গোলাপগঞ্জের নামকরণের প্রকৃত ইতিহাসের খঁজে ফারুক আহমদ দ্বারস্থ হয়েছেন— কিংবদন্তীর, কিংবদন্তীতূল্য বয়স্ক ব্যক্তি, দলিল দস্তাবেজ, বইপত্র, পুঁথিপুস্তক, পত্র-পত্রিকা, গেজেট ও শিক্ষিত জনের। পাঠক নিশ্চয়ই খুঁজে পাবেন অভীষ্ট উত্তর— যে উত্তরকে ঘিরে আর কোনো প্রশ্ন উত্থাপিত হবে না।’

দ্বিতীয় অধ্যায়ে রয়েছে স্থানীয় প্রশাসনব্যবস্থা সম্বন্ধে পর্যায়ক্রমিক ইতিহাস, স্থানীয় সরকারব্যবস্থার ইতিহাস।

গোলাপগঞ্জের ইতিহাস গ্রন্থটির দ্বিতীয় অধ্যায় সম্বন্ধে সাংবাদিক ও লেখক ইসহাক কাজল বলেছেন, ‘স্থানীয় সরকারব্যবস্থা নিয়ে যাঁরা গবেষণা, চিন্তা-ভাবনা ও লেখালেখি করেন তাঁদের কাছে অধ্যায়টি দিক নির্দেশনা হিসেবে কাজ দেবে।’

তৃতীয় অধ্যায়ে রয়েছে জনপ্রতিনিধিত্বমূলক রাজনৈতিক ইতিহাস। *গোলাপগঞ্জের ইতিহাস* গ্রন্থটির তৃতীয় অধ্যায় সম্বন্ধে সাংবাদিক ও লেখক ইসহাক কাজল বলেছেন, ‘এই অধ্যায়ে গোলাপগঞ্জের জনপ্রতিনিধিদের একটি ধারাবাহিক বিবরণী পাওয়া যায়। সেইসঙ্গে কখন থেকে এই অঞ্চলের মানুষ ভোটাধিকার প্রয়োগের অধিকার পেলেন, ব্রিটিশ শাসনামল থেকে সিলেট জেলায় পর্যায়ক্রমে কারা জনপ্রতিনিধি নির্বাচিত হয়েছিলেন, কখন হয়েছিলেন ইত্যাদি বিষয় সিলেটের ইতিহাস সন্ধানী লেখক-গবেষকদের কাছে মূল্যবান তথ্য হিসেবে বিবেচিত হবে। অধ্যায়টিতে জনপ্রতিনিধিদের আলোকচিত্র সংযোজিত হলে পাঠক আরো উপকৃত হতেন।’

তৃতীয় অধ্যায়ে জনপ্রতিনিধিত্বমূলক রাজনৈতিক ইতিহাস বর্ণনা করতে গিয়ে লেখক লিখেছেন, '১৭৬৫ সালের ১২ই অগাস্ট ব্রিটিশ ইস্ট ইন্ডিয়া কোম্পানি কর্তৃক দিল্লীর নামেমাত্র বাদশা দ্বিতীয় শাহ আলমের নিকট থেকে বার্ষিক ২৬ লক্ষ টাকার বিনিময়ে সুবা বাংলার দেওয়ানি লাভের পর থেকে সিলেট বাংলাদেশের ঢাকা বিভাগের একটি চাকলা হিসেবে অন্তর্ভুক্ত হয়। পরবর্তী কালে জেলার মর্যাদালাভ করে।' চতুর্থ অধ্যায়ে রয়েছে আন্দোলন-সংগ্রামে গোলাপগঞ্জের রাজনীতিবিদদের নেতৃত্বদানের ইতিহাস।

গোলাপগঞ্জের ইতিহাস গ্রন্থটির চতুর্থ অধ্যায় সম্বন্ধে সাংবাদিক ও লেখক ইসহাক কাজল বলেছেন, 'তথ্যপ্রমাণের ভিত্তিতে বলা হয়েছে ১৯৫২ সালের পঁচিশ বছর আগে ১৯২৭ সালে আসাম পার্লামেন্টে প্রথম বাংলা ভাষায় কথা বলার দাবি উত্থাপন করে সেই দাবি আদায়ে সক্ষম হয়েছিলেন গোলাপগঞ্জ থানার কৃতিসন্তান জনপ্রতিনিধি আব্দুল হামিদ চৌধুরী (সোনা মিয়া)। ঠিক একইভাবে ১৯৪৮ সাল থেকে ভাষা আন্দোলনের অন্যতম চালিকাশক্তি ছিলেন তৎকালীন পাকিস্তান অবজারভার পত্রিকার চিফ রিপোর্টার তাসাদ্দুক আহমদ। একই সঙ্গে লেখক খেলাফত আন্দোলন, নানকার আন্দোলন, ভাষা আন্দোলন এবং সর্বশেষ বাংলাদেশের স্বাধীনতা আন্দোলনে গোলাপগঞ্জবাসীর বীরত্ব ও গৌরবগাঁথা বিস্তৃতভাবে তুলে ধরেছেন।' তাছাড়া সাইপাম আন্দোলনের ইতিহাসও।

এই অধ্যায়ে লেখক লিখেছেন, 'ব্রিটিশ-ভারতের *সেনাবাহিনীতে ভারতের মধ্যে পাঞ্জাবের অবস্থান যেমন ছিল ঠিক একইভাবে ব্রিট্রিশ শাসনামল থেকে আজ পর্যন্ত সিলেট বিভাগের মধ্যে গোলাপগঞ্জ থানার অবস্থানও তেমনি শীর্ষস্থানীয়।* আমাদের গবেষণায় এ পর্যন্ত প্রাপ্ত তথ্যানুসারে সিলেট বিভাগে ৬ জন বীর উত্তম, ১২জন বীর বিক্রম এবং ১৬ জন বীর প্রতীকসহ মোট ৩৪ জনের মধ্যে ১২ জন অর্থাৎ এক তৃতীয়াংশেরও বেশি গোলাপগঞ্জের কৃতিসন্তান। এর মধ্যে সুবেদার আফতাব আলী একই সঙ্গে বীর উত্তম ও বীর প্রতীক অর্থাৎ ডবল সাহসিকতার পদকে ভূষিত।'

পঞ্চম অধ্যায়ে রয়েছে মধ্যযুগ থেকে বর্তমান পর্যন্ত গোলাপগঞ্জের শিক্ষাব্যবস্থা নিয়ে আলোচনা।

ষষ্ঠ অধ্যায়ে রয়েছে মুক্তিযুদ্ধে গোলাপগঞ্জবাসীর অবদানের ইতিহাস। সপ্তম অধ্যায়ে রয়েছে সাহিত্য ও সাংবাদিকতার ইতিহাস।

গোলাপগঞ্জের ইতিহাস গ্রন্থটির সপ্তম অধ্যায় সম্বন্ধে সাংবাদিক ও লেখক ইসহাক কাজল বলেছেন, 'অধ্যায়টি কিছুটা দুর্বল বলেই মনে হয়েছে।' হামিদ মোহাম্মদ (কবি, লেখক ও সাংবাদিক) বলেছেন, 'সাহিত্য ও সাংবাদিকতা অধ্যায়ে যে সমস্ত ব্যক্তির তথ্য লেখক যত বেশি সংগ্রহ করতে পেরেছেন কোনো সম্পাদনা না করে হুবহু সংযোজন করেছেন। আবার অনেক প্রথিত যশা ব্যক্তির তথ্য বা তাদের অবদান সম্পর্কে তথ্যসংগ্রহ তেমন সম্ভব হয়নি বলে গুরুত্বহীন পর্যায়ে উল্লেখিত হয়েছেন। এ সমস্ত ত্রুটিগুলো পাঠকের চোখ কখনো

এড়াবে না, তবে প্রবাসে বসে দেশের একটি আঞ্চলিক ইতিহাস রচনার জন্য লেখককে ধন্যবাদ দিতে কুণ্ঠিত হবেন না পাঠক।'

অষ্টম অধ্যায়ে রয়েছে হাট-বাজার, ক্রয়বিক্রয় ব্যবস্থা, দর্শনীয় স্থান সম্বন্ধে ইতিহাস ও বর্ণনা।

বিলাতে বাংলাসাহিত্য ও সংস্কৃতি চর্চা

ইংল্যান্ডের সাথে বাঙালির সাহিত্য ও সংস্কৃতির সম্পর্ক দীর্ঘ শতাব্দীব্যাপী। যদিও এই ঔপনিবেশিক রাষ্ট্রটির সাথে ভারতবর্ষের প্রতিটি নৃতাত্ত্বিক জাতির একটি ঐতিহাসিক সম্পর্ক রয়েছে। সেই সম্পর্ক জাতি, ভাষা ও সংস্কৃতিকে কতোটুকু প্রভাবিত করেছে তা বর্তমান সময়ে এসে আমরা সহজেই উপলব্ধি করতে পারি। ইংল্যান্ড দেশটি বাঙালির কাছে সেই সতেরো শতাব্দী থেকে বিলায়েত বা বিলাত নামে পরিচিতি প্রাপ্ত হয়। বাংলা ভাষায় প্রচলিত অন্যান্য বিদেশি শব্দের মতো বিলাত শব্দটিও ফারসি থেকে এসে বাঙালির কাছে আপন হয়ে ওঠেছে। আপন হয়ে ওঠা এই শব্দটির দেশে বাঙালি অথবা বাংলাদেশিদের যাতায়াতও নিদেনপক্ষে চারশ' বছরের। জীবিকা নির্বাহে হোক আর ভ্রমণকল্পে হোক বাংলার মানুষের যাতায়াত পর্ব থেকে শুরু করে বিলাতে ধীরেসুস্থে একসময় থিতু হতে লাগলেন। যখন তারা একটু স্থির হলেন তখন অভিজ্ঞতার ঝুড়িতে জমা হয়ে গেছে রঙিন-সঙিন কতো গল্পগাথা। মানুষের মনের এই সব কথাকল্লোল, আর বিলাত বসবাসের রকমারি চিত্রগাথা ওঠে আসতে লাগলো সাহিত্যের শাখায়-পাতায়। সাহিত্যচর্চা হয়ে উঠলো বিলাতকেন্দ্রীক।

বিলাতে বাংলা সাহিত্য ও হয়েছে ৩৪০ টাকা। প্রচ্ছদ করেছেন মামুন কায়সার। গ্রন্থের ভূমিকা ও পরিশিষ্ট ছেড়ে মোট বারোটি অধ্যায়ে লেখক তাঁর বক্তব্য তুলে করেছেন। এসব

অধ্যায় সম্পর্কে আমরা এই আলোচনায় সংক্ষেপে আলোকপাত করবো। লেখক তাঁর ভূমিকায় একটি পাঠকমনের গুরুত্বপূর্ণ প্রশ্নের জবাব দিয়েছেন। বিলাতে বাঙালির সাহিত্যচর্চা ঠিক কখন থেকে শুরু হয়েছিল এরকম এক প্রশ্নের উত্তরে লেখক জানান, বিলাতের প্রথম পত্রিকা পাক্ষিক *সত্যবাণী*। এটি ১৯১৬ সালে প্রকাশিত হয়। তারপর ১৯৪০ সালে প্রকাশিত হয় প্রথম সাপ্তাহিক পত্রিকা *জগৎ-বার্ত্তা*। এর আগে বাঙালির কাছে একটি প্রতিষ্ঠিত সত্য ছিল যে, বিলাতের প্রথম বাংলাপত্রিকা হচ্ছে *দেশের ডাক*— এটি ১৯৫৪ সালে প্রকাশিত হয়। আর প্রথম সাপ্তাহিক পত্রিকা *জনমত* প্রকাশিত হয় ১৯৬৯ সালে। লেখক এই তথ্যটিকে স্বীকার করে আমাদের সামনে নতুন একটি সত্য উপস্থাপন করেছেন। আর গবেষণা কাজের ধর্মই হচ্ছে তথ্যখণ্ডনের তলোয়ার শানিত করা।[১৯]

বিলাতে বাংলা সাহিত্য ও সংস্কৃতি চর্চা গ্রন্থের প্রথম অধ্যায় : পটভূমি। লেখক এই অধ্যায়ে বাঙালির বিলাতে সাহিত্যচর্চা শুরুর কথা বলেছেন। একটি ভ্রমণ আখ্যান দিয়ে মূলত বিলাতে বাঙালির সাহিত্যচর্চার প্রেক্ষাপট গড়ে ওঠে। ১৭৬৫ সালের জানুয়ারি মাসে মির্জা ইতিশামুদ্দিন রাজা তৃতীয় জর্জের কাছে সম্রাট শাহ আলমের দূত হিসেবে ভারত থেকে বিলাতে যান। সেখানে তিনি প্রায় তিন বছর কাল অতিবাহিত করেন। ১৭৬৮ সালের সেপ্টেম্বর মাসে তিনি ভারত ফিরে আসেন। ফিরে এসে তিনি তাঁর ভ্রমণের এই উপাখ্যান লিখেন সেকালের রাষ্ট্রীয় ভাষা পারসিতে। তাঁর গ্রন্থটি *শিগুর্ফ-নামা-ই বিলায়েত* যা বাংলা অনুবাদে বিদেশ ভ্রমণের আশ্চর্য গল্প শিরোনামে প্রকাশিত হয়। এই গ্রন্থটিকেই লেখক বিলাতে বাঙালির সাহিত্যচর্চার ভিত বলে নিশ্চিত করেছেন। বিলাতে আধুনিক বাংলা সাহিত্যের বিকাশ ঘটে ১৮৬১ সালে। আইনবিষয়ে অধ্যয়ন করতে যাওয়া ছাত্র রাখালদাস হালদারের হাত ধরে। বিলাতে অধ্যয়নকালে তিনি যে ডায়েরি লিখেন পরে তা *দ্য ইংলিশ ডায়েরি অ্যান ইন্ডিয়ান স্টুডেন্ট* শিরোনামে প্রকাশিত হয়। লেখক এই অধ্যায়ে আরো আলোকপাত করেছেন বিলাতে সাহিত্য সাধনায় নারীর অবদান নিয়ে। ১৮৮২ সালে কৃষ্ণভাবিনী দাস তাঁর স্বামীর সাথে ইংল্যান্ড ভ্রমণে যান। ১৮৮৫ সালে তিনি ছদ্মনামে ইংল্যান্ডে বঙ্গমহিলা শিরোনামে তাঁর ভ্রমণ আখ্যান প্রকাশ করেন। লেখক তাঁকেই বিলাতে বাঙালি নারীর সাহিত্যচর্চায় অগ্রণী হিসেবে ধারণা করেছেন।

দ্বিতীয় অধ্যায় : বিলাতে বাংলা ছাপাখানা ও প্রকাশনা সংস্থা। ১৯১৬ সালের পয়লা নভেম্বর বহুভাষিক কাগজ পাক্ষিক সত্যবাণী বিলাত থেকে প্রথম প্রকাশিত হয়। কাগজটি প্রকাশ করে লন্ডন স্ট্রান্ডের মিলফোর্ড লেইন প্রেস। এটিই বাঙালির বিলাতে প্রথম প্রকাশনা। তবে ১৯৮৪ সালে বাঙালি মালিকানায় প্রথম প্রকাশনা সংস্থা গড়ে ওঠে বিলাতে। র‍্যাডিকেল এশিয়া পাবলিকেশন্স নামীয় এই সংস্থাটি বিলাতের সবচেয়ে প্রাচীন বাংলা প্রকাশনা সংস্থা

[১৯]বিলাতে বাংলাসাহিত্য ও সংস্কৃতি চর্চা : চারশ' বছরের গৌরবগাথা, বায়েজীদ মাহমুদ ফয়সল। প্রথম আলো, উত্তর আমেরিকা, ১০ জানুয়ারি ২০২০।

হিসেবে লেখক উল্লেখ করেছেন। এটির স্বত্ত্বাধিকারী ছিলেন লেখক ও সাংবাদিক আবদুল মতিন। এই প্রকাশনা সংস্থার প্রথম প্রকাশিত গ্রন্থ হচ্ছে জেনেভায় বঙ্গবন্ধু। গ্রন্থটি বঙ্গবন্ধু শেখ মুজিবুর রহমানের সাথে ১৯৭৪ সালে আবদুল মতিনের জেনেভায় ভ্রমণ অভিজ্ঞতার আলোকে লেখা।

তৃতীয় অধ্যায় : বিলাতে বাংলা সাহিত্যের ক্রমবিকাশ। লেখক এই অধ্যায়ে গেলো শতকের দুইয়ের দশক থেকে হালের শূন্য দশক পর্যন্ত বিলাতে বাঙালির সাহিত্যচর্চার একটি সবিস্তৃত ও সারগর্ভ প্রেক্ষাপট উপস্থাপন করেছেন। ১৯১৬ থেকে ২০১০ সাল পর্যন্ত সময়কে তিনি কয়েকটি পর্বে ভাগ করেছেন। যেমন—সলতে পাকানোর পর্ব, সূচনা পর্ব, উত্থান পর্ব, বিকাশ পর্ব, সমৃদ্ধকাল, সঙ্কটকাল ও পতনোন্মুখকাল। তবে লেখক বর্তমান একুশশতকের শূন্য ও দুইয়ের দশককে সঙ্কটকাল ও পতনোন্মুখকাল বলার কারণ অনেকটা বোধগম্য হলেও বাস্তবচিত্র এতোটা হতাশাজনক নয়।

চতুর্থ অধ্যায়ে লেখক বিলাতের সাহিত্য সংগঠন ও সাহিত্যিক তৎপরতা নিয়ে আলোচনা করেছেন। তাসাদ্দুক আহমদ, নুরুল ইসলাম ও আব্দুল মান্নান সানু মিয়া যাঁরা লন্ডনের গ্রিনমাস্ক রেস্টুরেন্ট থেকে সংগঠিত হতে শুরু করেন। লেখক বলেন, ১৯৫০-এর কোঠায় মাওলানা আব্দুল হামিদ খান ভাসানী, হোসেন শহীদ সোহরাওয়ার্দী, বঙ্গবন্ধু শেখ মুজিবুর রহমান এবং ঢাকা বিশ্ববিদ্যালয়ের সমাজবিজ্ঞান বিভাগের প্রতিষ্ঠাতা প্রফেসর এ কে নাজমুল করিম, ইসলামের ইতিহাসের অধ্যাপক আব্দুল মাজেদ খান থেকে আরম্ভ করে তৎকালীন রাজনীতিবিদ, শিক্ষাবিদ, সমাজ ও সংস্কৃতিসেবী খুব কম ব্যক্তিই ছিলেন, যাঁরা আব্দুল মান্নান সানু মিয়ার আতিথেয়তা লাভ করেননি। তাঁদের সেই সংঘবদ্ধতাই বাংলার রাজনীতি, সাহিত্য ও সাংস্কৃতিক আন্দোলনের রূপ নেয় এবং এরই ধারাবাহিকতায় গড়ে ওঠে নিম্নলিখিত সংগঠনগুলো— ১. বাংলা একাডেমি, ২. অ্যাংলোপাক এন্টারপ্রাইজ লিমিটেড, ৩. রূপসী বাংলা লিমিটেড, ৪. বেঙ্গলি ইন্টারন্যাশনাল, ৫. বাংলা সাহিত্য পরিষদ, ৬. রেনেসাঁ সাহিত্য মজলিস, ৭. সুরমা ইয়াং রাইটার গ্রুপ, ৮. সংহতি সাহিত্য পরিষদ, ৯. বিশ্ববঙ্গ সাহিত্য সম্মেলন, ১০. উদীচী, ১১. বিশ্বসাহিত্য কেন্দ্র, ১২. চারণ, ১৩. সম্মিলিত সাংস্কৃতিক পরিষদ, ১৪. বাংলা ভবন ও ১৫. বার্মিংহাম সাহিত্য পরিষদ।

বিলাতে বাংলা সাহিত্য ও সংস্কৃতি চর্চা গ্রন্থের পঞ্চম অধ্যায় : কবিতা নিয়ে আলোকপাত। এই অধ্যায়ে বিলাতে কবিতাচর্চা নিয়ে আলোচনা করতে গিয়ে লেখক লিখেছেন, দশকভিত্তিক হিসেবে বিশ শতকের সত্তরের দশকই হচ্ছে বাঙালি-ব্রিটিশ সমাজের বাংলা ভাষার কবিদের অনেকটা সূচনাপর্ব।

ষষ্ঠ অধ্যায় : বিলাতে বাঙালি কথাসাহিত্য চর্চা। ১৯৭৫ সালে রচিত হিরন্ময় ভট্টাচার্যের ক্রন্দসী উপন্যাসটিকে লেখক বিলাতে প্রকাশিত মুক্তিযুদ্ধের প্রথম উপন্যাস হিসেবে আখ্যায়িত করেছেন। এছাড়াও কথাসাহিত্যিক ফজলুল আলম, সৈয়দ শামসুল হক, আব্দুল

মতিন, আব্দুর রউফ চৌধুরী, কুদরতুল ইসলাম, কাদের মাহমুদ, সালেহা চৌধুরী প্রমুখ ব্যক্তিত্বকে নিয়ে তিনি আলোকপাত করেছেন। উল্লেখ্য লেখক তাঁর এই গ্রন্থটি কবি, কথাসাহিত্যিক ও সাংবাদিক কাদের মাহমুদকে উৎসর্গ করেছেন।

সপ্তম অধ্যায় : বিলাতে নাট্যচর্চা। ১৯১০ সালে বিলাতে হবিগঞ্জবাসী বিপিন পালের পুত্র নীরঞ্জন পাল দুটি নাটক রচনা ও মঞ্চায়ন করেন। নাটক দুটি হচ্ছে, দ্য লাইট অব ইন্ডিয়া ও সিরাজ। নীরঞ্জন পালকেই লেখক বিলাতে প্রথম নাট্যচর্চাকারী বাঙালি হিসেবে আখ্যায়িত করেছেন। নাটকে যারা অবদান রেখেছেন এই অধ্যায়টি পাঠ করলে তাদের সম্পর্কে বিশদ জানা যাবে।

প্রবন্ধ চর্চা দিয়ে লেখক গ্রন্থের অষ্টম অধ্যায়ে বিস্তারিত লিখেছেন। তাঁর আলোচনা থেকে টের পাওয়া যায় বিলাতে এখনো বাঙালি প্রবন্ধচর্চায় অনেকটা পিছিয়ে রয়েছেন। এটা হতে পারে সময়, সুযোগ ও পারিপার্শ্বিক অবস্থার পরিপ্রেক্ষিতে এরকম ঘটছে।

বিলাতে বাঙালিদের ইতিহাস চর্চা নিয়ে লেখক তাঁর গ্রন্থের নবম অধ্যায় সাজিয়েছেন। এ অধ্যায়ে তিনি উল্লেখ করেছেন, ১৬৩০ সালকে বিলাতে বাঙালির আগমনের সূচনাকাল হিসেবে ধরে নিলে ২০১৮ সাল পর্যন্ত বাঙালিদের বিলাত আগমনের ইতিহাসের বয়স প্রায় চারশত বছর।

অনুবাদ সাহিত্য নিয়ে গ্রন্থের দশম অধ্যায়ে আলোচিত হয়েছে। এছাড়া বিলাতে যারা ইংরেজি ভাষায় যেসব বাঙালি সাহিত্য চর্চা করেছেন এবং বর্তমানেও লেখালেখি অব্যাহত রেখেছেন তাদের নিয়ে লেখক গ্রন্থের একাদশ অধ্যায়ে সারগর্ভ আলোচনা করেছেন। ১৭৯৪ সালে শেখ দীন মোহাম্মদ ইংরেজি ভাষায় সর্বপ্রথম তাঁর ভ্রমণকাহিনি লিখেন। তাঁর গ্রন্থের নাম হচ্ছে দ্য ট্র্যাভল অব দীন মোহাম্মদ।

ছড়া চর্চার আলোচনা দিয়ে স্থান পেয়েছে দ্বাদশ অধ্যায়ে। একই সাথে এই অধ্যায়টি গ্রন্থের শেষ অধ্যায়। পরিশিষ্টে লেখক বাঙালি লেখক পরিচিতি তুলে ধরেছেন।

সংস্কৃতি চর্চা বাঙালি-ব্রিটিশ সাহিত্যিক, গবেষক ও বহুগ্রন্থপ্রণেতা ফারুক আহমদের আর-একটি গবেষণা গ্রন্থ। কৃতিমান গবেষক হিসেবে লেখকের খ্যাতি দেশে বিদেশে রয়েছে। বিলাতে বাঙালির সাহিত্যচর্চা, সংস্কৃতিযাপন একটি অতীব গুরুত্বপূর্ণ বিষয়। এ বিষয়টি নিয়ে লেখক তাঁর গবেষণাসন্ধর্ভ উপস্থাপনা করে বাংলাভাষী পাঠকের জন্য এক অজানার দ্বার উম্মোচন করে দিলেন। লেখক দীর্ঘদিন থেকে বিলাতে বসবাস করছেন। তাঁর অভিজ্ঞতা ও নিবিড় অনুসন্ধিৎসা গ্রন্থটি রচনায় তথ্যসহায়ক ভূমিকা রেখেছে। ২০১৯ সালের মার্চে গ্রন্থটি প্রকাশ করেছে বাংলা একাডেমি। মূল্য রাখা

সংযোজন

বই আলোচনা

বিলাতে বাংলা সংবাদপত্র ও সাংবাদিকতা

প্রফেসর ড. মাহমুদ শাহ কোরেশী[২০]

বিলাতে এসে দুজন সাহিত্যব্রতীর সঙ্গে পরিচয় হলো। দুজনের দুটো বই নিয়ে আমি আলোচনা করবো। এদের মধ্যে প্রথম জন হলেন ফারুক আহমদ এবং দ্বিতীয়জন আনোয়ার শাহজাহান। ২০১৮ সালের ২৩ ও ২৪ সেপ্টেম্বর লন্ডনের ব্রাডি আর্টস অ্যান্ড কমিউনিটি সেন্টারে সম্মিলিত সাংস্কৃতিক পরিষদ (ইউকে) আয়োজিত, 'বাংলাদেশ বইমেলা সাহিত্য সাংস্কৃতিক উৎসব ২০১৮'তে উদ্বোধনী অনুষ্ঠানে তিনি সভাপতিত্ব করছিলেন। আমারও সে অনুষ্ঠানে বিশেষ অতিথি হিসেবে বক্তৃতা করার সুযোগ হয়েছিল। অনুষ্ঠান শেষে আমি দ্রুত চলে যাবার আয়োজন করতে দেখে তিনি বললেন একটু অপেক্ষা করুন। আমার একটা বই আপনাকে দেবো। কিন্তু বইমেলার স্টল থেকে নিয়ে এসে আমার হাতে তুলে দিলেন একটার পরিবর্তে দুটো বই। প্রথমটির শিরোনাম, 'বিলাতে বাংলা সংবাদপত্র ও সাংবাদিকতা (১৯১৬-২০১৬)', (প্রথম প্রকাশ: ইমোহার্ক, লন্ডন ২০০2; প্রথম সংস্করণ, ইত্যাদি গ্রন্থ প্রকাশ, ঢাকা ২০১৮)। দ্বিতীয় বইটিও তারই লেখা 'বিলাতে বাংলার রাজনীতি' গ্রন্থের ইংরেজি ভার্সন। শিরোনাম, 'বেঙ্গল পলিটিক্স ইন ব্রিটেন : লজিক, ডাইনামিক্স অ্যান্ড ডিসহারমনি'। প্রকাশ কাল ২০১৩।

প্রথম বইটি বিলাতে একশ বছর যাবত বাংলা সংবাদপত্র প্রকাশের একটা কৌতুহলোদ্দীপক ইতিহাস বটে। ১৯১৬ সালের ১লা নভেম্বর প্রকাশিত পাক্ষিক সত্যবাণী এই ইতিহাসের স্রষ্টা। ফারুক আহমদ লিখেছেন, 'কাগজটির মূল বিষয়বস্তু ছিল প্রথম বিশ্বযুদ্ধে ব্রিটেনের বীরত্বও কার্যক্রম, যুদ্ধে ভারতবাসীর কৃতিত্ব ও কর্মতৎপরতা-সম্পর্কিত

[২০] প্রফেসর ড. মাহমুদ শাহ কোরেশী – শিক্ষাবিদ ও লেখক। সাবেক মহাপরিচালক বাংলা একাডেমি, ঢাকা। বিশ শতকের ষাটের দশক থেকে বিভিন্ন মেয়াদে তিনি – চট্টগ্রাম, রাজশাহী, জাহাঙ্গীরনগর, ও সভার গণবিশ্ববিদ্যালয়ে বাংলা ও ফরাশি ভাষার অধ্যাপক ও ডিন হিসেবে দায়িত্ব পালন করেন। বর্তমানে ঢাকায় অবসর জীবন-যাপন করছেন।

ছবির নিচে প্রথমে বাংলা, পরে হিন্দি ও সবশেষে ইংরেজি ভাষায় ছবির বিষয়বস্তুর বিবরণ প্রদান (পৃ.-১৯)।'

সত্যবাণীর পর প্রথম সাপ্তাহিক পত্রিকারূপে প্রকাশিত হয় 'জগৎ-বার্ত্তা'। এটি ১৯৪০ সালের ১৮ অক্টোবর শাহজাহান মসজিদ, ওকিং, সারে, ইংল্যান্ড থেকে মুসলিম সোসাইটি ইন গ্রেট ব্রিটেনের উদ্যোগে প্রকাশিত হয়। মজার ব্যাপার হলো, ওকিং মসজিদ থেকে প্রকাশিত সাপ্তাহিক 'জগৎ-বার্ত্তা'র প্রকাশক ছিলেন মসজিদের ইমাম মৌলভি আবদুল মজিদ এমএ, এবং সম্পাদক ছিলেন একজন হিন্দু, সুশীল দাশগুপ্ত বিএ, যিনি ছিলেন বিবিসির একজন সংবাদ লেখক।

পাকিস্তান আমলে লন্ডন থেকেই আমাদের স্বাধিকার আন্দোলনের সূত্রপাত ঘটে। এই প্রসঙ্গে এখানে আমার ব্যক্তিগত কিছু অভিজ্ঞতার কথা যোগ করতে চাই। মনে পড়ে, ১৯৬২ সালের অগাস্ট মাসে কবিরউদ্দিন আহমদ (পরে ড. অর্থনীতিবিদ) ও বেলায়েত হোসেন (বিজ্ঞানী) 'আনহ্যাপি ইস্ট পাকিস্তান' নামে একখানা বিপ্লবী পুস্তিকা নিয়ে আমার কাছে প্যারিসে যান। এর কিছু কাল পরে লন্ডনে 'ইস্ট পাকিস্তান হাউস প্রতিষ্ঠা' এবং এই হাউসের মুখপত্র হিসেবে পূর্ব বাংলা (১৯৬৪) এবং এশিয়ান টাইড (১৯৬৪) নামে দুটি কাগজ প্রকাশিত হয়। এগুলোর প্রকাশ আমাদের মুক্তিসংগ্রামকে তরান্বিত করতে অনুপ্রেরণা যোগায়। এই পূর্ববাংলা এবং এশিয়ান টাইডসহ বিশ শতকের বিচিত্র ঘটনাবলীর খবরাখবর আমরা এই গ্রন্থে পাই। এই পর্যায়ে দুইজন অগ্রজপ্রতীম সাংবাদি ব্যক্তিত্বের কথা মনে পড়ে। তাঁদের খবরও এই গ্রন্থে আছে। এর একজন তাসাদ্দুক আহমদ (১৯২৩-২০০১) এবং অন্যজন সিরাজুর রহমান। তাসাদ্দুক আহমদকে অবশ্য সাংবাদিক হিসেবে না, আমি তাঁকে চিনি রেস্তারাঁর মালিক হিসেবে। তিনি সদালাপী বুদ্ধিজীবী ছিলেন। বন্ধু আবদুল গাফফার চৌধুরী ১৯৭৭ সালে এবং ১৯৮৪ সালে আমার সংক্ষিপ্ত লন্ডন সফর কালে তাঁর গঙ্গা রেস্তোরাঁয় দু'বার আমাকে লাঞ্চ করাতে নিয়ে যান। তাঁর ছোট ভাই হেদায়েত আহমদ ছিলেন বাংলাদেশ সরকারের একজন সচিব, অন্যজন মধ্যপ্রাচ্যে শিক্ষকতা করতেন, এবং অবশিষ্ট জন ছিলেন রাজশাহী বিশ্ববিদ্যালয়ে আমার সহকর্মী। অর্থাৎ চার ভাইকেই আমি অল্পবিস্তর জানতাম। তাসাদ্দুক আহমদের সম্পাদনায় ১৯৫৪ সালের ২১ শে ফেব্রুয়ারি লন্ডন থেকে প্রকাশিত হয় দেশের ডাক।

স্ত্রীর অসুস্থতার কারণে ১৯৭৪ সাল থেকে লন্ডনে বাংলাদেশের অন্যতম সেরা সাংবাদিক ও কথাশিল্পী আবদুল গাফফার চৌধুরী (১৯৩৪) লন্ডনে আসেন। তাঁর লন্ডনে আসা এবং দীর্ঘ অবস্থান এদেশে বাংলা সাংবাদিকতার মান উন্নয়নে সহায়ক হয়েছে বলে আমার বিশ্বাস। বর্তমানে, এই ৮৫-৮৬ বছর বয়সেও বাংলাদেশে সংবাদপত্রগুলোতে প্রতি সপ্তাহে অনেক সংবাদ নিবন্ধ নিয়মিতভাবে লিখে যাচ্ছেন। পাশাপাশি বিলাতের বিভিন্ন সামাজিক, সাহিত্য ও সাংস্কৃতিক অনুষ্ঠানে পৌরহিত্য ও পৃষ্ঠপোষকতায় সদা তৎপর আছেন। তাঁর দিক-নির্দেশনায় বর্তমান প্রজন্মের সংবাদপত্রসেবীরা পথের দিশা খুঁজে পাচ্ছেন বলেও আমার ধারণা।

এ প্রসঙ্গে সিরাজুর রহমান (১৯৩৪-২০১৫) ভাইয়ের কথাও খুব মনে পড়ে। তাসাদ্দুক আহমদের পরের অগ্রজ হচ্ছেন তিনি। সিরাজুর রহমান বিবিসির বাংলা বিভাগে কর্মরত ছিলেন ১৯৬০ থেকে ১৯৯৪ অবধি। তার সুকণ্ঠের জন্য একদা তিনি খুব জনপ্রিয় ছিলেন। ওই সময়ের মধ্যে ১৯৭৩, ১৯৭৭ ও ১৯৯৪ সালে আমি লন্ডনে আসি এবং বিবিসি'র অনুষ্ঠানে অংশগ্রহণ ও দুটি সাক্ষাৎকারে দিই। তবে এগুলো তাঁর মাধ্যমে হয়নি, এবং অনুষ্ঠানেও তার সঙ্গে দেখা হয়নি। পরিচয় হয় অনুষ্ঠানে অংশগ্রহণের পরে বিবিসির ক্যাফেটারিয়ায় আড্ডা দেবার সময়ে। তখন দু'বার তার সঙ্গে দীর্ঘ আড্ডা হয়েছিল, সে স্মৃতি এখনো ভুলতে পারি না। তাছাড়া ১৯৯২-৯৩'র কোনো এক সময়ে তিনি রাজশাহী গিয়েছিলেন। তখনও তার সঙ্গে কিছু আলাপচারিতার সুযোগ হয়েছিল।

এই বইটিতে বিবিসির কর্মী ও সংবাদপত্রের লেখকরূপে সৈয়দ শামসুল হকের পরিচিতি না থাকলেও নামটি রয়েছে (৩৪২)। কবি ও কথাশিল্পী সৈয়দ শামসুল হক ঢাকা বিশ্ববিদ্যালয়ে আমার সহপাঠী। ১৯৭৩ সালে প্যারিসে, দূতাবাসের প্রথম সচিব শাহাবুদ্দিনের বাসায় একদিন তালেয়া রহমানের সঙ্গে সাক্ষাৎ হলে তিনি আমাকে লন্ডনে গেলে বিবিসিতে প্রোগাম করার কথা বলেন। একই সালে লন্ডনে সফর কালে আমি বিবিসিতে গিয়েছিলাম। তখন সৈয়দ শামসুল হক আমাকে ইংরেজি পুস্তক সমালোচনার একটা টেক্সট ধরিয়ে দিয়ে বলেছিলেন সেটা অনুবাদ করে, তিন চার জনের একটা অনুষ্ঠানে পাঠ করতে। এরপর ১৯৭৭ সালে তিনি আমার একটি সাক্ষাৎকার গ্রহণ করেন। এটা সোয়াস-এর শিক্ষক বউল্টন(ইড়ঁষঃড়হ) সাহেব বিবিসির কোনো কর্তাকে ফোন করে ব্যবস্থা করেন। তৃতীয় বা চতুর্থ বার বিবিসির একজন ভারতীয় মহিলাকর্মী আমার সাক্ষাৎকার গ্রহণ করেন।

সত্যবাণীর পরে ইংল্যান্ড থেকে যত দৈনিক, সাপ্তাহিক, পাক্ষিক ও মাসিক পত্রিকা প্রকাশিত হয়েছে তাঁর প্রায় সব ক'টি অর্থাৎ ১২৫টির বিবরণ আছে এই গ্রন্থে। আছে প্রত্যেকটি পত্রিকার প্রথম পৃষ্ঠার ছবি, সম্পাদকীয় এবং কখন কিজন্য বন্ধ হলো তারও বিবরণ। এ ছাড়াও বইটিতে রয়েছে ইংল্যান্ডে বাংলা ইলেকট্রনিক মিডিয়ার ক্রমবিকাশ, সাংবাদিকদের সংগঠনগুলো ইতিহাস এবং সাংবাদিক, কলামিস্ট ও সম্পাদকদের পরিচিতি। এই পর্বে আমরা ১৩টি রেডিও, ১৩টি টিভি চ্যানেল এবং ৪০ জন সাংবাদিকের পরিচিতি পাই। মোটকথা, বিলাতের বাংলা সংবাদপত্র ও সাংবাদিকতার একটি একটা পূর্ণাঙ্গ বিবরণ ও বিশ্লেষণ পাশাপাশি ইলেকট্রনিক মিডিয়ারও পূর্ণাঙ্গ বিবরণ প্রদানের প্রয়াস পেয়েছেন ফারুক আহমদ তাঁর ৪০৮ পৃষ্ঠার এই গ্রন্থে।

বিলাতে বাংলার রাজনীতি: তথ্যনিষ্ঠ দলিল রচনার দৃষ্টান্ত

মোস্তাক আহমাদ দীন[২১]

পূর্ব-অভিজ্ঞতা স্বস্তিকর না হওয়ার কারণে নাম দেখেই প্রথমে চোখ ফিরিয়ে নিয়েছিলাম, কারণ, ইতোমধ্যে এই ধরনের যে-বইগুলো চোখে পড়েছে তাতে দেখেছি নানাবিধ সচিত্র আত্মপ্রচারণা, কারো-কারো ফোলানো-ফাঁপানো কৃতিত্বের বর্ণনা- এই সব কিছুর মধ্যে সবচেয়ে নিকৃষ্ট যে-দৃষ্টিভঙ্গি প্রকট হয়ে থাকে, সেটি হলো, নির্লজ্জ দলম্মন্যতা। কিন্তু এই বইটি হাতে নিয়ে একটু নেড়ে-চেড়ে বুঝলাম এটি এইসব থেকে মুক্ত, তার উপর এতে রয়েছে গবেষণার মেজাজ। অনেক ঐতিহাসিক ঘটনার পরিপ্রেক্ষিতনিভর্র আলোচনার পাশাপাশি লেখক একটি দিকেই শুধু পরোক্ষ পক্ষপাত দেখিয়েছেন সেটি হলো, মুক্তিযুদ্ধ। বইটির পৃষ্ঠা উল্টে, ভূমিকার শুরুতেই – উদ্ধৃত শেরে বাংলার মন্তব্যটি পড়েই লেখকের দৃষ্টিভঙ্গি সম্পর্কে আন্দাজ পেতে পারি, যেখানে তিনি লিখেছেন, 'বাঙালিরা যে-জায়গায় থাকুক না কেন তারা অখণ্ড, তাই তাদের মধ্যে সৌহার্দ্য ও সদ্ভাব স্থাপন জরুরি; রাজনৈতিকভাবে বাংলা আজ দু-ভাগ, কিন্তু ভাষা-সংস্কৃতি-ঐতিহ্য সকল কিছুই এক। শুরুতেই এ-উদ্ধৃতির কারণ এ-কথাটি বুঝিয়ে দেওয়া যে, ঐতিহাসিক ও ভৌগোলিক অখণ্ডত্বের কারণে শুরু থেকে সাতচল্লিশের ভারত-ভাগ পর্যন্ত অখণ্ড বাংলার আলোচনা করা হয়েছে বইটিতে; আর শেষে, পশ্চিম বঙ্গ ও পূর্ববঙ্গ যথাক্রমে ভারত-পাকিস্তানের অঙ্গরাজ্যে পরিণত হওয়ার পরে নানা ঘাত-প্রতিঘাত অসন্তোষের মধ্য দিয়ে ১৯৭১ সালে অনিবার্য কারণে মুক্তিযুদ্ধের মাধ্যমে বাংলাদেশ প্রতিষ্ঠার পর যে-পট পরিবর্তন ঘটে, তাতে বাংলাদেশের আলোচনা পৃথকভাবে না-করে উপায় ছিল না। বইয়ের প্রথম অধ্যায়ের শিরোনাম 'ভারতের স্বাধীনতা সংগ্রাম', উপশিরোনাম : ক. সূচনাপর্ব; খ. বিপ্লবী পর্ব; গ. শ্রমজীবী সংগঠন ও রাজনৈতিক তৎপরতা; ঘ. ইন্ডিয়ান সিম্যান্স ওয়েলফেয়ার লীগ; ঙ. অল ইন্ডিয়া মুসলিম ও ইন্ডিয়া লীগ। সূচনাপর্বে তিনি নিয়ে এসেছেন যুগন্ধর বাঙালি রাজা রামমোহন রায়ের নাম। রামমোহন ভারতের স্বাধীনতা সংগ্রামের সঙ্গে সরাসরি যুক্ত নন, তিনি বিলেতে গিয়েছিলেন মোগল বাদশাহ দ্বিতীয় শাহ আকবরের ব্যক্তিগত প্রতিনিধি হিসেবে ইস্ট ইন্ডিয়া কোম্পানির কাছ থেকে পাওনা বাড়ানোর লক্ষ্যে, এ-ছাড়াও আরও দুটি লক্ষ্য ছিল তাঁর – একটি হলো, সতীদাহ নিবারণ আইনের প্রতিবাদে রক্ষণশীল হিন্দু সমাজের পক্ষ থেকে যে-আপিল করা হয়েছে তার বিরোধিতা করা, অন্যটি – ১৮৮৩ সালের ভারত-শাসন সনদ নবায়ন প্রসঙ্গ। সব ক্ষেত্রেই কমবেশি সফল হয়েছিলেন রামমোহন : দিল্লির বাদশাহর জন্য অতিরিক্ত তিন লাখ টাকা মঞ্জুর করান, সতীদাহের বিপক্ষে হিন্দুশাস্ত্র থেকে প্রমাণ দিয়ে মত প্রকাশ করে ১৮৩২ সালে আপিল বাতিল করান, এবং ভারতের পক্ষে গুরুত্বপূর্ণ বিবেচনা করে ভারতের বিচার বিভাগ, রাজস্ব বিভাগ তথা ভারতবর্ষের রাজনৈতিক

[২১] ডক্টর মোস্তাক আহমাদ দীন, কবি ও গবেষক; উপাধ্যক্ষ, সিলেট কমার্স কলেজ।

ও অর্থনৈতিক অবস্থার চিত্র তুলে ধরে ভারতীয়দের দৃষ্টিভঙ্গি-সম্পর্কিত যে-স্মারকলিপি পাঠান সেটিও নথিভুক্ত হয়। তাই একথা বলাই যায় যে, বিলাতে রাজনৈতিক কর্মকান্ডে রামমোহন রায়কে পথিকৃৎ হিসেবে উপস্থাপন করা যথাযথ হয়েছে। এরপর প্রিন্স দ্বারকানাথ ঠাকুর, ব্যারিস্টার লালমোহন ঘোষ, উমেশচন্দ্র ব্যানার্জি ও দাদাভাই নওরোজি প্রমুখের অবদানের কথা উল্লেখ করে লেখেন এদের নানাবিধ সক্রিয়তার কারণেই ভারতবাসীর অনেক দাবি-দাওয়া বাস্তবায়িত হয়। উল্লেখ করা জরুরি যে, এরা সকলেই ব্রিটিশদের অনুগতি মেনে নিয়ে যথানিয়মে দাবিদাওয়া আদায়ে সক্রিয় ছিলেন, কিন্তু, শ্যামাজি কৃষ্ণবার্মা, সরদার শিংরাওজি রানা, মাদাম ভিকাজি রুস্তমজি কামা, জে. এম পারিখ, জে. সি মুখার্জি, এম. বি. গুডরাজ ও এস. সোহরাওয়ার্দী, বিপিনচন্দ্র পাল, গণেশ সাভারকার প্রমুখের পথ ছিল আলাদা, সেই পথ বিপ্লবের – সশস্ত্র সংগ্রামের, এদের অধিকাংশই মনেপ্রাণে বিশ্বাস করতেন 'ইন্ডিয়া ফর ইন্ডিয়ান্স' শ্লোগান। লেখক রাজনৈতিক সক্রিয়তার এই সব বিবরণ তুলে ধরেছেন ওখানকার নানা সাংগঠনিক তৎপরতা, সাময়িকপত্রের রিপোর্ট, কখনো-কখনো কোনো রাজনৈতিক ব্যক্তির স্মৃতিধর্মী লেখার মাধ্যমে- এ-ক্ষেত্রে ভারত ও বিলেত উভয় স্থানের যোগস্থাপনকারী তথ্য উপস্থানের কুশলতার পরিচয় দিয়েছেন। প্রসঙ্গত উল্লেখ করা যেতে পারে যে, বইয়ের 'শ্রমজীবীদের সংগঠন ও রাজনৈতিক কর্মতৎপরতা' শিরোনামক অংশে লেখক শুরুতেই জানিয়ে দেন 'প্রথম ও দ্বিতীয় বিশ্বযুদ্ধের মধ্যবর্তী সময়ে ভারতীয় জাতীয়তাবাদের উন্মেষ ঘটে', এর থেকে স্বাধিকার, আর এই স্বাধিকারই শেষে স্বাধীনতা আন্দোলনে রূপ নেয়, যার ডাক দেন মহাত্মা গান্ধী, পন্ডিত জওহরলাল নেহরু, মওলানা আবুল কালাম আজাদ ও মওলানা মোহাম্মদ আলী – যে-ডাকে সাড়া দেন বিলত-প্রবাসীরাও। এরপর তিনি বিলাতপ্রবাসীদের স্বাধীনতা আন্দোলনের তৎপরতার বিবরণ শুরু করে দিতে পারতেন, কিন্তু তা না করে উল্লেখ করেন এমন একটি তথ্য যার মাধ্যমে, লেখকের মতে, বিলেতে শ্রমজীবী মানুষের রাজনীতির সূত্রপাত, যা না জানলে ওখানকার রাজনৈতিক আন্দোলনের ধারবাহিকতা বোঝা কঠিন। তিনি লেখেন 'ওয়ার্কার্স ওয়েলফেয়ার লীগ অব ইন্ডিয়া' সংগঠনটির কথা, যার উদ্যোক্তা শাপুরজি সাকালাতওয়ালা, 'সংগঠনটি ইউরোপীয় জাহাজিদের সাথে ভারতীয় জাহাজিদের বেতনের সাম্য ও অন্যান্য সুযোগসুবিধা আদায়ের জন্য নানাভাবে আন্দোলন করত', যেটি পরে, ১৯২১ খ্রিস্টাব্দে, 'অল ইন্ডিয়া ট্রেড ইউনিয়ন কংগ্রেস'-এর স্বীকৃতি অর্জন করে। এরপর, 'ইন্ডিয়া লীগ', 'ইন্ডিয়ান সিম্যান্স ওয়েলফেয়ার লীগ'-এর বর্ণনা শেষে 'অল ইন্ডিয়া মুসলিম লীগ ও ইন্ডিয়া লীগ' অংশে উল্লেখ করেন বিলাতের প্রবাসীরা অসাম্প্রদায়িক হিসেবে খ্যাত হলেও ১৯৪৫ সালে সেখানে দ্বিজাতি তত্ত্বের উন্মাদনার সৃষ্টি হয়, এতে ভূমিকা রাখেন তৎকালে ব্যারিস্টারি-পড়তে-আসা আলী আববাস। এ-ক্ষেত্রে অনেকেই তার অনুসারী হলেও পাকিস্তান প্রতিষ্ঠান পর এদের প্রায় সকলেরই আশা ভঙ্গ হয়। বইয়ের দ্বিতীয় অধ্যায়ের শুরুতে এবং অন্যত্র লেখক তার সবিস্তার বর্ণনা দিয়েছেন। দ্বিতীয় অধ্যায়ের প্রথমেই তিনি উল্লেখ করেন যে, ভারত বিভাগের আগে জাহাজিদের ওপর যে-সকল হয়রানি চলত, পরেও তা অব্যাহত থেকে যায়। এরপর, ভাষা

আন্দোলনের কথা তো সকলেরই জানা। ঢাকার রাজপথে সালাম, বরকত, রফিক জববারের শহিদ হওয়ার খবর বিলাত পৌঁছার পর সেখানকার অধ্যয়নরত প্রগতিশীল ছাত্ররা সভা করে সেই মর্মান্তিক ঘটনার প্রতিবাদ জানায়।

বইয়ের তৃতীয় অধ্যায়ে রয়েছে পাকিস্তানে সামরিক শাসন জারির পরিপ্রেক্ষিতে সংগঠন সিআরডিপি-র প্রতিষ্ঠা, লন্ডনে বাংলা একাডেমি প্রতিষ্ঠা, 'পূর্বসূরী' সংগঠনের প্রতিষ্ঠা ও 'আনহ্যাপি ইস্ট পাকিস্তান' নামক পুস্তিকা প্রকাশ, ইস্ট পাকিস্তান হাউস প্রতিষ্ঠা, 'দ্য গ্রুপ' সংগঠনের প্রতিষ্ঠা, পূর্ব বাংলা ও এশিয়ান টাইড প্রতিষ্ঠা, 'আইয়ুব এক্সপোজড' প্রচারপত্রের প্রকাশ, 'ইস্ট পাকিস্তান লিবারেশন ফ্রন্ট' গঠন ও 'কার্ড' সংগঠন প্রতিষ্ঠার অনেক অজানা বিবরণ। এ-অধ্যায়ের আরও একটি উলে-খযোগ্য প্রসঙ্গ হলো, বিলেতে কয়েককদিন ব্যাপী পূর্ব পাকিস্তান ও পশ্চিম পাকিস্তানের রাজনৈতিক পরিস্থিতি নিয়ে হোসেন শহীদ সোহরাওয়ার্দী ও বঙ্গবন্ধু শেখ মুজিবের মধ্যকার আলোচনা। সে আলোচনায় সোহরাওয়ার্দী সমগ্র পাকিস্তানভিত্তিক রাজনীতির ওপর গুরুত্ব আরোপ করতে চাইলে বঙ্গবন্ধু বলেন, পশ্চিম পাকিস্তানের রাজনীতির সঙ্গে পূর্ব পাকিস্তানের রাজনীতি আলাদা, তাদের রাজনীতি হলো নবাব-নাইট ও আমির-ওমরাহদের রাজনীতি, আর পূর্ব পাকিস্তানের রাজনীতি হলো জনতার রাজনীতি, তাই 'পূর্ব পাকিস্তানের মানুষের চাহিদা অনুযায়ী স্বাধিকার আদায়ের আন্দোলনের ডাক দিতে হবে'।

নূরুল ইসলামের বরাত দিয়ে লেখক আরও জানান যে, সেসময়কার আলোচনায় এটা বোঝা গিয়েছিল যে, 'তিনি পূর্ব পাকিস্তানের দাবি-দাওয়া নিয়ে আন্দোলন শুরু করতে বদ্ধ পরিকর।' তৎকালীন পূর্ব পাকিস্তানের বাঙালিদের নিয়ে বঙ্গবন্ধু শেখ মুজিবের স্বপ্ন ও উচ্চাকাঙ্ক্ষার আরও অনেক চমকপ্রদ তথ্যের সমাবেশ ঘটেছে বইয়ের চতুর্থ অধ্যায়ে। 'মুক্তিযুদ্ধে প্রবাসী বাঙালি'। এ-অধ্যায়ে মুক্তিযুদ্ধ-পূর্ববর্তী ঘটনার সংক্ষিপ্তসার উল্লেখ করে ফারুক আহমদ লেখেন, বিলাতের বাঙালিরা সেসব 'সতর্কতার সাথে পর্যবেক্ষণ করছিলেন।' এর প্রমাণ রয়েছে বইয়ের ১৫৭ পৃষ্ঠায়, যেখানে তিনি উল্লেখ করেন, '৭ মার্চ ঢাকা ঐতিহাসিক রেসকোর্স ময়দানে অনুষ্ঠিতব্য বঙ্গবন্ধুর ঐতিহাসিক জনসভার সাথে সামঞ্জস্য রেখে যুক্তরাজ্য আওয়ামী লীগও হাইড পার্ক সার্কাস কর্নারে জনসভা ও বিক্ষোভ প্রদর্শনের আয়োজন করে।' এছাড়া ২৫ মার্চ গভীর রাতে ঢাকাসহ পূর্ব পাকিস্তানে নারকীয় হত্যাকান্ড সংঘটিত হওয়ার খবর পৌঁছার পর পূর্বপ্রস্তুতি ছাড়াই হাজার হাজার বাঙালি ছাত্র-জনতা চেশাম প্লেইসের ছাত্রাবাসে হাজির হয় এবং রাত নয়টার সময় স্বাধীন বাংলাদেশের পতাকা নিয়ে পাকিস্তানি দূতাবাসের সামনে হাজির হয়ে হত্যাযজ্ঞের নিন্দা জানায় এবং ইয়াহিয়া খানের পদত্যাগ দাবি করে। এ-অধ্যায়ে অত্যন্ত গুরুত্বপূর্ণ তথ্য হচ্ছে বাংলাদেশের স্বাধীনতা ঘোষিত হওয়ার পর এর পক্ষে বিশ্ব জনমত সৃষ্টির লক্ষ্যে 'বেঙ্গল স্টুডেন্টস অ্যাকশন' কমিটির লাগাতার কর্মসূচি। তারা বাংলাদেশের স্বীকৃতি ও সমর্থন দানের দাবিতে ব্রিটিশ প্রধানমন্ত্রী বাসভবন ও ১০ নম্বর ডাউনিং স্ট্রিটের মোড়ে সামনে অনশন ধর্মঘট করে আর তাদের সঙ্গে ২৬ থেকে ২৮ মার্চ পর্যন্ত শত শত ছাত্র-জনতা অংশগ্রহণ করে, একসময় এ-

অনশন ব্রিটিশ পার্লামেন্টে প্রতিক্রিয়ার সৃষ্টি করে এবং এমপিদের সমবেদনা আদায় করতে সক্ষম হয়।

বিলাতে বাংলার রাজনীতি বইয়ের ষষ্ঠ অধ্যায়ের শিরোনাম 'বিলাতে বাংলাদেশের রাজনীতি : স্বাধীনতার পরে'। এর শুরুতেই যুক্ত হয়েছে স্বাধীনতা-পরবর্তী আওয়ামী লীগের নেতাদের প্রসঙ্গ, তাদের অন্তর্দ্বন্দ্ব ও বাংলাদেশ আওয়ামী লাগ-ওভারসীজ'-এর প্রতিষ্ঠার পশ্চাৎপট, জাসদের রাজনীতি, বাকশাল সংগ্রাম পরিষদ এবং কাদের সিদ্দিকীর লন্ডন আগমন যুক্তরাজ্য আওয়ামী লীগে দ্বিধাবিভক্তিসহ আরও কিছু প্রসঙ্গ।

সপ্তম অধ্যায়ে 'সামরিক শাসন থেকে গণতন্ত্রে' শিরোনামে বিএনপি রাজনীতির পটভূমি ও জাতীয় পার্টি নিয়ে সবিস্তার আলোচনা, আর অষ্টম অধ্যায়ে 'ভাঙাগড়ার রাজনীতি' শিরোনামে 'বাংলাদেশ সমাজতান্ত্রিক দল' (বাসদ), 'গণফোরাম', 'ওয়ার্কার্স পার্টি' ও 'বিকল্পধারা বাংলাদেশ' গঠনের বিবরণ। এখানে স্বীকার করা উচিৎ যে, এ-যুগে 'রাজনীতি' শব্দটি যখন তার ব্যাপক অর্থ হারিয়ে সংকীর্ণ দলম্মন্যতার মধ্যে সীমাবদ্ধ হয়ে পড়েছে, তখন এরকম একটি বই নানা সমালোচনার শিকার হতে বাধ্য; কিন্তু এই বইটি লেখার ক্ষেত্রে বিপুল তথ্যসংগ্রহের পরিশ্রম স্বীকার করে তার যুক্তিশীল উপস্থাপনে লেখত যে-মুন্সিয়ানার পরিচয় দেখিয়েছেন তাতে যে-কারো পক্ষে তাঁর মত খন্ডন অসম্ভব হবে। কারণ, এ-লেখক শুধু তথ্যসংগ্রহকারীর স্বভাবভুক্ত নন কোনোভাবেই, তাঁর বর্ণনার জায়গায়-জায়গায় রয়েছে অন্তর্দৃষ্টির পরিচয়।

এ-কথার পক্ষে বইয়ের 'উপসংহার' থেকে ফারুক আহমদের একটি মন্তব্য তুলে ধরতে চাই। আজকে সব জায়গায়ই যখন রাজনীতি-বিশেষত দলীয় রাজনীতি-খোঁজা হয়ে থাকে তখন এরকম মত প্রকাশের সাহস চাট্টিখানি কথা নয় : যুক্তরাজ্যে স্থায়ীভাবে বসবাস করে একজন ব্রিটিশ নাগরিকের জন্য নীতিগতভাবে বাংলাদেশী বিশেষ কোনো দলের রাজনীতির সাথে জড়িত হওয়ার যুক্তিসঙ্গত কোনো কারণ আছে কি? ইতিহাস এবং অভিজ্ঞতা থেকে আমরা জেনেছি, প্রবাসে দেশীয় রাজনীতির চর্চা প্রবাসী বাঙালিদের জন্য কোনো ইতিবাচক সুফল বয়ে আনেনি। এটি তাদের অগ্রযাত্রাকে বাধাগ্রস্ত করেছে, করছে এবং ভবিষ্যতেও করবে। এ-কথার বিপক্ষেও কথা উঠতে পারে নিশ্চয়; কিন্তু একথা তো সত্য যে লেখক এখানে সামাজিক ঐক্য বিনষ্টির আশঙ্কায় আশঙ্কিত, এই আশঙ্কা প্রবাসীদের কল্যাণকামী একজন মানুষের আশংকা । বইটি প্রবাসীদের ছবিপ্রদর্শনকারী বাণিজ্যপটু অন্যান্য বইয়ের লেখকদের যে লজ্জিত করবে সে-বিষয়ে নিঃসন্দেহ।

গোলাপগঞ্জের ইতিহাস

আব্দুল মুহিব চৌধুরী

আধুনিক সোস্যাল মিডিয়াগুলোর বদৌলতে, বিশেষ করে ফেইস-বুকের মাধ্যমে এ গ্রন্থ এবং আনোয়ার শাহজাহান লিখিত গোলাপগঞ্জের ইতিহাস ও ঐতিহ্য গ্রন্থটির অনেকগুলো অধ্যায় বার বার পড়েছি এবং একই সাথে জেনেছি যে, গ্রন্থটি বাংলা একাডেমির একুশের বইমেলায় বের হচ্ছে। সম্ভবত জানুয়ারি মাস থেকেই আনোয়ার শাহজাহানের ফেইস বুকে আরেকটি তথ্য যোগ হয় যে, একই সাথে ফারুক আহমদের 'গোলপগঞ্জের ইতিহাস' শিরোনামে আরেকটি গ্রন্থও মেলায় বের হচ্ছে। তাও প্রায় সব ক'টি পোস্ট দিয়েছেন আনোয়ার শাহজান। কিন্তু ফারুক আহমদ এ বিষয়ে একেবারে চুপচাপ, অনেকটা নীরব! মজার ব্যাপাল হল গ্রন্থ দুটির লেখকদ্বয় বিলেতপ্রবাসী, পৃথক পৃথক নাম হলেও দু'জনই একই বছর একই সাথে প্রকাশ হচ্ছে বলে প্রচার করেছেন; একে অপরের গ্রন্থকে লাইক দিয়েছেন, দিচ্ছেন এবং শেয়ারও করেছেন। এ নিয়ে আমরা যারা দেশে, বিশেষ করে ঢাকায় থাকি তাদের অনেকের মধ্যেও আগ্রহ-উৎসাহ-উদ্দীপনা কাজ করছিল। কারণ, একই বিষয় নিয়ে লেখা দু-জন লেখকের একই সাথে প্রকাশিত দুইটি বই সম্পর্কে একে অপরের প্রচার করার ইতিহাস অন্তত আমাদের দেশে বিরল। সেজন্য বই দুটি সংগ্রহ করতে হরতালের মধ্যে বইমেলার দুই/তিন দিন গিয়েও দুটি বইয়ের মধ্যে কোনোটিরই সন্ধান পাইনি। প্রকাশকরা বলেছেন বের হয়ে যাবে, বাঁধাই চলছে, সামান্য বাকি আছে ইত্যাদি ইত্যাদি। এভাবেই এক সময় বইমেলা শেষ হয়ে যায়। কিন্তু বই দুটির কোনোটিই আর মেলায় আলোর মুখ দেখেনি! হতে পারে লেখকরা বিদেশে থাকেন এবং কেউই মেলায় আসেননি, তার ওপরে একটি উপজেলাকে নিয়ে লেখা বইগুলো মেলায় খুব একটা চলবে না এই বোধ থেকেই প্রকাশকদের এমন আচরণ। হতে পারে অন্য কিছু। অজুহাত যা-ই হোক বলতে দ্বিধা নেই সোস্যাল মিডিয়ায় বই দুটির ব্যাপক প্রচার আমাদের প্রতারিত করেছে, বিরক্ত করেছে, ধৈর্যচ্যুতি ঘটিয়েছে।

আনোয়ার শাহজাহানের বইটি অনেক বছর আগে যখন প্রকাশিত হয়, তখন পড়ার সৌভাগ্য হয়েছিল এবং বইটি এখনো আমার সংগ্রহে আছে। এটি সেই গ্রন্থেরই প্রথম সংস্করণ। সেজন্য আগ্রহ ছিল ফারুক আহমদের 'গোলাপগঞ্জের ইতিহাস' গ্রন্থটি নিয়ে। কারণ, বইটি নতুন। তার ওপর লেখক তার গবেষণামূলক কর্মের জন্য ২০১৩ সালে তিনি বাংলা একাডেমি প্রবাসী লেখক পুরস্কারও পেয়েছেন। শুনেছি তার লেখা 'বিলাতে বাংলা সংবাদপত্র ও সাংবাদিকতা', 'বিলাতে বাংলার রাজনীতি' ইত্যাদি গ্রন্থগুলোর বাংলা ও ইংরেজি ভাষায় প্রকাশিত হয়ে ব্যাপক জনপ্রিয়তা লাভ করেছে এবং সেগুলো এখন 'আমাজোন'-এর মাধ্যমেও নাকি ভালো বিক্রি হচ্ছে। শেষ পর্যন্ত বইমেলার শেষ হবার পরেই বইটি পাওয়া গেল। এনে দিয়েছেন আমার এক সুহৃদ আব্দুল হাদি চৌধুরী। সাথে

একটি তীর্যক মন্তব্য, 'বইটি ভালো, লেখকের লেখার হাত আছে। কিন্তু আমার মনে হয়েছে – হি ইজ এ নোটোরিয়াস রাইটার'!

সূচিপত্র পড়ে বন্ধুর মন্তব্যের সাথে একমত হতে পারিনি। মনে হয়েছে, লেখক সম্পর্কে ইতঃপূর্বে আমি যা পড়েছি তা অমূলক নয় বরং বইটি হাতে নিয়ে আমি রীতিমত শিহরণ অনুভব করেছি। বিশেষ করে তথ্যসূত্রের ব্যবহার, সহায়ক গ্রন্থ তালিকা এবং নির্ঘণ্ট, যা আমাদের দেশের আঞ্চলিক ইতিহাসতো বটে, অনেক খ্যাতিমান ঐতিহাসিকের লেখা জাতীয় ইতিহাসেও অনেক সময় পাওয়া যায় না।

আটটি অধ্যায়ে বিভক্ত গ্রন্থটিকে আরো প্রায় ৫৩টি শিরোনামে ভাগ করে বইটিকে সাজানো হয়েছে। প্রত্যেকটির অধ্যায়ের ব্যাপ্তি প্রায় ত্রিশ থেকে চল্লিশ পৃষ্ঠা। প্রথম অধ্যায়ে রয়েছে গোলাপগঞ্জ থানার প্রাচীন নাম, থানার নামকরণ নিয়ে আলোচনা, থানার নামকরণ সম্পর্কে স্থানীয়ভাবে প্রচলিত কিংবদন্তি, কিংবদন্তির আলোকে বিভিন্ন স্থানের নামকরণ ইত্যাদি। দ্বিতীয় অধ্যায়ে – স্থানীয় প্রশাসন-ব্যবস্থা, তৃতীয় অধ্যায়ে – থানার রাজনৈতিক ইতিহাস, চতুর্থ অধ্যায়ে – আন্দোলন-সংগ্রামে গোলাপগঞ্জ, পঞ্চম অধ্যায়ে – থানার শিক্ষা ব্যবস্থা, ষষ্ঠ অধ্যায়ে – স্বাধীনতা সংগ্রাম, সপ্তম অধ্যায়ে – সাহিত্য ও সাংবাদিকতা এবং অষ্টম অধ্যায়ে – দর্শনীয় স্থান, গোলাপগঞ্জের হাট-বাজার ও ক্রয়-বিক্রয় ব্যবস্থা, টীকা ও ব্যাখ্যা, সহায়ক গ্রন্থ এবং নির্ঘণ্ট ইত্যাদি।

ভূমিকাটিও চমৎকার। কিন্তু এর কোনো কোনো কথা বেশ অপ্রিয় বলেই আমার কাছে মনে হয়েছে। গোলাপগঞ্জ থানার নামকরণ সম্পর্কে লেখক যে উদাহরণগুলো তুলে ধরেছেন তা অন্তত আমার কাছে একেবারেই নতুন কিন্তু গবেষণামূলক। যেমন গোলাপগঞ্জের প্রথম নাম কী ছিল? এ বিষয়টি পড়ে অনেকেই আৎকে উঠবেন যখন শুনবেন নামটি ছিল ঢাকাদক্ষিণ। অথচ এ বিষয়ে অনেকগুলোর তথ্যপ্রমাণ হাজির করে অনেক উদাহরণ টেনে তার পরেই মন্তব্যটি করেছেন। কিন্তু লেখক যে সকল দলিল দিয়েছেন তাতে তার যুক্তিকে উড়িয়ে দেয়া সহজ কথা নয়। বিশেষ করে থানাকেন্দ্রীক শাসনব্যবস্থা সম্পর্কে যে বিবরণ প্রদান করেছেন এর আগে আমি সিলেটের ইতিহাসতো বটে বাংলাদেশের অন্য কোনো এলাকার থানাভিত্তিক অন্য কোনো ইতিহাসে এ ধরণের ধারাবাহিক বিবরণ কখনো পড়েছি বলে মনে হয় না। এ ধরণের আগ্রহ নিয়ে পড়ার একপর্যায়ে, বিশেষ করে বিভিন্ন স্থানের নামকরণ অধ্যায়টি পড়তে গিয়ে মনে হয়েছে লেখক আমার আগ্রহে একেবারে ঠাণ্ডা পানি ঢেলে দিয়েছেন। বন্ধুর কথাটিই তখনই মনে পড়ল, কেন তিনি লেখককে,'হি ইজ এ নোটোরিয়াস রাইটার!' বলে উষ্মা প্রকাশ করেছেন। বন্ধুটির মতো এই অধ্যায়টি আমাকেও ক্ষুব্ধ করেছে, ব্যথিত করেছে এবং গোলাপগঞ্জের একজন সন্তান এবং বিশেষ করে একটি বনেদি পরিবারের সন্তান হিসেবে রীতিমত অপমানীত করেছে। মনে হয়েছে লেখক ইচ্ছে করেই কয়েকটি পরিবারকে হেনস্থা করার জন্য টার্গেট করেছেন। সেজন্য এই অধ্যায়টিকে অন্তত বার বার পড়েছি। কিন্তু যতই পড়েছি, মনে উত্তেজনা সৃষ্টি হয়েছে, ইচ্ছে হয়েছে আবারো পড়ি। এভাবে বার কয়েক পড়ার পর, বলতে দ্বিধা নেই তথ্যসূত্রের আলোকে

লেখকের যুক্তিনিষ্ঠ রূঢ় যুক্তিগুলোর কাছে শেষপর্যন্ত আমার আভিজাত্য বলা যায় হার মেনেছে। হতে পারে এটা আমার জ্ঞানের দীনতা। হয়তো অন্য কোনো লেখক আরো গ্রহণযোগ্য তথ্যপ্রমাণ হাজির করে তার সিদ্ধান্তগুলো চ্যালেঞ্জ করবেন, ভুল প্রমাণ করবেন। কিন্তু পুরো বইটি পড়ার পর মনে হয়েছে – না, এই লেখকের আসলেই কোনো জাত নেই, কোনো দল নেই, কোনো গোত্র নেই, কোনো ভয়-ভীতি নেই, ঐতিহ্যের প্রতি কোনো ভ্রুক্ষেপ নেই, অপমানের প্রতি কোনো তোয়াক্কা নেই। তার কোনো অধ্যায়েই তিনি কাউকে টার্গেট করেননি। তিনি বস্তুনিষ্ঠ তথ্য-উপাত্তের মাধ্যমে তথ্যসূত্র উল্লেখপূর্বক যুক্তির মাধ্যমে সত্যের অনুসন্ধান করেছেন। ফলে বইটিতে হিন্দু-মুসলিম-শেখ-সৈয়দ-মোঘল-পাঠান-চৌধুরী-তালুকদার-মুচি-চণ্ডাল কাউকে ছোট কিংবা বড় করে দেখাবার প্রবণতা নেই। ইতিহাসের খাতিরে যাকে যে আসনে বসানো দরকার তাকে সেখানে বসাতেও কোনো কার্পণ্য নেই। সেজন্য দেখি চিরতন মুচিকেও সম্মান দিয়ে, শ্রদ্ধার সাথে বাবু চিরতন মুচি বলতেও দ্বিধা করেননি। তিনি আওয়ামী লীগ, বিএনপি কিংবা জামাত কারো বিরোধী কিংবা পক্ষের নন। কারো প্রশংসায় পঞ্চমুখ কিংবা সমালোচনায় একপেশে নন। এ বিষয়ে উপজেলার প্রশাসন সম্পর্কে তিনি লিখেছেন।

"সেনা-সমর্থিত 'ইয়াজউদ্দিন-মঈনুদ্দিন' তত্ত্বাবধায়ক সরকারের সময়, ২০০৯ সালের ২২ জানুয়ারি এই তত্ত্বাবধায়ক সরকারের অধীনেই অনুষ্ঠিত হয় দ্বিতীয় উপজেলা নির্বাচন। নির্বাচনে গোলাপগঞ্জ চেয়ারম্যান নির্বাচিত হন আওয়ামী লীগের অ্যাড. ইকবাল আহমদ চৌধুরী (রফিপুর) এবং ভাইস চেয়ারম্যান হুমায়ুন ইসলাম কামাল (বাঘা) ও নজিরা বেগম শিলা (ঢাকাদক্ষিণ)। ২৯ ডিসেম্বর নির্বাচনে জয়লাভ করে আবারো ক্ষমতায় আসে আওয়ামী লীগ। তত্ত্বাবধায়ক সরকারের সময় উপজেলা চেয়ারম্যানদের জনপ্রতিনিধি হিসেবে কাজ করার সুযোগ সৃষ্টি হলেও আওয়ামী লীগ ক্ষমতায় আসার পর তা আবারো ব্যাহত হয়। কারণ, সংসদ সদস্যরা স্থানীয়ভাবে নির্বাচিত হলেও স্থানীয় সদস্যা সমাধানের জন্য নির্বাচিত নন। সংবিধানের ৬৫ ধারা অনুযায়ী, শুধু 'প্রজাতন্ত্রের আইন প্রণয়নক্ষমতা সংসদ সদস্যদের ওপর ন্যস্ত' করা হয়েছে'। কিন্তু ১৯৯৮ সালের অধ্যাদেশের কারণে স্থানীয় এমপিরা অহেতুক উপজেলার চেয়ারম্যানদের কার্যক্রমকে নানাভাবে বাধাগ্রস্থ করতে শুরু করেন এবং তা এখনো অব্যাহত আছে। ফলে আওয়ামী লীগের শাসনামলে আওয়ামী লীগ দলীয় উপজেলা চেয়ারম্যান ইকবাল আহমদ চৌধুরী এবং এমপি নুরুল ইসলাম নাহিদ দলমত নির্বিশেষে সর্বজন শ্রদ্ধেয়, সৎ এবং যোগ্য ব্যক্তি হিসেবে খ্যাতির অধিকারী হলেও উভয়ের মধ্যে ক্ষমতার দ্বন্দ্বই ছিল প্রকট এবং দৃশ্যমান। বাংলাদেশের অন্যান্য উপজেলায় এমপিদের দৌরাত্বের কারণে যেমন উপজেলা চেয়ারম্যানগণ ছিলেন অনেকটা সাক্ষিগোপাল। একইভাবে গোলাপগঞ্জ উপজেলার নির্বাচিত পুরো টিমটি আওয়ামী লীগের হওয়া সত্ত্বেও শিক্ষামন্ত্রী নুরুল ইসলাম নাহিদ এমপি'র অহেতুক দৌরাত্বের কারণে ইকবাল আহমদ চৌধুরী ও তার পুরো টিম উপজেলার উন্নয়নে খুব একটা ভূমিকা রাখতে পারেন নি। মূলত ক্ষমতার দ্বন্দ্বের কারণেই তাদের মধ্যে স্বাভাবিক সুসম্পর্কও দৃশ্যমান ছিল না। এর পরে উপজেলার

নির্বাচন অনুষ্ঠিত হয় ২০১৪ সালের ২১ ফেব্রুয়ারি। নির্বাচনে আওয়ামি লিগের প্রার্থী অ্যাড. ইকবাল আহমদ চৌধুরীকে পরাজিত করে চেয়ারম্যান নির্বাচিত হন জামাতে ইসলামি দলের প্রার্থী, গোলাপগঞ্জের স্থানীয় রাজনীতিতে একেবারে নতুন মুখ হাফিজ নজমুল ইসলাম (হেতিমগঞ্জ)। ভাইস চেয়ারম্যান নির্বাচিত হন বিএনপির নোমান উদ্দিন মুরাদ (রায়গড়) ও অ্যাড. শাহানা হোসাইন (সরস্বতি)। নির্বাচনে ইকবাল আহমদ চৌধুরীর পরাজয়ের প্রধান কারণ ছিল তার বয়স এবং একই সঙ্গে এমপির দৌরাত্বের কারণে খুব একটা অবদান রাখতে না পারা। বেশিরভাগ সময় সভা-সমাবেশে গিয়ে ঘুমিয়ে পড়াই তার অনেকটা অভ্যাসে পরিণত হয়েছিল। বক্তৃতা করতে গিয়ে কথাগুলোও অনেক সময় স্পষ্টভাবে বলতে পারতেন না। জীবনের এই পর্যায়ে এসে রাজনৈতিক উত্তরসূরিদের হাতে ক্ষমতা ছেড়ে দেয়া সঙ্গত হলেও তিনি তার কোনো সুযোগ্য উত্তরসূরি তৈরি করতে পারেন নি বিধায় নিজেই প্রার্থী হয়ে বসেন। তার এই ক্ষমতার মোহ নিজ দলের অনুসারিদের বিদ্রোহী করে তুলে। অনেকে দলের সিদ্ধান্তকে তোয়াক্কা না করেই তার বিরুদ্ধে সরাসরি প্রতিদ্বন্দ্বিতায় নামেন। একইভাবে বিএনপি কর্তৃক উপজেলা নির্বাচন বয়কটের কারণে দলীয় সিদ্ধান্তকে উপেক্ষা করেই একাধিকপ্রার্থী প্রতিদ্বন্দ্বিতায় নামেন। বিএনপির একাধিক প্রার্থীর কারণে ভোটগুলো ভাগবাটোরা হয়ে যায়। উপজেলা নির্বাচনের মাত্র কিছু দিন আগে এককভাবে ভোটারবিহীন প্রহসনমূলক নির্বাচনের মাধ্যমে আওয়ামী লীগ আবারো ক্ষমতারোহনের কারণে ডানপন্থি এবং হঠাৎ করে গজিয়ে উঠা হেফাজতি ঘরাণার ভোট, যেগুলো কোনোদিনই জামাতের পক্ষে পড়ার কথা ছিল না সেই ভোটগুলোই একচেটিয়াভাবে জামাত দলীয় প্রার্থীর পক্ষে পড়ে। উল্লেখ্য যে, আওয়ামী লীগ জাতীয় নির্বাচন একতরফা এবং ভোটারবিহীনভাবে করলেও অন্তত গোলাপগঞ্জ উপজেলা নির্বাচনে কোনো ধরণের কারচুপির আশ্রয় নিয়েছে বলে খবর পাওয়া যায় নি। জনগণ স্বতঃস্ফূর্তভাবেই তাদের ভোটাধিকার প্রয়োগ করার কারণেই জামাত প্রার্থী হাফিজ নজমুল ইসলাম (২৪,৩৬৯) তার প্রতিদ্বন্দ্বী ইকবাল আহমদ চৌধুরীকে (২৩,৬০২) পরাজিত করে উপজেলা চেয়ারম্যান নির্বাচিত হন।'এই নির্বাচনে আমি নিজে উপস্থিত ছিলাম এবং আমার বিচারের সাথে লেখকের বর্ণনার কোনো আমি খুঁজে পাইনি।"

তৃতীয় অধ্যায়ে জনপ্রতিনিধিত্বমূলক রাজনৈতিক ইতিহাস বর্ণনা করতে গিয়ে লিখেছেন, "১৭৬৫ সালের ১২ অগাস্ট ব্রিটিশ ইস্ট ইন্ডিয়া কোম্পানি কর্তৃক দিল্লীর নামেমাত্র বাদশা দ্বিতীয় শাহ আলমের নিকট থেকে বার্ষিক ২৬ লক্ষ টাকার বিনিময়ে সুবা বাংলার দেওয়ানিলাভের পর থেকে সিলেট বাংলাদেশের ঢাকা বিভাগের একটি চাকলা হিসেবে অন্তর্ভুক্ত হয়। পরবর্তী কালে জেলার মর্যাদালাভ করে।" যদিও জেলা এবং চাকলা সমার্থক তবুও সিলেট যে, 'চাকলা' হিসেবে ঢাকা বিভাগের অন্তর্ভুক্ত হয় একথাটিও সম্ভবত সিলেটের ইতিহাসে নতুন সংযোজন। অথচ যে গ্রন্থ থেকে লেখক উদারহনটি দিয়েছেন সেটি স্বয়ং গভর্নর জেনারেল হেনরি বানসিটার্ট-এর লেখা বিধায় অন্য যে কোনো তথ্যের চাইতে যে নির্ভরযোগ্য তথ্য তা বলাই বাহুল্য।

বাংলাদেশের স্বাধীনতাসংগ্রামের গোলাগঞ্জবাসী ভূমিকা অধ্যায়ে লেখক আমাদের জানাচ্ছেন,"ব্রিটিশ-ভারতেরসেনাবাহিনীতে ভারতের মধ্যে পাঞ্জাবের অবস্থান যেমন ছিল ঠিক একইভাবে ব্রিটিশ শাসনামল থেকে আজ পর্যন্ত সিলেট বিভাগের মধ্যে গোলাপগঞ্জ থানার অবস্থানও তেমনি শীর্ষস্থানীয়। আমাদের গবেষণায় এ পর্যন্ত প্রাপ্ত তথ্যানুসারে সিলেট বিভাগে ৬জন বীর উত্তম, ১২জন বীর বিক্রম এবং ১৬ জন বীর প্রতীকসহ মোট ৩৪ জনের মধ্যে ১২ জন অর্থাৎ এক তৃতীয়াংশেরও বেশি গোলাপগঞ্জের কৃতিসন্তান। এর মধ্যে সুবেদার আফতাব আলী একই সঙ্গে বীর উত্তম ও বীর প্রতীক অর্থাৎ ডবল সাহসিকতার পদকে ভূষিত।"

এ তথ্যগুলোও অনেকটা নতুন। এভাবে প্রত্যেকটি অধ্যায়কে লেখক গবেষণার আলোকে উপজীব্য করে তুলে ধরেছেন। আমার বিশ্বাস গবেষক ঐতিহাসিক ফারুক আহমদের,'গোলাপগঞ্জের ইতিহাস' শুধু গোলাপগঞ্জবাসীর জন্যই নয় এ গ্রন্থটি সিলেট জেলার আঞ্চলিক ইতিহাসের একটি মাইলফলক আকরগ্রন্থ হিসেবে বিবেচিত হবে। এটি শুধু গোলাপগঞ্জের মানুষের জন্যই নয় বরং গোলাপগঞ্জের পাশাপাশি সিলেট জেলার ইতিহাসের গতিপ্রকৃতি বুঝতে, ঐতিহাসক, লেখক-গবেষক ও সাংবাদিকে অবশ্য পাঠ্য বলে বিবেচিত হবে।

বইটির প্রকাশক: ইত্যাদি গ্রন্থ প্রকাশ, ঢাকা। ৩৩০ পৃষ্ঠার শাদা কাগজে ঝকঝকে ছাপা বইটির মূল্য রাখা হয়েছে ৫০০ টাকা। প্রচ্ছদ করেছের ধ্রুব এষ এবং উৎসর্গ করা হয়েছে দ্বীনা লায়লা, তানযিফা হোসেন ও জাহানারা বেগমকে। আমি বইটির বহুল প্রচার কামনা করছি এবং একই সাথে গোলাপগঞ্জ থানার প্রত্যেকটি শিক্ষা প্রতিষ্ঠান এবং গ্রন্থাগারে রাখার জন্য অনুরোধ করছি। লেখক বলেছেন বইয়ের কলেবর এবং মূল্যমান একটি পাঠকের ক্রয় ক্ষমতার মধ্যে রাখতে চূড়ান্ত পর্যায়ে গোলাপগঞ্জে ইসলাম সহ আরো অনেক বিষয় বাদ দিয়েছেন। লেখকের কাছে আমার অনুরোধ থাকবে গোলাপগঞ্জ উপজেলার ইতিহাসের স্বার্থে তিনি যেন দ্বিতীয় খণ্ড হিসেবে বাকী বিষয়গুলো নিয়ে আরেকটি বই প্রকাশ করেন।

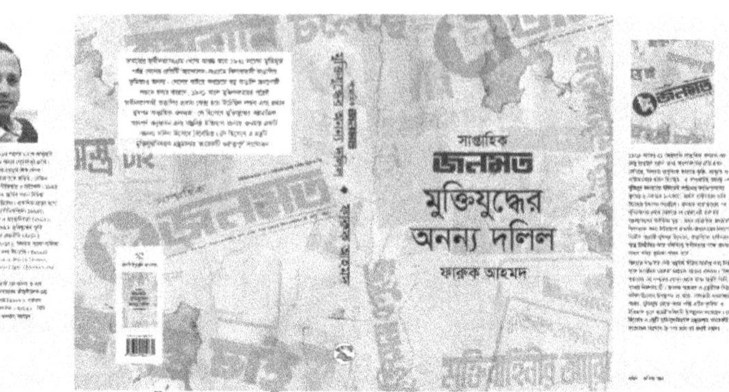

সাপ্তাহিক জনমত: মুক্তিযুদ্ধের অনন্য দলিল: আহমেদ রুবেল

বাংলাদেশের সংবাদপত্র পাঠকেরা লন্ডন থেকে প্রকাশিত সাপ্তাহিক 'জনমত'-এর নামটির সঙ্গে হয়ত খুব একটা পরিচিত নন। একইভাবে হয়ত পরিচিত নন লেখকের সঙ্গেও। তাই প্রথমেই বলে নেয়া ভাল যে, এটি লন্ডন থেকে ১৯৬৯ সালের ২১ ফেব্রুয়ারি প্রকাশিত একটি সাপ্তাহিক পত্রিকা এবং একইসঙ্গে বাংলাদেশ ও ভারতের বাইরে বাংলা ভাষায় প্রকাশিত সবচে দীর্ঘস্থায়ীও বটে। পত্রিকাটি প্রকাশিত হয়েছিল মহান ভাষা আন্দোলনের প্রতি শ্রদ্ধা দেখিয়ে, বিলাতে মাতৃভাষা বাংলায় কৃষ্টি, সংস্কৃতি ও সাহিত্যচর্চার বাহন হিসেবে। এই কাগজটিই বঙ্গবন্ধু শেখ মুজিবুর রহমানের ইঙ্গিতে সর্বপ্রথম স্বায়ত্তশাসনের মূলমন্ত্র ৬-দফাকে ১-দফায় অর্থাৎ স্বাধীনতার দাবি হিসেবে উত্থাপন করেছিল। তার পরেই চলে আছে ১৯৭০-এর নির্বাচন। এই নির্বাচনে আওয়ামী লীগের পক্ষে জানমাল নিয়ে ঝাঁপিয়ে পড়ার পক্ষে পত্রিকাটি একনিষ্ঠভাবে কাজ করে। ১৯৭১ সালের ফেব্রুয়ারি মাস থেকে দেশের রাজনৈতিক পরিস্থিতি অনিশ্চিত অবস্থার দিকে এগুতে থাকলে প্রবাসীদের উদ্বেগের কথা বিবেচনায়, পত্রিকাটির ভারপ্রাপ্ত সম্পাদক নিজে ২৪ ফেব্রুয়ারি বাংলাদেশে এসে খবর পাঠাতে থাকেন। তার পর ২৫ মার্চের পরে তিনিও ভারতে গিয়ে আশ্রয় নেন এবং ভারত থেকে ২৪ জুন লন্ডনে ফেরেন। তার লন্ডনে ফেরার পরে এটির মুজিবনগর প্রতিনিধি হিসেবে কাজ করেন বর্তমান যুক্তরাজ্য আওয়ামী লীগের সভাপতি সুলতান মাহমুদ শরীফ। তিনি মুক্তাঞ্চলে চলে গেলে মুক্তিযুদ্ধবিষয়ক খরব পাঠাতে প্রধান সম্পাদ এ টি এম ওয়ালী আশরাফ স্বয়ং, প্রথমে মুজিবনগরে এবং পরে বাংলাদেশের ভেতরে এসে খবর পাঠান।

বাংলাদেশের মহান মুক্তিযুদ্ধের সময় এটি শুধু বিলাতবাসীর বাঙালির মুখপত্র ছিল না, একইসঙ্গে ছিল বিলাতসহ পুরো ইউরোপে বাঙালিদের প্রধান বস্তুনিষ্ঠ মুখপত্র। বাংলাদেশের স্বাধীনতাযুদ্ধকালীন এবং এর আগে-পরে যারা বিলাতে লেখাপড়া করে এসে বাংলাদেশের রাজনীতি, সমাজকর্ম এবং সাহিত্য ও সাংস্কৃতিক কর্মকাণ্ডে অবদান রেখেছেন, অথবা বিলাতে বেড়াতে গেছেন তাদের নাম কোনো না কোনোভাবে এ পত্রিকাটির পাতায় জড়িয়ে আছে। এ তালিকায় জাতির জনক বঙ্গবন্ধু শেখ মুজিবুর রহমান ও বর্তমান প্রধানমন্ত্রী জননেত্রী শেখ

হাসিনা থেকে আরম্ভ করে এখন যারা আওয়ামী লীগ, বিএনপি, জামাত, জাতীয় পার্টি, কমিউনিস্ট পার্টির রাজনীতির সঙ্গে জড়িত তাদের প্রত্যেকের ভূমিকার কথা জানা যাবে। জানা যাবে তখন যারা বিলাতে ছিলেন, মুক্তিযুদ্ধে তাদের ভূমিকার কথাও।

স্বাধীনতাযুদ্ধ চলাকালে চারজন সেক্টর কামান্ডারসহ অন্যান্য মুক্তিযোদ্ধাদের সম্পর্কে জনমত-এর সাংবাদিকদের যেমন কোনো জানা-পরিচয় ছিল না। সেজন্য তাদের কারো সম্পর্কে বাড়িয়ে প্রচার করা কিংবা কাউকে খাটো করে দেখানোর কোনো সুযোগ ছিল না। অথচ এদের কারো কারো কথা জনমত-এর খবরে উঠে এসেছে।

বাংলাদেশের স্বাধীনতার ঘোষক কে? এ নিয়ে দীর্ঘদিন ধরে বিতর্ক চলে আসছিল। শেষ পর্যন্ত এটির একটি আইনি ফয়সালা হয়েছে। অথচ এই ঘোষণা কে দিয়েছিলেন? অথবা তখন স্বাধীনতার ঘোষণা সম্পর্কে প্রবাসীরা কী জানতেন অথবা আদৌ জানতেন কি না, সে খবরটিও আছে। তেমনি আছে সিলেট জেলার বিয়ানীবাজার থানার মুল্লাপুর গ্রামের মনিরুল ইসলাম চৌধুরীর মা ও ভাইকে কোন মাসের কত তারিখ আটক করা হয়েছিল। মুক্তিযোদ্ধা জগৎজ্যোতি দাস কোথায় বীরত্ব দেখিয়েছিলেন। কীভাবে দেখিয়েছিলেন। তখন তার বীরত্বের জন্য তিনি কী উপাধি পেয়েছিলেন। ইয়াহিয়া-টিক্কা খানরা যুদ্ধচলাকালীন ঢাকার ২১০টি সড়কও গলির নাম পরিবর্তন করে কী কী নামকরণ করেছিল। কোন মাসের কত তারিখে দর্শনার ৫ কিলোমিটার উত্তর-পূর্বে মহেশ্বর নদীর ওপর নির্মিত সেতুটি মুক্তিযোদ্ধারা উড়িয়েদিয়েছিল? মোটকথা, দেশে-বিদেশে, মুক্তিযুদ্ধের পক্ষশক্তি ও প্রতিপক্ষ কে কোথায় কী করছেন। বিশ্বের কোন দেশ বাংলাদেশ সম্পর্কে তখন কী বলেছে? কোন দেশের কী ভূমিকা ছিল? কোন পত্রিকা মুক্তিযুদ্ধের পক্ষে কী লিখেছে? ইত্যাদি মুক্তিযুদ্ধবিষয়ক বস্তুনিষ্ঠ তথ্যে ভরপুর এ গ্রন্থটি।

আগেই বলেছি, কাগজটি প্রকাশিত হয়েছিল বিলাতে বাংলা ভাষা, সাহিত্য-সংস্কৃতিকে পৃষ্ঠপোষকতার পাশাপাশি বিলাতের বাঙালির মুখপত্র হিসেবে। তার পর থেকে এ পত্রিকাটির সঙ্গে একে একে যোগ হয়েছে বিলাতের বাঙালির গৌরবের ইতিহাস। আর মাত্র কটা দিন পরেই কাগজটি অর্ধশত বছরে পা দেবে। অথচ এই দীর্ঘ সময়ে পত্রিকা কোনো কারণেই এক দিনের জন্যও বন্ধ থাকেনি। বর্তমানেও কাগজটির প্রকাশনা অব্যাহত আছে।

এতোদিন মুক্তিযুদ্ধবিষয়ক এ দলিলটি সাপ্তাহিক জনমত-এর আর্কাইভের নীচে চাপা পড়েছিল। দলিলটি উদ্ধার করে, এই পত্রিকাটি প্রকাশের কারণসহ এটির প্রায় পঞ্চাশ বছরের ইতিহাস তুলে ধরে তার পরেই দলিলটি হাজির করেছেন লেখক-গবেষক ফারুক আহমদ। সাপ্তাহিক জনমত-এর মতো বাংলাদেশের পাঠকের কাছে লন্ডনবাসী এই লেখক হয়ত খুব একটা পরিচিত নন। অথচ বিলাতে বাঙালি জনবসতির বস্তুনিষ্ঠ ইতিহাস অনুসন্ধান ও চর্চায় যারা নিষ্ঠার সঙ্গে নিবেদিত, ফারুক আহমদ তার মধ্যে শীর্ষস্থানীয় একজন। এই গ্রন্থটিসহ তার উল্লেখযোগ্য গ্রন্থগুলোর মধ্যে রয়েছে – 'বিলাতে বাংলা সংবাদপত্র ও সাংবাদিকতা : ১৯১৬-২০১৬'; 'বিলাতে বাংলার রাজনীতি :১৮৩১-২০১২'; 'বিলাতে বাংলা সাহিত্য ও সংস্কৃতিচর্চা : ১৮৩১-২০১৬'; 'বিলাতে বাঙালি অভিবাসন : ১৬৫০-২০১৬'। ইত্যাদি

ইত্যাদি। এই গ্রন্থগুলোর ইংরেজি সংস্করণও আমেরিকা এবং লন্ডন থেকে বের হয়েছে। লেখক তার গবেষণাকর্মের জন্য ২০১৩ সালে 'বাংলা একাডেমি প্রবাসী লেখক' পুরস্কার লাভ করেন। অথচ আমার ধারণা তিনি তার উল্লিখিত গবেষণাকর্মের জন্য বাংলা 'একাডেমি পুরস্কার' পাওয়ার যোগ্য।

বলা বাহুল্য, ১৯৭১ সালে যারা বিলাত থেকে স্বাধীনতাযুদ্ধের পক্ষে একনিষ্ঠভাবে কাজ করেছেন তারা তাদের কিংবা স্বাধীনতাযুদ্ধে বিলাতবাসী বাঙালির ভূমিকা নিয়ে বই, প্রবন্ধ-নিবন্ধ লিখতে চাইলে এ গ্রন্থটি যেমন তাদের ডায়েরি হিসেবে কাজ দেবে, তেমনি মুক্তিযুদ্ধের ইতিহাস রচনার এই সলতে পাকানোর পর্বে, নির্মোহ ও নিরপেক্ষ দৃষ্টিকোণ থেকে মুক্তিযুদ্ধের ইতিহাস রচনা করতেও এটি বস্তুনিষ্ঠ তথ্য-উপাত্ত হিসেবে কাজ দেবে। বইটি ইতিহাসের ছাত্র, পাঠক, লেখক-সাংবাদিক ও গবেষকদের অবশ্যপাঠ্য বলেই ধারণা করি।

বাম থেকে : ইকবাল হোসেন বুলবুল, ড. মুকিদ চৌধুরী, স্মৃতি আজাদ, ভিস্মদেব চৌধুরী, শামীম আজাদ, সংস্কৃতিবিষয়ক প্রতিমন্ত্রী কে এম খালিদ এমপি, ফারুক আহমদ, ওসমান গণি, খন্দকার রাশিদুল হক, ডা. শাহদুজ্জামান ও হেনা বেগম।

English Book Reviews

A Fascinating History of Bengali Journalism in Britain.

Geoff Hooper

They say that everyone has at least one book in them but the reason of us never take up our pens and write is because we say we have not got time. We have to earn a living and when we arrive home, there are umpteen things to do let alone attend to the kids andparents' evenings at school, etc.

If that's the way you think, take Faruque Ahmed as a role model. On most evenings of the week until midnight you'll find him adroitly answering to the needs of customers in Bengal Bertie's, the tasty Indian-Bangladeshi restaurant in Highgate's Archway Road, London N6. But during the afternoon he is salving away over a hot keyboard just as he has been doing for more than 20 years. That is how long he has been involved in the Bengali literary and cultural activity in both Britain and Bangladesh.

His hard work has come to fruition; he has just produced his latest book. Bengali Journals and Journalism in Britain (1916-2007) is published in the United States by Lulu, March 2009.

The book is what will appeal to the students of history both British and Bengali. It is fascinating - and surprising - for example, to read that the first Bengali Newspaper - a fortnightly- was published nearly 100 years ago at the behest of the British Government not only to celebrate Britain's success in World War I but to win Indian support for it. It was sent to India and Bengal to be sold for an anna.

The book also adds to the glory of the Bangladeshi curry industry in Britain. Restaurant owners have been associated with the publication of many of the journals Faruque Ahmed has taken for discussion. They were owners, directors or promoters or even writers. A politically conscious class, these restaurateurs have actively participated in different political movements in Bangladesh; they have also created a social momentum for Bengali people in Britain by employing fellow countrymen in their businesses and directly contributing to publishing occasional periodicals and weeklies. While Bengali journals worked as social media to bring them together, they also conveyed their ideas to all the members of the community, thus enhancing their business enterprises and social achievements. This book is a tribute to the achievement to the Bengali community as a whole.

Bengali Journals and Journalism in the United Kingdom[22]

Dr. Premen Addy[23]

Bengali Journals and Journalism in the United Kingdom (1916-2007) by Faruque Ahmed, Published by The Ethnic Minorities Research Centre, 36 Clanricarde Gardens, London W2 4JW.

This work of translation has clearly been a labour of love. Faruque Ahmed has meticulously put together reports and extracts from a wide range of Bengali newspapers and publications stretching back to 1916, when some of the fiercest battles of the First World War were being fought, when millions of solders from

---

[22] Asian Voice, Saturday August 1, 2009

[23] Dr Premen Addy is the author of *Tibet on the Imperial Chessboard: the Making of British policy towards Lasha*, and *Indira Gandhi: India's Woman of Destiny*. He was former Visiting Tutor, Department of History and Politics, Kellog College, Oxford, Visiting Fellow, Department of International Studies, London School of Economics.

virtually every part of Europe went to their graves as cannon fodder, with the survivors scarred for life by this ordeal of life.

British India made its own special contribution to this conflict, but the story between these covers relates to the earliest immigrants to the UK from eastern Bengal. Into this corner of a foreign field they put down their roots. The overwhelming majority were Muslim and came from a rural background, hence they were driven to communicate in their native Bengali. Their first publications, it would appear, were newssheets. Recognisable newspapers followed in due course; these refracted the divisions and aspirations of their societies back home.

Came Independence and Partition in1947. Those claiming a Bangladeshi cultural and political identity today started off as East Pakistan. In 1971 they threw off the West Pakistani yoke and became Bangladesh. Their travails and ambitions are well captured in myriad publications, some disappearing with time and others taking their place before making space for competitors in a natural progression whose cycle continues to this day without let or hindrance.

In Darwinian terms, it has been the survival of the fittest. Faruque Ahmed's anthology is an absorbing read.

Bengali Journals and Journalism in Britain[24] (1916-2007)

Zoe Renfew

Bengalis have always been a politically aware people; take a group of Bengalis anywhere in the UK and it won't be long before they start discussing politics and Bangladesh. Far from being a passive community when they first came to Britain in the 1960's and 70's, Bengali immigrants sought to influence social and political frameworks both within the UK and back in their strife-torn homeland. Although it proved harder to influence events in Bangladesh, the result of their efforts in the UK is a collective

[24] Curry Life Magazine, Issue.31, London

voice that goes back one hundred years, recorded in the many Bengali newspapers, journals and anthologies founded during this time.

Bengali journals and journalism in Britain 1916-2007 by Faruque Ahmed is the first book to document these journals and acknowledge the huge debt owed to the band of journalists and writers who founded and established such pioneering newspapers and periodicals.

First published from London in Bengali under the title 'Bengali Journals and Journalism in Britain 1916-2000', this updated English version has now been published in America by Lulu Publications to include journals produced up to 2007. As such, the book provides not only a fascinating history of Bengali immigrants and their social integration into the UK, but also a chronicle of Britain itself as the nation struggled to adapt over the turbulence of two World Wars to its changing role in the world order and subsequent influx of immigrants from countries within the former British Empire. "Bengali journals have documented the lives of this ethnic community; they represent their dreams and thoughts and anxieties" says Mr Ahmed and his account is told through over 100 Bengali journals that were published in the UK as journalists discuss issues relating to state intervention into ethnic community life, welfare programmes, state legislation and government initiatives designed to further the process of integration into British life.

The book contains original copies of these papers with photographs and biographical sketches of over fifty prominent Bengali journalists. Mr Ahmed has carried out exhaustive research contacting and interviewing the people who played a part in the production of these documents, gleaning much factual and historically important information whilst being consistently authentic and objective.

We learn for example that the first Bengali publication was a fortnightly paper, Satyabini that was distributed freely in India and Bengal. Published on November 1, 1916, the paper was part of a British Government propaganda attempt to win support from India for World War 1 featuring the heroic role played by Indian soldiers during the war and welfare activities of the British Government within Asia.

Intertwined with the cultural development of the Bengali press is the story of how immigrants settled in Britain, how they became a part of the nation, establishing business and sending their children to local schools and gradually became assimilated into local politics where they now occupy an important role in the governance of the country.

As a unique insight into one of the most important cultural and social change of the 20th century, this book is a must for any Bengali living in the UK and indeed for anyone interested in the history of ethnicity in the country.

Faruque Ahmed has worked as a journalist on several Bengali newspapers and magazines and is a published lyricist who has written books and articles on history and politics. He has been involved in Bengali Literary and cultural activities in Bangladesh and the UK for twenty years. Mr Faruque who lives in Enfield, Middlesex who also runs a Bangladeshi/Indian restaurant in Highgate in London.

His current work-in-progress focuses on the incidents leading to the war of liberation in 1971 in Bangladesh and will be published in Bengali and English later on this year.

Bengali Journals and Journalism in Britain 1916-2007 is available in hardback from amazon.com ISBN: 978-0-557-05113-7 £27.50 and from lulu.com £25.63.

History of Bengali Journalism in Britain

Hasib Tanvir

The Bengali newspaper industry in Britain has a history of about one hundred years behind it. During that long period of time, over one hundred and ten newspapers, journals, periodicals and occasional anthologies were published. Most of them were published from London, where the accumulation of Bengali population is the highest in this country. The rest were published from Manchester, Birmingham, Leeds, Bradford, Leicester, and many other cities across Great Britain.

Most of the journals were published out of necessity. They were not business projects, though recently some of them have crossed their twentieth birth anniversary and established themselves as viable businesses. The main driving force behind their publication was political. That involved the politics of Bangladesh, the country Bengali people left behind but never forgot, and the politics of Britain where they struggled for their rights and survival.

Both of the societies have evolved over time. The British ruled the subcontinent for about two hundred years. They made rules, established a legal system, created commercial routes across the vast country. But finally they had to leave, when the claim for independence could no longer be suppressed. India was divided based on religious sensibilities. Then there was the incomparable oppression of West Pakistan on East Pakistani people. The territory was divided again. A new country was born. It was called Bangladesh. Bangladesh has seen tumultuous four decades of political clash and unrest. Elected head of governments were removed from power through military coups, martial law was introduced several times, presidential system of governance was dissolved to introduce parliamentary system, intellectuals were killed, journalists were kidnapped, writers were assaulted, newspapers were banned, protestors were shot down. All these factors occupied the imagination of the

Bengali people who lived in the UK, thousands of miles away from home.

At the same time, UK was also moving through major global incidents. There were two world wars, more colonies were lost, women community received their rights to vote and work beside their male counterparts, the cold war clouded political decisions for over four decades. In addition, the rednecks grew up again and again increasing racial disharmony. As part of the British political life, Bengali community went through all that affected the lives of all British citizens.

Always politically aware, Bengali community published journals to document their views, to voice their desires, to protest the evils that blocked their dreams. They became successful in contributing to racial cohesion in Britain and substantially influenced the framework of politics back home. With time professional journalists came from Bangladesh and published new journals and gave the existing journals a more professional look.

This century-long history of Bengali journals in the United Kingdom has been documented by one dedicated Bengali journalist. He is Faruque Ahmed, a beloved elected member of London Bangla Press Club, and an adorable contributor to several London based Bengali newspapers. Before moving to the UK as a resident in the eighties, he was a journalist in Sylhet. He was a political activist and songwriter for radio stations. In London, he was heavily involved in the formation of the London Bangla Press Club which is the most prominent platform for Bengali journalists in the UK.

Recently, Faruque Ahmed's book Bengali Journals and Journalism in Britain 1916-2007 has been published in the United States by Lulu Publications. The book highlights the contexts of publication, visions and objectives of over one hundred Bengali journals published in the UK, and introduces the individuals and groups who published those journals. This is the English version of his Bengali book Bengali Journals and Journalism in Britain 1916-2000 which was published from London in 2002. English version has added the journals published after 2000.

Faruque Ahmed has collected original copies of these journals from archives in UK and elsewhere to make his work as authentic as possible. He moved from city to city interviewing people who had been associated with their publication, distribution or management. Those who could not be reached physically were requested to participate in a survey/written interview. The book proves his commitment to documenting history as it was without taking sides. Thus we find how Bengali immigrants came to Britain, how they made this place their home, how they created small businesses, sent their children to school, participated in local politics and finally became a part of the British society.

While the book presents a history of Bengali journalism, hence a history of the Bengali community in the UK, it also highlights how the public life of Britain impacted the community life. It can also be read as a history of Britain written from an ethnic perspective. These newspapers have always analysed how Britain as a state was dealing with its ethnic communities by introducing various community welfare programmes, developmental initiatives, activities to maximise integration, and by directly providing advertisements to these papers about community participation and citizens' rights. The history of the twentieth century Britain will always remain incomplete without highlighting the history of its ethnic communities. The same way, the history of the Bengali community in Britain will remain incomplete without referring to this book.

Photographs of deferent journals have enriched the book and added to its authenticity. Similarly, the biographical sketches of over fifty most active Bengali journalists have made the book exclusive. Future researchers will find the book a great source of information.

Between the Lines Bengal politics in Britain: Logic, Dynamics and Disharmony by Faruque Ahmed.[25]

Dr Premen Addy

This book has a broad canvas, encompassing the entire linguistic and cultural landscape of Bengal, a single province in British India, but divided today by a political frontier on the one side of which is the sovereign Republic of Bangladesh, with Dhaka as it capital, on the other lies West Bengal, a state within the Republic of India, whose administrative and economic hub is the cityof Kolkata. However, the focus of this work is Bangladesh. So, while there is passing reference to the Bengal of the British era and its seminal figures who helped seed an all-India nationalism that is the bedrock of contemporary India, the work concentrates on developments that followed the Partition of the Subcontinent into Islamic Pakistan and the liberal secular India, the former established as a homeland for the Muslims of the region.

East Bengal with its Muslim majority opted to become a constituent of Pakistan and was called East Pakistan. Political power and economic wealth lay in West Pakistan, whose hub was Punjab. The country's first capital was the port city of Karachi. A new capital called Islamabad was constructed in the environs of Rawalpindi, in Punjab, and was officially opened in 1967.

---

[২৫] *Asian Voice*, April 16, 2011.

East and West Pakistan were separated by 1,000 miles of Indian territory, the linguistic and cultural divide between the two halves transcending their original Islamic solidarity as political and social tensions deepened and eventually tore the country asunder. That was to come in 1971-72, so the history of East Pakistan lasted a few months beyond 24 years. The Bengal politics in Britain, which the author narrates and subjects to close critical scrutiny, refracted the fraught, internecine politics of both left and right of Pakistan itself.

There were different, yet complementary, dimensions to Bengali politics in the Pakistan period. Cultural activities reflecting pride in the Bengali language and its hugely enriching literature led to a socialist critique of social and economic deprivation in East Pakistan in particular and Pakistan as a whole.

There were community meetings and writings on these issues, these multiplying as immigrants from East Pakistan swelled the numbers already settled in the UK. Those belonging to the liberal-socialist spectrum blended well with similar minded Britons and others whose politics were fashioned by a secular internationalist outlook. There was much talk of the Soviet Union, China, Cuba, Vietnam and the Palestinian struggle against Israel. But this wasn't the whole story, as Faruque Ahmed rightly relates. There were entrenched elements of the right who were stubbornly loyal to the concept of a Muslim Pakistan, were plagued by its inner demons and insecurities and opposed the liberation struggle and the establishment of a sovereign Bangladesh.

Hostility and suspicion of India were paramount in these circles, attitudes that resonated in the sectarian pro-Chinese left by virtue of Beijing's alignment with Islamabad. Maoist far left and Islamist hard right joined forces through circular reasoning on a shared platform of viscerally opposition towards Bangabandhu Sheikh Mujibur Rahman and his daughter, the present prime minister of Bangladesh, Sheikh Hasina Wajed, and their perceived supporters, the 'social imperialist' Soviet Union, and its allies India and Vietnam.

Mr Ahmed has used a wealth of local Bengali documentation in British libraries in London and elsewhere, which he has lucidly rendered into English, to bring this kaleidoscopic tale to life. His endeavour has clearly been a labour of love and devotion and deserves appreciation.

Bengal Politics in Britain: Logic, Dynamics and Disharmony[26]

Christopher J Lloyd

How did Bengal politics spread to Britain? The best account to date is in Faruque Ahmed's new book *Bengal Politics in Britain: Logic, Dynamics and Disharmony*.

The book also gives a succinct chronology of historical events occurring from 1765 to 2010 A.D. (in appendix 3).

The reader will learn about the East India Company, Lascar sailors, India, Pakistan, and turbulent political incidents like the brutal killing of Bengali Language Movement supporters in Dhaka in February 1952, the mass upheaval leading to independence of Bangladesh in 1971, and the protest in Brick Lane in East London in 1978.

Starting with the arrival of Bengali intellectual Raja Rammohon Ray in England on 8 April 1831 as an Emissary of Emperor Akbar II, who first spoke of Bengal politics in Britain, the book appropriately closes with the 6 May 2010 General Election when the first Bengali-British woman MP was elected to the House of Commons (Rushanara Ali, Labour Party, Bethnal Green and Bow constituency).

This is a thoroughly researched work which will become a standard academic text for many years to come for students of the subject.

The author was born in East Pakistan, now Bangladesh, and his book fills a noticeable gap in historical understanding of the presence of the Bengali population in Britain. During his 8-years of research, Faruque Ahmed interviewed many writers, politicians and members of the community (listed on page 274-5); an invaluable bibliography of the English and Bengali language works is cited on pages 266-273.

The author is a journalist and community historian, with an intimate knowledge of language and the expanding Bangladeshi newspaper industry in Britain. He examined the Bangladeshi newspapers collected at the Tower Hamlets Local History Library and Archives since the 1980s, the British Library and other repositories.

---

[২৬] London, 29 April 2011.

The book reproduces photographs of such historically significant personalities as Tasadduq Ahmed (p.50) and Ayub Ali Master (p.34) from private sources (listed in appendix.2), and documents, a signed letter of Bangabandhu Sheikh Mujibur Rahman to Gaus Khan, permitting him to form a branch of the Awami League in London (p.114), and a useful list of Bengalis in British Politics (Appendix 1).

Bengali Politics in Britain: Logic, Dynamics and Disharmony by Faruque Ahmed.[27]

Josh Loeb

BANGLADESH has had a complicated past. It was India, then East Pakistan, then Bangladesh. But it is also East Bengal, as opposed to West Bengal, which is in India.

How much more complicated when you add Britishness to the mix? Bengali Politics in Britain, by journalist and Highgate curry house manager Faruque Ahmed, does not bother itself with such questions. Instead, it provides a comprehensive run-through of Bengali political activity in Britain from Victorian times until the early 1990s.

And Ahmed shows that, while there is a symmetry in the image of immigrants from the East ending up in the East End, the areas close to London's docks were not necessarily the most important in the annals of Anglo-Asian life.

Euston Road, Red Lion Square and Highgate is where Asians massed during the campaign for home rule for India, the trauma of Partition and finally east Pakistan's secession to become Bangladesh.

"All the various independence movements began here," he explains en route from his Archway Road curry house [Bengal Berties in Archway Road] to a former training centre of the Bangladesh independence movement – East Pakistan House, in Highbury Hill.

"The first Asian MP, Dadabhai Naoroji, was elected as the Liberal MP for Finsbury Central in 1892. The Indian Home Rule Society began life in a house in Queens Wood in Highgate."

[২৭]Camden New Journal, London, March 17, 2011.

In his book, Ahmed quotes Bengali nationalist Zakaria Khan Chowdhury's account of how East Pakistan House came to be established as a "recruitment centre" in the lead up to the Bangladesh war of independence.

Chowdhury wrote: "We believed we had to win the war of independence through guerrilla warfare.

"At that time reading Mao Tse Tung and Che Guevara was compulsory for us. We also contacted some countries to train us in guerrilla warfare."

Next on our tour are Conway Hall and Camden Town Hall, where hundreds gathered to hear denunciations of the autocratic rule of Pakistan's military dictator, Ayub Khan, in the early 1960s.

The tour rounds off at 65 Cromwell Avenue, in Highgate, where Indian revolutionary Shyamaji Krishna Verma established India House, a boarding house and training centre for those opposed to colonialism.

Bangladesh being largely a Muslim country, it is hard not to see some of what Ahmed writes through the prism of recent events, and it is a shame his book does not cover in depth the Anglo-Bengali reaction to the Iraq War or to Islamic terrorism in Britain. But perhaps Ahmed's omissions themselves reveal something about the state of Bengali-British politics. From the campaign for home rule until the aftermath of the Bangladesh Liberation War, Bengalis' political experiences in this country almost always involved campaigns that were specifically Asian or Bengali in appeal.

These days someone of Bengali parentage campaigning for, say, the Green Party, will probably not be seen first and foremost as a Bengali politician.

Likewise, bombings on the Underground may not be seen as a Bengali issue but as an international issue, or an issue for Muslims in general. As it happens, Bangladesh has its own problems with Islamic terrorism. This, says Ahmed, is the country's "biggest problem".

Searchlight on 'Bengal Politics in Britain: Logic, Dynamics & Disharmony'[28]

Syed Zohirul Islam

I attended a book launch on Monday, 30th November 2010 at Montifiore Centre, London E1. Columnists, writers, politicians and other intellectual individuals also were presesnt. It was organised by Bengali Reporters Organisation called, "London Bangla Press Club". The programme was held for a book called 'Bengal Politics in Britain: Logic, Dynamics & Disharmony', written by Faruque Ahmed, a journalist, researcher and an author.

'Bengal Politics in Britain', written in the English language, provides information on the past nearly 200 years (1831-2010) of Bengali history in a very concise manner. The writer also showed in various angles in his book that he can produce it to be very comprehendible language. The book has provided much evidence to support his subjects', and also has interviewed many politicians; writers and senior citizens who were present at that time and he also analised many historical books, documents, news papers, Journals, periodicals, letters and leaflets. About our community most of the historians have written from their own point of view, some of them were economical to the truth because of their own perception towards others. Faruque Ahmed has written the book to try and show why Bengali politics was introduced in Britain and how successful it was.

Personally, I like this book because this writer did not want to prove that he was a policy maker at that time, neither that he was a leader. I was told there was some vital information that should've been there but unfortunately he was ill informed by historians, or maybe I was ill informed by historians which should've been in the book. If it is, maybe the writer will revise his next edition.

Recently I was reading about someone's thesis who has done her thesis about the same subject as Faruque Ahmed's book. Ispoke to her a few weeks ago, her name is Sarah Glynn. Dr. Glynn, currently working as a senior lecturer in human geography at the University of Edinburgh. She is

---

২৮*The* Independent London Newspaper, 22nd March 2011.

specialised in multiculturalism and Bengal politics in Britain. Her PhD, from University College London, looked at the political mobilisation of immigrants in the London's East End. I asked about her thesis subject and her research, she said to me, "unfortunately nobody has written about Bengal politics in Britain in English language. Whoever has written it is in Bengali, I have taken interviews, and also I have interviewed the Bengali senior citizens who played a part in Bengali politics in UK." I mentioned to her that your thesis contradicted with Faruque Ahmed's book called 'Bengal Politics in Britain: Logic, Dynamics & Disharmony'. She replied, "Everybody told me their own statements; it was extremely difficult to support all evidence because nobody has written in English." After our discussion over the telephone phone she ordered the book through a shop in brick lane.

I had some knowledge about Bengal politics in the UK because I married a daughter of a politician in the UK. When I read this book, I felt that someone had written a book after so long without a bias reflection, neither was he involved with any family members of politicians.

It is very difficult to write about someone else's good performance because of self-proclaimed prophecy. The book 'Bengal Politics in Britain: Logic, Dynamics & Disharmony', will give protection from self-proclaimed prophecy's, and will give more accurate information to the educational institution as well as general public knowledge, it will give us a much better understanding of our past UK generation(s) and also our future generation(s) will be able to read this book with a better understanding. I wish this book was published before Doctor Sarah Glynn was studying her PhD. She could have gained a much better and neutral understanding towards Bengal politics in Britain.

Bengali Settlement in Britain[29]
John Eade[30]

The Bangladeshi community has become probably the most written about group in Britain. The process began during the 1970s and focussed primarily on Tower Hamlets. Those writing about the community came predominantly from outside the community and included political and community activists, social workers, literary authors and academics who focussed on political and social issues bound up with living in working class neighbourhoods. The focus was on socio-economic inequality, racism, housing and generational change as members of the second generation began to make their presence felt. 1978 became a key benchmark as Bangladeshi males from the first and the growing second generation combined to demonstrate after the murder of the young garment workers, Altab Ali. (It should be remembered that the racist murders of Ishaque Ali, Tosir Ali and Kenneth Singh also occurred at this time in E. London). Political parties and state institutions such as the Labour Party, the borough council, the Inner London Education Authority, the Greater London Council and central government ministries became involved in various ways during the 1980s and this institutional engagement encouraged activists in other areas of London, the Midlands and northern England where there were substantial Bangladeshi concentrations.

These local developments were crucially connected to global processes. Ties were maintained in various ways with Bangladesh and the district of Sylhet, in particular, since the vast majority came from villages there. Identification with Islam also became increasingly important, shaped by the combination of local and global processes, i.e. the arrival of wives and dependants from the late 1980s, the proliferation of mosques and madrassahs funded by local supporters and money from Muslim-majority countries, political reactions to '9/11', and military conflict in the Gulf, the Balkans, Iraq, Afghanistan and Israel/Palestine.

---

[২৯]Preface

[৩০]Professor of Sociology and Anthropology, University of Roehampton, London and Visiting Professor, Toronto University.

In terms of writing about the community the most striking development has been the increasing numbers of British Bangladeshis involved, particularly younger men and women. This cohort includes those who have been engaged in academic research, community and oral history projects, literary authorship and politics.

Faruque Ahmed's book is a welcome contribution to this growing literature by British Bangladeshis. He draws impressively not only on primary sources, oral histories and academic studies written in English but also a variety of Bengali language texts and interviews with a range of Bangladeshis living in various areas of Britain. He displays the passion and commitment of an 'organic intellectual' who is determined to communicate his knowledge about 'his community' for posterity. This forward-looking project is grounded in a history of Bengali involvement here which reaches back into the 19th century and beyond. I say 'Bengali' rather than 'Bangladeshi' here because one of the key points made in this book is that we must look beyond the territorial division between Bangladesh and West Bengal. Calcutta (Kolkata) played a central role in the maritime links between Britain and the Indian sub-continent and this historical connection shapes the heritage of those with Bangladeshi and W. Bengali roots.

From Bengal to Britain

Duncan Bartlett[31]

On a book that charts the oft-forgotten story of the UK's Bengali community, and the contribution they have made to their adopted country

The worldwide campaign to challenge racial injustice, sparked by the Black Lives Matter movement, has raised many questions about history. For example, what more could we learn about the challenges faced by people who travelled from Asia to build new lives in Europe?

Such questions have particular resonance for members of the South Asian diaspora in the UK. Their lives have often নববহ ধভভবপঃবফ নু historic racism and hostility toward immigrants. Yet people from Asia who live in Britain can also point to significant achievements in many fields.

Author Faruque Ahmed believes that the story of Britain's Bengali community, who originate from Bangladesh, has been largely neglected or forgotten. His intriguing and carefully researched book *Bengali Settlement in Britain* celebrates this dynamic group.

Adventure on the high seas

The story starts in the 17th century, when Britain ruled the waves as the world's leading maritime nation. We learn that some of the earliest settlers to Britain from the province of Bengal were *lascars,* sailors who served aboard merchant ships carrying precious goods from the Indian subcontinent, such as cotton.

Some *lascars* enjoyed adventures and grew wealthy. This put them at risk of having their money pilfered by robbers and harpies who preyed upon sailors in England's ports. When at sea, they faced the danger of capture by pirates or brutal treatment by racist ship captains. Mutinous sailors were cruelly punished, with Muslims being humiliated by having a pig's tail stuffed into their mouths.

The author notes that in the 19th century, it was mainly Bengali Muslims who went to sea, because Bengali Hindus were forbidden from

---

[31] Asianaffairs, August 2020, *Duncan Bartlett is the Editor of* Asian Affairs *magazine.*

sailing for religious reasons. Intriguingly, this sin could apparently be forgiven by the gods, if one showed repentance by sleeping on a hard chair, instead of lying in a bed.

Many Muslim *lascars* came from the province of Bengal – now Bangladesh – and in particular from the fertile region of Sylhet. Although far from the sea, Sylhet's forests produced timber for ships and some of its young men longed to board the boats they built. Today, the dream of many young Bengalis from the region of Sylhet is to fly from Osmani International Airport to join their relatives for a new life in Britain.

International love

Ahmed's book is rich in anecdotes, and meticulously researched and sourced. It reveals that by the 19th century, a few Bengalis had begun to make East London their home. Regarded by the English as 'Asiatics', they shared their quarters with Chinese and Malays.

Some Asian immigrants married English women and in a charming passage, the book records their wives' colourful names, including Mrs Mohammed, Mrs Peeroo, Calcutta Louisa and Lascar Sally.

During the Victorian era, as its empire expanded, Britain tightened its colonial grip on India. Ahmed does not dwell on the experiences of those who lived under British rule in Asia but notes that a fortunate few young people were invited to England to enjoy an imperial education. Some Asian scholars went on to become successful merchants, lawyers and even candidates for the House of Commons.

Most of the overseas students in this era were men but a notable exception was a Bengali woman from Jessore, named Kadambini Ganguly (1861-1923), who travelled to Scotland to study medicine. After graduation she became a doctor, campaigning for women's rights and giving birth to eight children. When a magazine slandered her by calling her a 'whore', she sued for damages and the editor was thrown into prison.

Spicing it up

Asian students in Britain were often homesick. One complained that 'we have no other enjoyment of occupation but studies' and bemoaned the 'English diet of cold beef and ham'. To feed their hunger for spice, they established canteens. Bengali chefs produced dishes such as *maacher jhol* (fish curry) with *bhat* (rice). In 1937, an Indian tourist made a list of 16 Indian restaurants across Britain; Faruque Ahmed reckons that, by 1946, there were more than 70 Indian restaurants and another 50 Indian cafés in London.

Indeed, catering remains the principal business venture of the Bengali community in Britain. There are now over 8,000 Indian restaurants in the UK and at least 7,000 of them are owned by Bengalis. The sector employs as many as 100,000 workers and its yearly revenue is more than £4 billion.

War and partition

The First and Second World Wars saw soldiers from India and Bengal fight alongside British troops. Asian workers also helped Britain in its post-war reconstruction effort.

But then World War Two was followed by another traumatic event: the partition of India in 1947. In a hasty political deal, the nominal territory of East Pakistan was created about 2,000 km (1,200 miles) away from West Pakistan. It had almost no autonomy and its rulers attempted to suppress the local Bengali culture and language. Feeling oppressed, many East Pakistanis fled to Britain and the number of Bengali immigrants reached a record high.

The settlers included some *lascars,* who had worked aboard British ships during the war years. Some of these sailors, like their seafaring predecessors a century before, took white wives. In the post-war period, though, prejudice remained common, especially among landlords in London, who tried to close their doors to Asian tenants. This forced many immigrants to endure cramped accommodation, separated from their richer white neighbours.

Tower Hamlets

Even today, an inadequate housing situation blights the British Bengali community, especially in East London. This leads to a tendency by Bengalis to support radical politicians who promise to challenge systemic inequality and racial prejudice. Left-wing politicians receive strong support in the London borough of Tower Hamlets, home to Bangla Town. Fortunately, the book's author believes that 'racism in Britain is disappearing little by little and people are learning to respect the differences between cultures'.

Inevitably, communal harmony among the diaspora has been impacted by events in South Asia, particularly the 1971 war, through which East Pakistan won its independence from Pakistan and became Bangladesh.

When famine followed, the reputation and wealth of the Bengalis in Britain suffered.

Yet since independence, there have been many success stories. Bengali doctors have found employment within the NHS. Barristers and accountants have started their own businesses and some entrepreneurs have made fortunes through textiles, catering and trading. In my own field of journalism, a reporter of Bengali origin, Faisal Islam, has risen to become the BBC's Economics Editor.

Retelling the story

In many cases, Bangladeshis who have acquired wealth in Britain have used their money to invest in land and property in their homeland or donate funds to health and education. Luxury cars on Sylhet's rural roads are paid for in British pounds, while schools and clinics also benefit from cash sent via remittances from the UK.

Faruque Ahmed's pride in the achievements of Britain's Bengali community is evident as he records the many ways in which they have added value to a multicultural society. Yet he also laments that they 'remain largely uncared for and forgotten in the history of modern Britain'.

This book is particularly relevant at a time when Britain is reviewing its complex history in relation to colonialism, imperialism and racism. 'Bengalis are not a burden on British society; they never were,' insists Ahmed. Through hearing their stories, we gain a much deeper insight into all that they have experienced, and all they have achieved.

New publication on UK Bengali settlement out on Kindle

Anser Ahmed Ullah

Migration of Bengalis from South Asia to the outside world started with taking up jobs as *lascars* (sailors) in the British East India Company's ships which carried precious goods from the Indian subcontinent, such as spice, tea and cotton. In addition, from the second half of the nineteenth century, Bengali educated and wealthy gentlemen began travelling to England mainly to pursue higher education.

Most of the students were men but a few Bengali women including Kadambini Ganguly (1861-1923) from Jessore travelled to Scotland to study medicine. She then went on to work as a doctor, campaigned for women's rights and gave birth to eight children. When a magazine slandered her by calling her a "whore" she sued for damages and the editor was thrown into prison. All these and many other unknown interesting anecdotes are compiled in a new book titled 'Bengali Settlement in Britain' by Faruque Ahmed.

Bengali *lascars* who had migrated earlier did not wish to settle permanently in England but to return to their native country. Majority of the *lascars* came from the province of Bengal, now Bangladesh, and in particular from the region of Sylhet, Chittagong, Noakhali and Comilla.

They began settling sparsely in the UK from the 1930s-1940s, a pattern which became widespread during 1950s-1960s. Some Bengalis married English women and in a charming passage, the new book records their wives' names, including Mrs Mohammed, Mrs Peeroo, Calcutta Louisa and Lascar Sally.

To feed their hunger for spice, canteens were established. Bengali chefs produced dishes such as *macher jhal*. In 1937, an Indian tourist made a list of 16 Indian restaurants across Britain and the book's author reckons there were more than 70 Indian restaurants and another 50 Indian cafés in London by 1946.

Catering remains the principal business venture of the Bengali community in the UK. There are now over eight thousand Indian restaurants in the UK and at least 90% of them are owned and manged by Bengalis. The sector employs as many as one hundred thousand workers and its yearly revenue is more than four billion pounds.

Today, the descendants of these Bengali settlers are identified as British Bengalis. They have taken themselves to new heights through their success in all major sectors, be it in the mainstream education or careers, business or politics. Bengali doctors have found employment within the National Health Service (NHS). Barristers and accountants have started their own businesses and some entrepreneurs have made fortunes through textiles, catering and trading. The community is thriving in all aspects of life, as well as maintaining their rich Bengali cultural identity.

Faruque Ahmed has conducted extensive research on the UK Bengali community for almost three decades and has authored his latest book 'Bengali Settlement in Britain' with a history of about 400 years of migration of Bengalis to the UK. For his book he collected many untold or forgotten stories of Bengali settlers. The book will not only fascinate the history readers but will also thrill the general readers. It will assist the future generation in searching for their roots and heritage too.

'Bengali Settlement in Britain', published by the Dhaka-based University Press Limited (UPL), is currently available in Kindle edition from Amazon. The book will soon be published in print form and in Bengali.

মুখোমুখি

মুখোমুখি

ফারুক আহমদ, ইসহাক কাজল, আমিনুল হক বাদশা, মহাদেব সাহা, আবদুল গাফফার চৌধুরী ও কাদের মাহমুদ।

বিলাতে বাঙালির ইতিহাস লিখতে হলে সংবাদপত্রের তখনও বিকল্প ছিল না, এখনও নেই

।। আহমদ ময়েজ ।।

বিলাতের বাঙালি কমিউনিটিতে ফারুক আহমদ একজন গবেষক হিসেবে এখন অধিক পরিচিত। বিলাতের বাঙালি জনগোষ্ঠী কী করেছেন, কী করছেন বা ভবিষ্যতে কী করবেন—এসবই লেখালেখি তার মূল বিষয়। এ পর্যন্ত যে কটি গ্রন্থ তিনি লিখেছেন তার সব কটিই অনুসন্ধানমূলক। যে কাউকে বিলাতে বাঙালির পদচারণামূলক গ্রন্থীর তথ্য-উপাত্ত খোঁজতে হলে একজন ফারুক আহমদের দ্বারস্থ হতেই হবে। ২০০২ সালে প্রকাশিত হয় তার তথ্যবহুল গ্রন্থ 'বিলাতে বাংলা সংবাদপত্র ও সাংবাদিকতা'। এর পেছনে বহুদিন তিনি কাজ করেছেন। এটা কোনো স্মৃতিকথা নয় যে, মন থেকে আবেগ ঢেলে কিছু লিখে ফেললাম। এর জন্য অনেক পরিশ্রম তাকে করতে হয়েছে। এই প্রবাসজীবনে বাঙালির কর্মকাণ্ডকে, বাঙালি কেউ আর্কাইভ করে রাখেনি। ব্রিটিশ তথ্যাগার থেকে তা সংগ্রহ করেই ফারুক আহমদকে সকলের সামনে উন্মুক্ত করতে হয়েছে। তার পরবর্তী গ্রন্থগুলোর দিকে চোখ রাখলে দেখা যায় সেসবও একই ধারার তথ্যসমষ্টি। সমসাময়িক ঘটনা থেকে নিয়ে অতীতের অনেক তথ্য-উপাত্ত তিনি তুলে ধরেছেন।

তার গ্রন্থের ইংরেজি অনুবাদ মূলধারার প্রকাশনা থেকে বের হয়েছে। এ বিষয়গুলোর কোনোটাই গবেষণার বাইরের বিষয় নয়। ফারুক আহমদ মনে করেন, সময়ের তাগিদেই সংবাদমাধ্যমের প্রয়োজনীয়তা দেখা দেয়। প্রয়োজনই তাকে টিকিয়ে রাখে।

উল্লেখ্য যে, ফারুক আহমদের জন্ম ১৯৬৪ সালে সিলেট জেলার গোলাপগঞ্জ থানার গোয়াসপুর গ্রামে। তার প্রথমজীবনে গান-কবিতা সাহিত্যের বিষয় থাকলেও পরিণত বয়সে গবেষণামূলক বিষয়ে নিজেকে নিবেদত করেন। 'এ মাটির বাউল' (১৯৯৪) তার প্রথম দিকের একটি গীতিকাব্য। ফারুক আহমদের নতুন গ্রন্থ, 'সাপ্তাহিক জনমত : মুক্তিযুদ্ধের অনন্য দলিল' প্রকাশ করেছে ঢাকার ইত্যাদি গ্রন্থ প্রকাশ।

বিলাতে বাংলা সংবাদপত্রের একশ বছর পূর্ণ হয়েছে গত ২০১৬ সালের পয়লা নভেম্বর। ১৯১৬ থেকে ২০১৬ সাল— এই দীর্ঘ পথপরিক্রমায় বাংলা সংবাদপত্রবিষয়ক কিছু মতামত সাক্ষাৎকারের মাধ্যমে ফারুক আহমদ বয়ান করেছেন। পাঠকদের জন্য তা তুলে ধরা হল।

প্রশ্ন: গত একশ বছরে বাংলা সংবাদপত্র নিজেকে কীভাবে বিকশিত করেছে?

উত্তর: ইংরেজিতে একটি প্রবাদ আছে, 'প্রয়োজন আবিষ্কারের জননী'। প্রথম মহাযুদ্ধের সময় প্রচুর ভারতীয় লস্কর ব্রিটিশ মার্কেনটাইল মেরিনে কাজ করতেন। তখন এই সেক্টরের পাশাপাশি প্রয়োজনের তাগিদে তাদেরকে অন্যান্য সেক্টরেও নিয়োগ করা হয়। এদের অনেকে ইংরেজি বলতে ও বুঝতে পারলেও অক্ষরজ্ঞান না থাকায় পড়ে বুঝতে পারতেন না। কিন্তু যুদ্ধ কোথায়, কখন, কীভাবে হচ্ছে? এ যুদ্ধে জয় হলে ভারতবাসীর কী লাভ? এ প্রশ্নগুলোর উত্তর তারা জানতে চাইতেন? মানুষই ক্ষমতার উৎস, তাই এই মানুষগুলোর চাহিদাকে উপেক্ষা করা তখন বৃটিশ সরকারের পক্ষে সম্ভব ছিল না। বরং তাদেরকে যুদ্ধের পক্ষে উদ্বুদ্ধ করার জন্যই ১৯১৬ সালের পয়লা নভেম্বর প্রকাশিত হয় বহুভাষীক কাগজ পাক্ষিক 'সত্য বাণী'। শুধু তাই নয়, পত্রিকার বিষয়বস্তু কী তা বুঝার স্বার্থে বিষয়বস্তুর ছবি দিয়ে তার নিচে বাংলা, হিন্দি, ইংরেজি ইত্যাদি বিভিন্ন ভাষায় ছবিও বিষয়স্তু কী অর্থাৎ সংবাদটি কী তা তুলে ধরা হয়। ব্রিটিশ লাইব্রেরির ক্যাটালগে এটি বাংলা সংবাদপত্রের অন্তর্ভুক্ত বিধায় আমরা বাংলা কাগজ বলে থাকি।দ্বিতীয় মহাযদ্ধের সময়ও ঠিক একইভাবে বিলাতের প্রথম সাপ্তাহিক পত্রিকা 'জগৎ-বার্ত্তা' প্রকাশিত হয়েছিল। তখন ভারতীয় উপমহাদেশের অন্য কোনো ভাষার কোনো সংবাদপত্র বিলাত থেকে প্রকাশিত হত কি না আমার জানা নেই। মজার ব্যাপার হচ্ছে প্রথম কাগজটি সরকারি পৃষ্ঠপোষকতায় প্রকাশিত হলেও দ্বিতীয় মহাযুদ্ধের খবরা-খবর জানাবার জন্য বৃটিশ সরকারের কোনো মাথাব্যাথা ছিল না। কারণ, ভারত তখন স্বাধীনতা চায়, শর্তসাপেক্ষে বৃটেনকে সাহায্য করতে চায়। তারা রেডিও শুনে, ইংরেজি কাগজও কমবেশি পড়তে জানে। তাই তখন নিজেদের প্রয়োজনের তাগিদে অর্থাৎ দাবি-দাওয়া আদায়ের দাবিকে বেগবান করতে বাঙালিদের নিজেদেরকেই নিজেদের মুখপত্র বের করতে হয়েছিল। এবং তাও প্রকাশিত হয়েছিল বিলাতের প্রথম পারপাসবিল্ড মসজিদ ওকিংয়ের 'শাহ জিহান মসজিদ' থেকে। এটির প্রকাশক ছিলেন

মসজিদের ইমাম আব্দুল মজিদ এমএ এবং সম্পাদক বিবিসি'র সংবাদ লেখক সুশীল দাশগুপ্ত বিএ। পত্রিকাটি ব্রিটিশ সরকারকে নানাভাবে চাপের মধ্যে রেখেছিল। মুসলমানদের খুশি রাখতে তখন বৃটেনের রাণীকেও ওকিং মসজিদ সফর করতে হয়েছিল। এমনকি ১৯৪০ সালে যুদ্ধকালীন মন্ত্রিসভার এক বৈঠকে প্রধানমন্ত্রী উইনস্টন চার্চিল লন্ডনে একটি মসজিদ ও ইসলামি কৃষ্টি কেন্দ্র প্রতিষ্ঠার জন্য ৩০,০০০ পাউন্ডের একটি তহবিলের অনুমোদন করতে বাধ্য হন। এ তহবিলের ৬০ ভাগ অর্থ দিয়ে, লন্ডনের রিজেন্ট পার্ক মসজিদের জন্য একখণ্ড ভূমি কেনা হয় এবং বাকী অর্থ এবং আগের মক্স ফান্ডের তহবিল দিয়ে ৪৪৬-৪৪৮ কমার্শিয়াল রোডে ইস্ট লন্ডন মসজিদ চালু করা হয়। এই উদাহরণগুলো দ্বারা আমি বুঝাতে চাচ্ছি প্রয়োজনের তাগিদেই সংবাদপত্রের জন্ম হয়েছে এবং এই সংবাদপত্রের মাধ্যমেই আমারা সামাজিক ও ধর্মীয়ভাবে নিজের অধিকার প্রতিষ্ঠা করতে সক্ষম হয়েছি। সংবাদপত্র শুধু মানুষের জাগতিক অধিকারের কথা বলেই কাজ শেষ করেনি তার ধর্মীয় অধিকারের জন্যও কাজ করেছে। সেখানে হিন্দু-মুসলিম ভাই ভাই হয়ে কাজ করেছেন। অর্থাৎ 'সবার উপরে মানুষ সত্য তার উপরে নাই' এই থিওরিটি কাজ করেছে। সেজন্য ইস্ট লন্ডন মসজিদের ইমাম হাজি তসলিম আলীকে আমরা দেখি একজন হিন্দু হাসপাতালে থাকলে ছুটে গিয়ে তার খবর নিতে, তাকে সেবা দিতে। ক্যারোলাই অ্যাডাম্‌সের 'সেভেন সিজ অ্যান্ড থার্টিন রিভার্‌স' গ্রন্থটিতে এ তথ্যগুলো আছে। অথচ বর্তমানে তা কল্পনাও করা যায় না। এভাবে একটি অসাম্প্রদায়িক অবস্থান থেকেই বিলাতের বাংলা সংবাদপত্র বিকশিত হয়েছে এবং এখনো সে ঐতিহ্য ধারণ করে চলেছে।

প্রশ্ন: এই দীর্ঘ অভিযাত্রায় কুয়ালিটির দিক থেকে কোনো পার্থক্য দেখতে পাচ্ছেন?

উত্তর: পার্থক্যতো অবশ্যই আছে। তখন সমস্যা ও শত্রু চিহ্নিত ছিল। সেজন্য পত্রিকা প্রকাশনা ছিল একটি মিশন এবং সমস্যাগুলো মোকাবেলা করতে মেধা নিয়োগ করতে হত। যারা তা করতেন নিজেদের অঙ্গীকার থেকেই করতেন। এখন আমাদের প্রধান সমস্যা কোথায়? প্রধান শত্রু বা মিত্র কারা? এ নিয়ে আমরা নিজেরাই দ্বিধান্বিত। পত্রিকা প্রকাশনা এখন অনেকটা সৌখিনতা। সেজন্য মেধা নিয়োগের প্রয়োজন হচ্ছে না। তাই পত্রিকাগুলোতে সেভাবে পার্থক্য তৈরি হওয়ার কথা ছিল সেভাবে হয়নি। যেমন 'জগৎবার্ত্তা' অথবা 'পাকিস্তানী খবর' এই কাগজগুলো হাতে নিয়ে আপনি একটি ভুল বানানও খুঁজে পাবেন না। অথচ এখন লন্ডন থেকে প্রকাশিত অনেক কাগজ আছে যেগুলো হাতে নিয়ে বানান ভুলের কারণে পড়তে ইচ্ছে হয় না। স্টাফ সঙ্কট এখন যেমন আছে তখনও ছিল। আর্থিক সঙ্কট এখন যেমন আছে তখন আরও অনেক বেশি ছিল। বরং আগে সব কিছু প্রস্তুত করে নিজে ছাপাখানায় গিয়ে তদারকি করেই কাগজ বের করতে হতো। এখন সব কিছুই রেডিমেইড। পার্থক্যটা হচ্ছে সদিচ্ছা, সঠিক পরিকল্পনা ও ব্যবস্থাপনার। যার যা নাই সে তা দিতে পারে না। আপনার সামর্থ আছে বিশ পৃষ্ঠার কাগজ বের করার আপনি সেই সামর্থ্য দিয়ে একশ পৃষ্ঠা বের করতে গেলে সমস্যাতো হবেই। অর্থাৎ আমি বলতে চাচ্ছি চাহিদামতো

যোগান দিতে না পারায় কোয়ালিটি সেভাবে এগিয়ে যায়নি। ব্যতিক্রম অবশ্যই আছে কিন্তু ব্যতিক্রমকে নিয়মে ফেলা ঠিক নয়।

প্রশ্ন: কোন ধরণের সংবাদ পরিবেশনকে আপনি নির্মোহ মনে করেন?

উত্তর: দলমত নির্বিশেষে সবার মতের অধিকারকে প্রাধান্য দিয়ে সংবাদ পরিবেশনকে আমি নির্মোহ মনেকরি। একজন সাংবাদিক, সম্পাদক বা মালিক যে কোনো দলের হতে পারেন বা হবেন এটাই স্বাভাবিক। কিন্তু পত্রিকাটি যেন হয় পাঠকের, যিনি পয়সা খরচ করে এটি কিনেন, বিজ্ঞাপন দিয়ে এটাকে টিকিয়ে রাখেন, তার।

প্রশ্ন: আজ থেকে দু দশক আগেও আলোচনার বিষয় ছিল বাংলা পত্রিকা বন্ধ হয়ে যাবে। এ সময়ে আরো অধিক কাগজ বাজারে রয়েছে এ বিষয়ে আপনার ধারণা কী?

উত্তর: উত্তরটা আপনার প্রথম প্রশ্নের উত্তরেই আছে। আবারও বলছি 'প্রয়োজন আবিষ্কারের জননী'। একশ বছর আগেও বিলাতে রেডিও ছিল, টেলিভিশন ছিল এবং এখনো আছে। কিন্তু বিলাতে বাঙালির ইতিহাস লিখতে হলে সংবাদপত্রের তখনও বিকল্প ছিল না, এখনো নেই। এটা আমি শুধু বাংলা সংবাদপত্রের কথা বলছি না। বিলাতে বাংলা ইলেকট্রনিক মিডিয়ার সূচনা হয়েছিল ১৯৯৮ সালের ১৬ই ডিসেম্বর। অর্থাৎ প্রায় দুই দশক আগে। তাদেরও আর্কাইভ আছে। কিন্তু এখনো এই একই কথাই প্রযোজ্য। শুধু বাংলা কেন কোনো প্রিন্ট মিডিয়ার চাহিদা কখনোই শেষ হবে না। এটি একটি বহতা নদীর মতো। একটা সময়ে হয়ত একসঙ্গে অনেকগুলো বের হবে আবার এক সময় আগাছাগুলো ঝরে পড়বে। কিন্তু স্রোত ক্ষীণ হলেও প্রিন্ট মিডিয়া বহমান থাকবে বলেই আমার অভিজ্ঞতা বলছে। দ্বিতীয়ত আপনি 'এ সময়ে আরো অধিক কাগজ বের হওয়া সম্পর্কে জানতে চেয়েছেন। কথাটি সত্য। কিন্তু সেগুলো সময়ের বুকে সেগুলো কোনো চিহ্ন রেখে যেতে পারেনি বরং আপনা-আপনি ঝরে পড়েছে। অর্থাৎ গুণতিতে যোগ হয়েছিল মাত্র।

প্রশ্ন: আপনি আপনার প্রথম গ্রন্থ 'বিলাতে বাংলা সংবাদপত্র ও সাংবাদিকতা' নিয়ে কাজের মাধ্যমে বাংলা সংবাদপত্রের দীর্ঘযাত্রা সম্মন্ধে অবগত হন। এতো কষ্টকর প্রবাসজীবনে মিডিয়ার প্রতি বাঙালির ঝুকপ্রবনে কী কারণ থাকতে পারে?

উত্তর:কষ্টকর প্রবাসজীবনে মিডিয়ার প্রতি বাঙালির ঝুকপ্রবনে কারণটাই হচ্ছে— এ কাগজগুলোর মধ্যে ডুব দিয়ে মানুষ কিছু সময়ের জন্য হলেও অন্যের সুখ-দুঃখ-হাসি-কান্না-আনন্দ-বেদনার সঙ্গে নিজেকে ভাগাভাগি করে নিজের দুঃখ-কষ্টকে লাগব করে। মিডিয়াতো উত্তরাধুনিক মানুষের মনের খোরাক, অবসর সময়ের সঙ্গী। ঘুম থেকে ওঠে এককাপ গরম চা-এর সঙ্গে বিস্কিট না হলেও অনেকের চলে কিন্তু পত্রিকা বা টেলিভিশন না হলে চলে না। মিডিয়ার মাধ্যমে মানুষ তার সীমাবদ্ধ জীবনে অসীমকে ধারণ করতে চায়, পরিশ্রমের ক্লান্তি লাগব করতে চায়, নতুন চিন্তাচেতনার নিজেকে উদ্বুদ্ধ করতে চায়।

প্রশ্ন: কী কারণে বাঙালি মিডিয়া মৌলিক মিডিয়া হিসেবে গড়ে উঠেনি?

উত্তর: প্রশ্নটা

প্রশ্ন: কোন ধরণের বিয়ষ থাকলে একটি কাগজকে আপনি আদর্শ হিসেবে বিবেচনা করবেন?

উত্তর: একটি আদর্শ কাগজের প্রথম ও প্রধান বিষয় হবে বস্তুনিষ্ঠতা। দ্বিতীয়ত, বিষয়টা দার্শনিক ভলতেয়ারের ভাষায় বলতে চাই, 'তোমার মতের সঙ্গে আমি একমত না হতে পারি, কিন্তু আমি আমৃত্যু তোমার কথা বলার অধিকারের জন্য লড়ে যাব'। অর্থাৎ আমি বলতে চাচ্ছি মানুষের মত প্রকাশের স্বাধীনতা কথা। অন্তত এগুলোই একটা কাগজের আদর্শ হওয়া চাই।

প্রশ্ন: বৃটেনের পেক্ষাপটে কোন ধরণের সংবাদকে গুরুত্ব দেওয়া উচিত?

উত্তর: একজন লেখক যখন কোনো কিছু লেখেন তখন তিনি প্রধানত যে বিষয়গুলো বিবেচনা করেন তা হল— কী লিখছেন, কেন লিখছেন, কার জন্য লিখছেন? অর্থাৎ স্থান, কাল ও পাত্র এই তিনটি বিষয়ই আমি গুরুত্বপূর্ণ বলে মনেকরি। ব্রিটেনের নার্সারি স্কুলগুলো সরকার বন্ধ করে দিচ্ছে। এটা আমাদেরকেই ক্ষতিগ্রস্ত করছে। এ বিষয়টিকে প্রধান্য দিয়ে লিড নিউজ করে, আন্দোলন গড়ে তোলার কাজটি করা আমার প্রথম ও প্রধান দায়িত্ব নাকি সাত সমুদ্দুর তের নদীর ওপারে, বাংলাদেশে, সাওতালদের জমি ফিরিয়ে দেওয়ার খবরটি লিড নিউজ করা উচিৎ? আমার অসুস্থ্য ছেলে একজন শিক্ষকের অহেতুক হয়রাণীর শিকার হয়ে ব্রিটেনের মতো একটি গণতান্ত্রিক দেশে মৃত্যুর সঙ্গে লড়াই করে মারা গেছে! এ বিষয়ে আমার ভয়েস রেইজ করা উচিৎ নাকি আমেরিকার প্রেসিডেন্ট ডোনাল্ট ট্রাম্প তার বক্তৃতায় কী বলেছেন সেটাকে প্রধান্য দিয়ে লিড করা উচিৎ? এটা বুঝতে কোনো পণ্ডিতের কাছে যাবার প্রয়োজন নেই, সাধারণ জ্ঞানের কথা। আপনার পত্রিকা সেই নব্বইয়ের দশকের প্রথম দিকে প্রথম পৃষ্ঠার মাধ্যমিক স্কুল পাশ করা একজন ছাত্রীকে নিয়ে প্রথম পৃষ্ঠার শিরোনাম দিয়েছিল যে, সে অক্সফোর্ডে যাচ্ছে। এ নিয়ে অনেক পণ্ডিতকে হাসতে দেখেছি, ব্যঙ্গ করতে শুনেছি। অথচ সেটি খবর ছিল না, ছিল দিক নির্দেশনা। সেই রোশানারা আলীর খবর এখন কমিউনিটির গণ্ডির মাড়িয়ে, দেশীয় গণ্ডি ছাড়িয়ে আন্তর্জাতিক খবরের শিরোনাম হচ্ছেন। এখন আপনিই বলুন— বৃটেনের পেক্ষাপটে কোন ধরণের সংবাদকে গুরুত্ব দেওয়া উচিত? অর্থাৎ আপনার কমিউনিটির খবর নাকি অন্যকিছু?

।। আনোয়ারুল ইসলাম অভি ।।

ফারুক আহমদের জন্ম ১৯৬৪ সালের ২২শে জানুয়ারি সিলেট জেলার গোলাপগঞ্জ থানার গোয়াসপুর গ্রামে। বিশ শতকের আট দশকের গোড়ার দিক থেকে সাহিত্যচর্চা ও সাংবাদিকতার সঙ্গে জড়িত। রেডিও বাংলাদেশের অনুমোদিত গীতিকার ও নাট্যকার। ১৯৯৪ সালে লন্ডন থেকে প্রকাশিত মাসিক *লন্ডন বিচিত্রা* পত্রিকার প্রধান সম্পাদক ছিলেন। প্রকাশিত গ্রন্থের মধ্যে রয়েছে: 'এ মাটির বাউল' (গীতিকবিতা: ১৯৯৪); 'বিলাতে বাংলা সংবাদপত্র ও সাংবাদিকতা (২০০২); 'মুক্তিযুদ্ধের স্মৃতি' (২০০৭); 'বিলাতে বাংলার রাজনীতি' (২০১২); 'গোলাপগঞ্জের ইতিহাস' (২০১৫); ও 'বিলাতে বাংলা সাহিত্য ও সংস্কৃতি চর্চা' (২০১৬)। এবং ইংরেজি: Bengali Journals and Journalism in Britain (Lulu, USA, 2000), Bengal Politics in Britain Logic, Dynamics and Disharmony (Creation, USA, 2010), Bengali Settlement in Britain (UPL, Dhaka, 2020).

প্রকাশিতব্য: 'বিলাতে বাঙালি অভিবাসন'। সম্পাদনা করেছেন লন্ডনবাসী সাংবাদিক ও বাম রাজনীতিবিদ তাসাদ্দুক আহমদের জীবনীমূলক গ্রন্থ 'জীবন খাতার কুড়ানো পাতা' (২০০২)। ফারুক আহমদ ১৯৮৯ সাল থেকে লন্ডনে বসবাস করছেন।

অভি: এই মুহূর্তে কী লিখছেন?

ফারুক: মাত্র মাস কয়েক হলো, 'বিলাতে বাঙালি অভিবাসন' ও 'বিলাতে বাংলা সাহিত্য ও সংস্কৃতি চর্চা' বই দুটি শেষ করেছি। এখন 'বিলাতে বাংলা সংবাদপত্র ও সাংবাদিকতা' বইটির প্রথম সংস্করণ এবং 'হযরত শাহ জালাল' বইয়ের ওপর কাজ করছি।

অভি: লেখালেখিতে আপনার পছন্দের জায়গা কোনটি? গবেষণা নাকি অন্য কোনো বিষয়?

ফারুক: আগে গান ও নাটক লেখাতেই স্বাচ্ছন্দ বোধ করতাম। বর্তমানে বিলাতে বাঙালির ইতিহাস ও ঐতিহ্য নিয়ে কাজে কিছু সময় দেওয়ার চেষ্টা করছি। ক্ষেত্রটি এতো বড়ো যে, আজীবন কাজ করা যাবে।

অভি: গবেষণাধর্মী কাজ অত্যন্ত কঠিন ও সময়সাপেক্ষ। বিশেষ করে, ব্রিটেনের মতো জায়গায় বসে আপনি সম্পূর্ণ অবৈতনিকভাবে দীর্ঘ দিন ধরে কাজ করছেন? কীভাবে সম্ভব হলো?

ফারুক: গবেষণাধর্মী কাজ অবশ্যই কঠিন ও সময়সাপেক্ষ। তবে এ ধরণের কাজে সদিচ্ছাই আসল। ইচ্ছা থাকলে সব কিছুই সম্ভব।

অভি: শুরুটা কেমন ছিল? অনুপ্রেরণার জায়গা নিশ্চয় আছে?

ফারুক: সূচনায় প্রেরণা দিয়েছিলেন মুহম্মদ নুরুল হক ও তাসাদ্দুক আহমদ। পরে প্রেরণা দিয়েছেন, পৃষ্ঠপোষকতা করেছেন আবদুল মতিন, শেখ আব্দুল মান্নান, কাদের মাহমুদ, ড. রেনু লুৎফা প্রমুখ।

অভি: ব্রিটেনের বাঙালি মালিকানাধীন বাংলাভাষী অনেক ইলেকট্রনিক মিডিয়া সেবা দিয়ে যাচ্ছে। এই মাধ্যম নিয়ে কাজ করার কি কোনো চিন্তা-ভাবনা আছে?

ফারুক: এ মাধ্যম নিয়েও আমি কাজ করেছি। তবে আলাদাভাবে কোনো বই না করে, আমার প্রকাশিতব্য 'বিলাতে বাংলা সংবাদপত্র ও সাংবাদিকতা' গ্রন্থের প্রথম সংস্করণের পরিশিষ্ঠে একটি অধ্যায় যোগ করছি। এতে ইলেকট্রনিক মিডিয়ার মোটামুটি একটি চিত্র উঠে এসেছে।

অভি: সিলেট বেতারের একজন তালিকাভুক্ত গীতিকার হিসেবেও আপনার পরিচিতি রয়েছে। এখনও কি নিয়মিত গান লেখেন?

ফারুক: আপনাকে ধন্যবাদ এই প্রসঙ্গটি স্মরণ করিয়ে দেয়ার জন্য। গীতিকার ও নাট্যকার এই পরিচিতির কারণেই লন্ডনে আসতে পেরেছিলাম। কিন্তু লন্ডনে আসার পরে গান লেখা আর হয়ে ওঠে নি। গান যে একসময় লিখতাম তা এখন আর মনেই পড়ে না। চর্চাতো নয়ই।

অভি: গীতিকবিতা নিয়ে 'এ মাটির বাউল' (১৯৯৪) গ্রন্থে প্রকাশিত গীতি কবিতায় আপনার মরমী দিকটি প্রকাশ পেয়েছে বলেই আমার ধারণা। আপনার কী মনে হয়?

ফারুক: আধুনিক, পল্লীগীতি, আঞ্চলিক ইত্যাদি প্রায় সব ধরণের গানই আমি লিখেছি। শিশুকাল থেকে মায়ের কণ্ঠের ঘুমপাড়ানী গান শুনে শুনে বড়ো হয়ে এক সময় আমিও গাইতে শুরু করি। তারপর সে আঙিনা মাড়িয়ে চলে আসি লেখার জগতে। মা যেহেতু গুনগুনিয়ে মরমী গানই করতেন সবচে বেশি, সেজন্য আমার লেখা গানেও মরমী গানের প্রভাব থাকা অস্বাভাবিক নয়।

অভি: আপনার সৃজনশীল লেখালেখির সম্পর্কে কিছু বলুন?

ফারুক: হাইস্কুল ও কলেজজীবনে পদ্যজাতীয় কবিতা ও গল্প লিখেছি। তার পরে এসব ছেড়ে দিয়ে চলে আসি গান ও নাটকের জগতে। আগেই বলেছি, বিলাতে এসে সৃজনশীল লেখালেখি ছেড়ে দিয়েছি। এখন মননশীল সাহিত্যের ভূবনে অনেকটা মাছিমারা কেরানী। আমার চিন্তা-চেতনায় এখন বিলাতের বাঙালি, তাদের সাহিত্য-সংস্কৃতি চর্চা ও জীবনাচরণের প্রভাব দোলছে।

অভি: বহুসংস্কৃতির এই ব্রিটেনে বাঙালিদের পদচারণা দিন দিন উজ্জ্বল হচ্ছে। কিন্তু সৃজনশীল সাহিত্যে আমাদের নতুন প্রজন্মের অবস্থান তেমন দ্যুতি ছড়াতে পারে নি বলে অনেকে মনে করেন?

ফারুক: শুধু লন্ডনেই নয়, যুক্তরাজ্যে আমাদের প্রদচারণা উজ্জ্বল থেকে উজ্জ্বলতর হচ্ছে, তা শতভাগ সত্য। আমরা আমাদের রাইস-কারি দিয়ে বিলাতের এই বহুজাতিক সমাজের খাদ্যাভাসের অনেক পরিবর্তন করতে সক্ষম হয়েছি। সপ্তাহে অন্তত একদিন রাইস-কারি না হলে অনেক মানুষের এখন চলে না। আমাদের চিকেন টিক্কা মসালা ব্রিটিশ ন্যাশনাল ডিসের মর্যাদায় অভিসিক্ত। আরও অনেক উদাহরণ আছে। কে কী মনে করেন সেটা বড়ো কথা নয়, বড়ো কথা হচ্ছে সাহিত্য ও জ্ঞান-বিজ্ঞানের প্রায় প্রত্যেকটি শাখায় আমরা এগিয়ে যাচ্ছি, দিনে দিনে আমাদের অর্জন আরও বাড়ছে। তবে দ্বিতীয় কথাটির সঙ্গে আমি একমত নই। আমাদের নতুন প্রজন্ম সম্পর্কে যাদের ধারণা নেই কেবল তারাই এসব কথা বলেন। সৃজনশীল সাহিত্যে আমাদের নতুন প্রজন্মের অর্জন, আমরা যারা বাংলা ভাষায় সাহিত্য চর্চা করি তাঁদের চাইতেও বেশি।

অভি: মূলধারার প্রচার মাধ্যমে আমাদের পদচারণা আশানুরূপ নয়? তার চাইতে আমাদের নতুন প্রজন্মরা কিন্তু বাংলা মিডিয়াতে খুব ভালো কাজ করছে। এ বিষয়ে আপনার মূল্যায় কী?

ফারুক: কে বলে মূলধারার প্রচার মাধ্যমে আমাদের পদচারণা আশানুরূপ নয়? দক্ষিণ এশীয়দের মধ্যে অনেকক্ষেত্রেই বাঙালিরা, এবং আরও স্পষ্টভাবে বললে বাংলাদেশের বাঙালিরা পথপদর্শক। আমি বিস্তারিত বিবরণে দিতে না গিয়ে শুধু এটুকুই বলব যে, যুক্তরাজ্যের রেডিও ও টিভিতে এশীয়দের মধ্যে ইংরেজি সংবাদ পাঠ ও উপস্থাপনায় একজন পুরোধা হচ্ছেন— লিসা আজিজ। এক্ষেত্রে তিনি শুধু প্রথম এশিয়ান মহিলা নন, প্রথম বাঙালি, এমনকি প্রথম মুসলমানও। তার পিতা সুহেল আজিজ জাতিবর্ণসাম্য কমিশনের একজন কর্মকর্তা ছিলেন। লিসার দেখানো পথ ধরেই দক্ষিণ এশীয়দের মধ্যে তাঁর সহযাত্রী হন— নিনা নানার, রাজিয়া ইকবাল, পল্লব ঘোষ, জর্জ আলাগিয়া, রিতা চক্রবর্তী, শিউলি ঘোষ, আনিয়া সিতারাম, কৃষ্ণা গুরুমূর্তি, নিনা হোসেন, কনি হক, শামিম চৌধুরী, তানিকা গুপ্তা, তাসমিন লুসিয়া খান, ইয়াসমিন খাতুন, রুজি ইয়াসমিন, রেশমিন চৌধুরী, সেলিনা বেগম, আবু তাহের, মুরাদ আহমদ সহ অনেকে। এর মধ্যে রীতা চক্রবর্তী, শিউলি ঘোষ, নিনা হোসেন, কনি হক, তানিকা গুপ্তা, শামিম চৌধুরী, তাসমিন লুসিয়া খান, ইয়াসমিন খাতুন, রুজি ইয়াসমিন, রেশমিন চৌধুরী, সেলিনা বেগম, আবু তাহের, মুরাদ আহমদ প্রমুখ বাঙালি। বর্তমানে স্কাই নিউজের পল্লীটিক্যাল এডিটর ফয়সল ইসলামও একজন বাঙালি। এখন বলুনতো, বাংলা মিডিয়ায় এদের সমকক্ষ ক'জন আছেন?

অভি: আমাদের সাংস্কৃতির ঐতিহ্যিবাহী উৎসবগুলো এখনও মূলধারায় উঠে আসে না। ইউরোপের বাঙালির সবচে' বড়ো সাংস্কৃতিক উৎসব 'বৈশাখি মেলা' লন্ডনে লাখো মানুষের অংশগ্রহণে অনুষ্ঠিত হয়। এতে বহুসংস্কৃতির মানুষের উৎসবমূখর অংশগ্রহণ চোখে পড়ার মতো, তারপরও মেইনস্ট্রিম মিডিয়াতে আমাদের কোন সংবাদ থাকেনা....

ফারুক: যে মেলায় বহুসংস্কৃতির লাখো মানুষ অংশগ্রহণ করে থাকেন, প্রচার না হলে এতো মানুষ অংশগ্রহণ করতে পারতেন না। এর পরেও যদি মনে হয় সে মেলা সম্পর্কে মূলধারার প্রচার মাধ্যমে আশানুরূপ প্রচার হচ্ছে না, তা হলে এর দায় আয়োজকদের, প্রচার মাধ্যমের নয়।

অভি: উৎসবের সামগ্রিক মানদণ্ডে বৈশাখি মেলাকে বলা হয়ে থাকে 'এশিয়ান কার্নিভাল'। দিওয়ালী, হুলী ইত্যাদি উৎসবে অর্থনৈতিক দিক মূলত প্রাধান্য পায় বলেই কি মেইনস্ট্রিম মিডিয়াতে তাদের চোখে পড়ে? কীভাবে দেখেন বিষয়টি?

ফারুক: আসলেইতো আমাদের কৃষিভিত্তিক সমাজে মেলার মূলে ভিত্তি হচ্ছে পণ্য বেচাকেনা। সেজন্য বিলাতের বাঙালির প্রধান বাণিজ্যকেন্দ্র ব্রিক লেইনেই এটি চালু হয়েছিল। এখন অর্থনৈতিক দিকটার পরিবর্তে আমরা শুধু নাচ-গানকেই মনে করছি মেলা। সেজন্যইতো মেলাকে সরিয়ে নেয়া হয়েছিল। আমরা সবাই আন্দোলন করে আবারও মূল জায়গায় নিয়ে এসেছি। কাউন্সিল এ ব্যাপারে সহায়ক ভূমিকা পালন করেছে। এর কারণও অর্থনৈতিক। ব্রিক লেইন এলাকার ব্যবসা-বাণিজ্যের প্রসার। আর বৈশাখি মেলা তো দিওয়ালীর মতোই এখন উদযাপিত হয়।

অভি: মেলা বা ইভেন্টম্যানেজমেন্ট কর্তৃপক্ষ বিষয়টির দায়ভার এড়াতে পারেন না বলে, সাংস্কৃতিক বোদ্ধারা প্রতিবার সমালোচনা করে আসলেও ফি বছর তার কোনো উদ্যোগ চোখে পড়ে না।

ফারুক: সমালোচনা করা সহজ, কাজ করা কঠিন। মেলা একটি সাংস্কৃতিক উৎসব। বিলাতে এই মেলার সূচনাকারীও সাংস্কৃতিক সংগঠনগুলো। কথায় আছে বন্যেরা বনে সুন্দর শিশুরা মাতৃক্রোড়ে। বৈশাখি মেলা হোক আর বইমেলা হোক, এগুলোর আয়োজক থাকেন সাধারণত লেখক, কবি, সাহিত্যিক, সাংবাদিক ও সাংস্কৃতিক কর্মীরা। ব্যবসায়ী অথবা স্থানীয় সরকার এর পৃষ্ঠপোষকতা করতে পারে, ব্যবসা করতে পারে, কিন্তু নিয়ন্ত্রণ করতে পারে না। নিয়ন্ত্রণ করতে গেলে এ ধরণের উৎসব তার স্বকীয়তা হারায়, সার্বজনীনতা হারায়। লন্ডনের বৈশাখি মেলাও সংস্কৃতিকর্মিদের হাত থেকে ব্যবসায়ী ও আমলাতন্ত্রের অচলায়তনে বন্দি। এ অবস্থা যতদিন থাকবে তত দিন মেলা এভাবেই চলবে।

অভি: লেখালেখিতেও আমাদের নতুন প্রজন্মদের নাম এখনও আশাতীত উচ্চারিত হয় নি? আপনার কী মনে হয়?

ফারুক: এর উত্তর আগেই দিয়েছি। তার পরেও বলি, নতুন প্রজন্ম বলতে আপনি কোন প্রজন্মকে বুঝাতে চাচ্ছেন? যদি বাংলাদেশ থেকে আসা বাংলাভাষী প্রজন্মকে বুঝান তা হলে বলবো কথাটি অর্ধসত্য। আর যদি এদেশে জন্মনেয়া প্রজন্মকে বুঝান তা হলে বলবো, একেবারেই সত্য নয়। কারণ, এদেশে জন্ম নেয়া প্রজন্মকে দিয়েই আমরা এখন বাংলাদেশকে বিশ্বের দরবারে উপস্থাপন করছি। আমাদের মনিকা আলী, জিয়া হায়দার

রহমান, তাহমিমা আনাম, মঞ্জু ইসলাম, তাম ইসলাম এদের নাম কে না জানে। তাদের সঙ্গেতো আমাদের কোনো তুলনাই হয় না বরং প্রশ্ন থেকে যায়, আপনার-আমার মতো বাংলাদেশ থেকে আসা কজন লেখকের নাম ও সাহিত্যকর্ম সম্পর্কে বাংলাদেশের পাঠক জানেন?

অভি: আমাদের নতুন প্রজন্ম আমাদেরই সৃজনশীল সাহিত্যকর্ম পড়তে ও বুঝতে পারছেনা। অনুবাদ সাহিত্যে আমাদের বিচরণ খুব কম। কারণ কী বলে মনে হয় আপনার?

ফারুক: আমাদের সৃজনশীল লেখা বলতে যদি বিলাতবাসী বাঙালি লেখকদের কথা বুঝিয়ে থাকেন। তা হলে প্রশ্ন থেকে যায় কার লেখাকে বুঝাচ্ছেন? আর যদি সামগ্রিকভাবে বাঙালির লেখা বুঝিয়ে থাকেন তা হলে উত্তর হবে, তারা বাংলা পড়তে পারে না। এটা শুধু বিলাতের বাঙালির প্রজন্মই নয়, বাংলাদেশের নতুন প্রজন্মের বাঙালিরাও এখন খুব এটা বাংলা পড়ে না। সুতরাং এদেশের প্রজন্মকে দোষ দিয়ে লাভ নেই। বিলাতে বাঙালির সংখ্যাতো বাংলাদেশের যে কোনো উপজেলার চাইতেও কম। তার পরেও এখানে অনুবাদ হচ্ছে। তবে এক্ষেত্রে বাংলাদেশের যেমন, 'বাংলা একাডেমি', 'আন্তর্জাতিক মাতৃভাষা ইন্সটিটিউট' ইত্যাদি প্রতিষ্ঠানের এগিয়ে আসা উচিৎ। বাংলা একাডেমি অনেক কাজ করলেও আন্তর্জাতিক মাতৃভাষা ইন্সটিটিউটের কাজ কী এখনো তা স্পষ্ট নয়। এ প্রতিষ্ঠান অনুবাদের কাজ করতেই পারে।

অভি: বিলাতে বসে আমরা লিখছি এবং অনেকে সত্যিকার অর্থে খুব ভালো লিখছেনও। কিন্তু অনুবাদ না থাকায় এখানকার আমাদের প্রজন্ম অন্যান্য মালটিকালচারাল সংস্কৃতির লেখকরাও আমাদের মৌলিক কাজগুলো পড়তেই পারছে না?

ফারুক: আমরা লিখছি কথাটি সত্য। কিন্তু কী লিখছি সে উত্তর দেওয়া সহজ নয়। নতুন প্রজন্মের কথা বাদ দেন, আমরাও এখানকার অনেক বাঙালি লেখকের বই পড়তে পাই না। সেগুলো এদেশে আসেও না। এমনকি বাংলাদেশে খোঁজ করেও অনেকের বই পাওয়া যায় না। দ্বিতীয়ত অনুবাদ একটি জটিল কাজ। বিশেষ করে কবিতার অনুবাদ অনেকটা অসম্ভবের সাধনা। তার পরেও কাদের মাহমুদ, সালেহা চৌধুরী, নজরুল ইসলাম নাজ প্রমুখ বেশ কিছু গ্রন্থের অনুবাদ করেছেন ও করছেন। এ নিয়ে আক্ষেপের কোনো কারণ নেই। তৃতীয়ত এখানকার লেখকের কোনো অনুবাদ বের হলেই হবে না, প্রথমেই বিবেচনা করতে হবে বইটি অনুবাদযোগ্য কি না। অনুবাদ করা অনেক পরের কথা।

অভি: আমার কাছে মনে হয়, ব্রিটেনে আমাদের অনুবাদ সাহিত্যই আমাদেরকে শক্তভাবে 'মৌলিক কর্মক্ষেত্রে' দাঁড়াবার অন্যতম উপাদান হবে পারে-

ফারুক: 'মৌলিক কর্মক্ষেত্র' বলতে আপনি কী বোঝাতে চাচ্ছেন তা আমার কাছে পরিষ্কার নয়। কবিতায় হয়ত আমরা কিছুটা এগিয়েছি। কিন্তু কথাসাহিত্যে আবদুল গাফফার চৌধুরীর 'সম্রাটের ছবি', কাদের মাহমুদের 'কচ্ছপ' ও 'অহীনকূল' ছাড়া আর কোথায়?

নতুনদের মধ্যে বড়োজোর দেলওয়ার হোসেন মঞ্জুর 'জ্যোৎস্নার বেড়াল' উপন্যাসটির কথা আসতে পারে। নাটকেও তো তেমন কিছু নেই। কী নিয়ে দাঁড়াবেন?

অভি: শোনা যাচ্ছে বিলাতের সৃজনশীল লেখকদের জন্য ঢাকা-লন্ডন প্রকাশনা সংস্থা হচ্ছে। অনেকে মনে করছেন এতে এখানকার লেখকদের বই প্রকাশের সুবিধা হবে। আপনি কী মনে করেন?

ফারুক: আমরা প্রতিনিয়ত অনেক কিছুই শুনে থাকি। যারা দেশ থেকে আসেন তারা এখানকার পত্রিকার শিরোনাম হওয়ার জন্য এসব বলে থাকেন। তার পরেও বলবো, যারা বাংলাদেশ থেকে লন্ডনে এসে এ ধরণের প্রতিষ্ঠান করার চিন্তা করছেন, আমার ধারণা এরা প্রকাশক নন, হয়ত অতিচালাক নতুবা অনভিজ্ঞ মুদ্রক, যাদের বিভিন্ন বাজারে গিয়ে মোরগা ধরার প্রয়োজন পড়ে। আপনি তাদেরকে পুস্তক বিক্রেতা প্রতিষ্ঠানের মালিক বলতে পারেন। প্রকাশনা প্রতিষ্ঠানের পেছনে লেখকরা ছুটেন, প্রকাশকেরা নয়। সেঅর্থে সরকারি প্রকাশনা সংস্থার উদাহরণ হচ্ছে 'বাংলা একাডেমি', এবং বেসরকারি বা ব্যক্তি মালিকানাধীন প্রকাশনা সংস্থাগুলোর মধ্যে নাম করা যায়— ইউপিএল, এবং এর পরেই সম্ভবত তৎকালীন জাতীয় সাহিত্য প্রকাশনী, যা বর্তমানে মফিদুল হকের মালিকানাধীন সাহিত্য প্রকাশ। ঢাকায় আরও আছে, কিন্তু হাতেগোনা। বেশিরভাগই মুদ্রক প্রতিষ্ঠান। এদের কাজই হচ্ছে বই মুদ্রণ ও বিপনন। একজন প্রকাশকের দায়িত্ব অনেক। প্রথম দায়িত্ব হচ্ছে একটি বই প্রকাশযোগ্য কি না, তা অভিজ্ঞ লেখকদের দ্বারা পুঙ্খানাপুঙ্খভাবে পরীক্ষা করিয়ে নেয়া। সেজন্য তারা একজন লেখককে একটা নির্দিষ্ট ফি ধার্য করতে পারেন। বইটি প্রকাশযোগ্য হিসেবে বিবেচিত ও গৃহীত হলে পরে, দেশে প্রচলিত কপিরাইট আইনে চুক্তিপত্র সম্পাদন করতে হবে। অর্থাৎ উল্লেখ থাকবে বইটি প্রমীত বাংলা বানানের নিয়ম অনুসরণ করে লেখা হয়েছে কি না। অনুসরণ করা না হলে তা করিয়ে নেয়ার খরচ কে বহন করবেন, কতটা বহন করবেন? বইয়ের কোনো তথ্য, মন্তব্য বা তথ্যের কারণে কারো মানহানি কারণ হলে অথবা কারো লেখা নকল করার কারণে প্রকাশনা সংস্থার কোনো ধরণের আর্থিক ক্ষতি হলে এ বিষয়ে করণীয় কী? ইত্যাদি ইত্যাদি। এতে লেখক ও প্রকাশক কারো ক্ষতিগ্রস্ত হওয়ার সম্ভাবনা থাকে না। তারপর যিনি বইটি প্রকাশ করেন তিনিই প্রকাশক, অন্যরা নন। শুধু দাবি করলেই প্রকাশক হওয়া যায় না।

পুরো ইংল্যান্ড থেকে বছরে যেখানে বিশ/পঁচিশটির বেশী বাংলা বই প্রকাশিত হয়না। আবার প্রকাশিত বইগুলোর মধ্যে সাহিত্যের মান বিচারে মধ্যে কয়টি পড়ে তা বিবেচনা না করে দেশ থেকে উড়ে এসে ঢাকা-লন্ডন প্রকাশনা সংস্থা চালু করার মধ্যে, আমার মনে হয়, 'ডালমে কুচ কালা হ্যায়'। তবে হ্যাঁ, এখানে একটি এডিটিং প্রতিষ্ঠান চালানো যেতে পারে, যেমনটা কলামিস্ট মাসুদ রাণা ভাবছেন— কিন্তু আমি তার 'নিজস্ব' বানানরীতির সঙ্গে একমত নই— একইসঙ্গে প্রকাশনার কাজও চলতে পারে।

অভি: ব্রিটেনকে বলা হয়ে থাকে— তৃতীয় বাংলা। বহুল বিদিত কথাটির যৌক্তিকতায় বলা হয় যে বাংলাদেশ ও পশ্চিম বাংলার পর বর্হিবিশ্বে বাঙালি কৃষ্টি সংস্কৃতি ঐতিহ্যকে পরিচিতি ও চর্চা, লালন, সৃজনে ব্রিটেনের বাঙালিই অগ্রণী ভুমিকা রেখে চলেছেন। আপনি তৃতীয় বাংলা নামকরণকে কীভাবে দেখছেন?

ফারুক: একথাটি এখানকার দু'একজন পদ্যলেখক ব্যবহার করে থাকেন। তাদেরতো আর সাক্ষি-প্রমাণের প্রয়োজন পড়েনা। তাই যা ইচ্ছে বলতে পারেন। তবে রবার্ট ম্যাকলোহানের গ্লোবাল ভিলেইজ তত্ত্বের এই যুগে, আমি এ ধরণের গালভরা কথার কোনো যৌক্তিক কারণ খুঁজে পাই না। প্রশ্ন হচ্ছে, যারা এ কথাটি বলেন তারা ত্রিপুরা, আসাম ও বিহারের বাঙালির অবস্থান কীভাবে নির্ধারণ করবেন? কারণ, আসামে শুধু বাঙালি হিন্দুর সংখ্যাই ৬.৫ মিলিয়ন (৩৩.৯১%), ত্রিপুরায় ২.২ মিলিয়ন (৬৭.৩৫%), ঝাড়খণ্ডে ৩.৩ মিলিয়ন (৪০%), কর্ণাটকের দ্বিতীয় ভাষা হচ্ছে বাংলা। এমনকি আন্দামান ও নিকোবার দ্বীপে মোট জনসংখ্যার ২৫.৯৫% বাঙালি। এভাবে অনেক উদাহরণ দেওয়া যায়। সব জায়গায় বাংলা সাহিত্য চর্চা হচ্ছে। বিলাতে বাঙালির সংখ্যা এক মিলিয়নে গিয়ে পৌঁছাতে এখনো কয়েক যুগ অপেক্ষা করতে হবে। এখন ভাবুন বিলাতকে আমরা কত নাম্বার বাংলা বলতে পারি।

অভি: ব্রিটেনে মুক্তিযুদ্ধের অনেক সংগঠক আছেন। যারা স্বাধীনতাযুদ্ধের সময় মাতৃভূমি বাংলাদেশের জন্য অর্থনৈতিক ও সামাজিকভাবে ত্যাগ স্বীকার করেছেন। স্বাধীনতাপরবর্তী সময় থেকে অদ্যাবধি বাংলাদেশ সরকার দুই একটি ঘটনা বাদ দিলে তেমন মূল্যায়ন করেনি?

ফারুক: দেখুন, মূল্যায়নের জন্য কেউ মুক্তিযুদ্ধে অংশগ্রহণ করেননি বা পক্ষে কাজ করেন নি, করেছেন দেশকে স্বাধীন করার জন্য। যারা সেই বিরল ভাগ্যবান তারা নিজেরাইতো কখনো ইতিহাস, কখনো ইতিহাসের চরিত্র আবার কখনো বাংলাদেশের স্বাধীনতার ইতিহাসের ভাষ্যকার। তাদের গড়া রাষ্ট্র তাদেরকে মূল্যায়ন করল কী না তাতে তাদের কিছুই যায় আসে না। করলে বরং রাষ্ট্রই সম্মানীত হবে। সরকার আসবে-যাবে। কিন্তু মুক্তিযুদ্ধের কথা থাকবে, মুক্তিযোদ্ধারা, মুক্তিযুদ্ধের সংগঠকেরা ইতিহাস হয়ে থাকবেন। দ্বিতীয়ত মুক্তিযুদ্ধে অবদানের জন্য অনেক প্রবাসী ইতোমধ্যে সম্মানীত হয়েছেন, ভবিষ্যতেও হবেন। সেজন্য আমাদেরও দায়িত্ব হচ্ছে একটা নিয়মের মধ্য দিয়ে তাদের অবদানের কথা সরকারের নজরে নিয়ে যাওয়া। আমি গাউস খান, আবদুল মতিন ও ডাক্তার হাসির আলীর জন্য, তাদের পরিবারের সঙ্গে এ নিয়ে কাজ করেছি। সরকার তাদেরকে স্বাধীনতা পদকে ভূষিত করেছেন। স্বাধীনতা পুরস্কার প্রাপ্ত আবদুল গাফফার চৌধুরীও একজন প্রবাসী। আরও অনেকে অনেকভাবে মূল্যায়িত হয়েছেন। বাংলাদেশের ষোল কোটি মানুষের সঙ্গে তুলনা করলে এ সংখ্যাটি একেবারে কম নয়।

অভি: আপনি মুক্তিযুদ্ধ দেখেছেন। এ নিয়ে প্রায় তিন দশকেরও বেশি সময় ধরে কাজ করছেন। মুক্তিযুদ্ধের ইতিহাস বিকৃতি নিয়ে প্রায়ই কথা ওঠে। এ ব্যাপারে আপনার ভাষ্য কী?

ফারুক: হ্যাঁ, আমি মুক্তিযুদ্ধ দেখেছি, এবং এ নিয়ে তিন দশকেরও বেশি সময় ধরে তথ্য সংগ্রহের কাজ করছি। কিন্তু লেখার সাহস পাচ্ছি না। আমার দেখা অনেক বিষয় এখন নতুন ব্যাখা নিয়ে, নতুন রূপে ও রঙে হাজির হতে দেখছি। অপ্রিয় হলেও সত্য যে, বর্তমানে মুক্তিযুদ্ধের ইতিহাস বিকৃতি স্বয়ং কোনো কোনো মুক্তিযোদ্ধা, তাদের কারো কারো সন্তান ও পরিবার-পরিজনের হাতেই হচ্ছে। তারা তাদের আত্মীয়স্বজন যা ছিলেন না, তা'ই দেখাতে চাচ্ছেন, এমনকি তাদের রাজাকার আত্মীয়স্বজনকেও মুক্তিযোদ্ধা হিসেবে হাজির করার চেষ্টা করছেন। এ বিষয়ে চুনোপুটিদের উদাহরণ না টেনে বরং তারেক রহমান, মেজর জিয়াউদ্দিন, এ কে খন্দকার এ ধরণের আরও অনেকের উদাহরণ দেওয়া যায়।

অভি: বিলাতে বাংলাদেশের রাজনৈতিক দলের শাখাগুলো মূলত আমাদের দাবি-দাওয়া আদায়ের চেয়ে নিজেদের ব্যক্তিস্বার্থ এবং বাংলাদেশের নিজ নিজ রাজনৈতিক ইস্যুনির্ভর রাজনীতি করছে, যা আমাদের জন্য ইতিবাচক নয় বলে রাজনীতি-সচেতন মহল মনে করছেন। আপনি কি এ প্রশ্নে একমত?

ফারুক: শতভাগ সত্য।

অভি: 'বিলাতে বাংলার রাজনীতি' গ্রন্থে ব্রিটেনে বাঙালিদের আলোকিত ইতিহাসেরই প্রতিচ্ছবি উঠে এসেছে। কাজের অনুভূতি জানতে চাচ্ছি...

ফারুক: মূল্যায়নের দায়িত্ব পাঠকের। আমি আমার কাজের প্রতি নিষ্ঠাবান থাকার চেষ্টা করেছি। এই কাজটি আমি উপভোগ করেছি। আমার জানার ক্ষেত্রটি বেড়েছে।

অভি: আপনার 'বিলাতে বাংলার রাজনীতি' গ্রন্থে জামাতে ইসলাম বা এ ধরনের ধর্মভিত্তিক রাজনৈতিক দল নিয়ে কোনো আলোচনা নেই কেন?

ফারুক: ধর্মভিত্তিক রাজনৈতিক দল বলতে এখানে আমরা সাধারণত দাওয়াতুল ইসলামকেই বুঝে থাকি। বাকি যারা ধর্ম নিয়ে রাজনীতি করেন তাদের সুনির্দিষ্ট কোনো কার্যক্রম নেই বললেই চলে। অর্থাৎ তাদের কাজ হচ্ছে, 'নেই কাজতো খৈ ভাজ'-এর মতো ব্যাপার। এই দাওয়াতুল ইসলামকে অনেকে জামাতে ইসলাম হিসেবেই বুঝে থাকেন। অথচ, বিলাতে 'জামাতে ইসলাম' এই নামে কোনো দলীয় কর্মকাণ্ড নেই। তারা দাবি করেন তাদের দুইজন প্রতিনিধি লন্ডনে আছেনমাত্র। তাই আমি কোনো দলের গায়ে জোর করে 'জামাতি' লেভেল লাগিয়ে দেবার প্রয়োজন মনে করি নি; অযথা বইয়ের পৃষ্ঠা বাড়াবার প্রয়োজন মনে করি নি। তবে হ্যাঁ, বিলাতে জামাতের আদর্শে পরিচালিত সংগঠন 'দাওয়াতুল ইসলাম', 'ইসলামিক ফোরাম ইউকে অ্যান্ড আয়ার' ইত্যাদি আছে। এগুলোকে বাংলাদেশী বাজনৈতিক দলের শাখা বলা যাবে না। কারণ, তারা দেশীয় রাজনীতি করেন না। তাদের ভাষায়, তারা

ইসলামি রাজনীতি করেন। এমনকি এগুলোর কোনো শাখাও বাংলাদেশে নেই, তারাও বাংলাদেশের কোনো রাজনৈতিক দলের শাখা বলে দাবি করেন না। সেজন্য,' বিলাতে বাঙালি অভিবাসন' গ্রন্থে এই দলগুলো নিয়ে 'বিলাতে বাঙালির ধর্মচর্চা' শিরোনামে বিস্তারিত আলোচনা করেছি।

অভি: বর্তমান ধর্মভিত্তিক রাজনীতি আমাদের বাংলাদেশী কমিউনিটিতে নানাভাবে আলোচিত বিষয় হয়ে দাঁড়িয়েছে?

ফারুক: ভিত্তি যা'ই হোক না কেন, রাজনীতি থাকলে আলোচনা-সমালোচনা থাকবে।

অভি: বৈশাখি মেলা আবার বাঙালির প্রাণকেন্দ্র বাংলা টাউনে (ইউভার্স ফিল্ড, ব্রিক লেইন) টাওয়ার হামলেট্স বারার সিদ্ধান্তেই ফিরে এসেছে। অথচ একটি মহলের দাবির পরিপেক্ষিতে আমাদের আলোকিত শিকড় সংস্কৃতি আমাদের আন্দোলন সংগ্রামে অর্জিত এলাকায় থেকে সরিয়ে নেয়া হয়েছিল?

ফারুক: মেলা আগের জায়গায় ফিরে এসেছে খবরটা নিঃসন্দেহে আনন্দের। এর গুরুত্ব অপরসীম। 'রথ দেখা কলা বেচা' বলে বাংলায় একটি প্রবাদ আছে। যার অর্থ হচ্ছে, বিনোদনের সঙ্গে সঙ্গে ব্যবসা। আমাদের দেশের কৃষিভিত্তিক সমাজেও মেলার মূল আকর্ষণই হচ্ছে বিনোদনের সঙ্গে সঙ্গে নানা ধরণের পণ্যসামগ্রী ও কুঠিরশিল্পজাত দ্রব্যাদির ক্রয়-বিক্রয়। সেজন্য মানুষ পুরো বছর অপেক্ষামান থাকে। ঠিক একইভাবে পুরো বিলাতের বাঙালিরাও বৈশাখি মেলার জন্য একটি বছর অপেক্ষা করেন, তারা মেলায় আসবেন, নিজেদের দেশীয় খাবার খাবেন, বইপত্র কিনবেন, বন্ধুবান্ধবের সঙ্গে দেখা করবেন, আড্ডা দেবেন; এমনকি বর-কনে দেখার মতো বিষয়ও থাকে। এই মেলা ভিক্টোরিয়া পার্কে চলে যাবার ফলে আমরা আমেজটা হারিয়ে ফেলেছিলাম। সেজন্য আমি ব্যক্তিভাবে মনে করি ব্যবসায়িকস্বার্থেই মেলাটা পূর্ব লন্ডনেই হওয়া দরকার।

অভি: বহুজাতিক ব্রিটেনে বাংলাদেশের সংস্কৃতির পরিচয়, লালন ও চর্চায়, ধর্মভিত্তিক সংগঠনগুলোর ভূমিকা বিলাতের কমিউনিটিতে কোথাও দেখা যায়না। প্রগতিশীল চিন্তা-চেতনায় অগ্রসমান অগ্রজরাই এখানে 'একখণ্ড বাংলাদেশ' তৈরিতে অগ্রনী ছিলেন। তা নয় কি?

ফারুক: আপনার ধারণা পুরোপুরি সঠিক বলে আমি মনে করি না। একেবারে সূচনার দিকে, বিশেষ করে শ্রমজীবী মানুষের মধ্যে ধর্মভিত্তিক সংগঠনগুলোর মাধ্যমেই বিলাতে আমাদের সংস্কৃতি চর্চার সূচনা। বিশ শতকের চার ও পাঁচের দশকে 'বৈশাখি মেলা' ছিল না, কিন্তু মসজিদভিত্তিক 'ঈদের মেলা' ছিল। সে মেলায় মুসলিম-অমুসলিম সবাইকে আমন্ত্রণ করা হতো। মেলা হত ইস্ট লন্ডন মসজিদ ও ওকিং মসজিদের প্রাঙ্গনে। বাংলাদেশের বর্তমান অর্থমন্ত্রী আবুল মাল আব্দুল মুহিত, 'বিলাতে ঈদ' শিরোনামে প্রকাশিত তাঁর একটি প্রবন্ধে লিখেছেন, "১৯৫৮ সালের (সম্ভবত এপ্রিলে) ঈদের দিনটি ঠাণ্ডা হলেও রৌদ্রোজ্জ্বল

ছিল। নামাজের আগে থেকেই শুরু হয় মেলা। বিভিন্ন দেশের মুসলমানরা তাদের স্টল স্থাপন করে। সবগুলো স্টলেই ছিল নানা জাতের খাবার আর দলবেঁধে বসে বা দাঁড়িয়ে আড্ডা। সেই আড্ডায় খাওয়া-দাওয়া আর গল্প ছাড়াও ছিল খোলা গলায় গানের আসর, কদাপি নাচেরও মহড়া। আমাদের আসরটি ছিল খুবই জনবহুল। পশ্চিমের উর্দুওয়ালাদের আর পূর্বের বাঙালিদের সহ-অবস্থান ছিল সম্প্রীতি সৌভ্রাতৃত্বের প্রতীক। বৈষম্য নিয়ে তখন বিলাতে বাঙালিদের চিন্তা-ভাবনা অনেক অগ্রসর হলেও ঈদের মজলিসে তার কোনো প্রকাশই ছিল না। গানে উর্দুওয়ালারা গজল ধরলো; আমরা, 'ও মন রমজানের ঐ রোজার শেষে এলো খুশির ঈদ' গাইলাম। এ ছাড়াও ছিল আরো নানা জাতির গান। ঠিক মনে নেই তবে প্রেমের গান, ছায়াছবির গান কিছুই বাদ ছিল না।" ইস্ট লন্ডন মসজিদে ঈদমেলার আয়োজক ছিলেন জমিয়াত-উল-মুসলিমিন। এঁরা সব সময় ধর্মকে রাজনীতি থেকে দূরে রাখতেন। জামাতিরা ইস্ট লন্ডন মসজিদ দখল করার পর থেকে সে ঐতিহ্য নষ্ট করে দেয়। সুতরাং প্রকৃত ধার্মীক আর দলকানাদের একসঙ্গে দেখা সঠিক নয়।

অভি: প্রাসঙ্গিক একটি বিষয় জানতে চাই- বিলাতে বাংলাদেশীদের দ্বারা প্রতিষ্ঠিত কয়েক হাজার ছোটো বড়ো সংগঠন কমিউনিটিতে অনেক ভালো কাজ করছে । কীভাবে দেখছেন এই দিকগুলো?

ফারুক: এই সংগঠনগুলো শুধু কমিউনিটিতেই নয় একইসঙ্গে দেশেও অনেক ভালো কাজ করেছে ও করছে। আপদে-বিপদে একে-অপরকে সাহায্য-সহযোগিতা করা এটাও আমাদের দেশীয় সংস্কৃতির অংশ। এই দেশে এই সংস্কৃতির সূচনাও হয়েছিল মসজিদ থেকে। একটু খোলাসা করেই বলি, আগে আমাদের দেশের মানুষেরা পরিবাব-পরিজন ছাড়াই বসবাস করতেন। তখন কেউ মারা গেলে, পরিচিত বন্ধুবান্ধবেরাই চাঁদা তুলে লাশ দেশে পাঠাতেন। এক পর্যায়ে মৃতদেহ দেশে পাঠাবার লক্ষ্যেই তাঁরা গঠন করেন ব্যুরিয়াল সোসাইটি। এই সমিতিগুলো তহবিল গঠন করতে গিয়েই একের সঙ্গে অপরের যোগাযোগ আরও ঘনিষ্ঠ হয়। তখন শুধু দেশে মৃতদেহ পাঠানোই মধ্যে কার্যক্রম সীমিত না রেখে, নিজেদের অভাব-অভিযোগ মোকাবেলার জন্য কাজ করতে থাকেন। পরবর্তীকালে সেই কমিটিগুলোর নাম হয়, 'ওয়েলফেয়ার সোসাইটি'। ওয়েলফেয়ার সোসাইটিগুলোর মাধ্যমেই শুরু নববর্ষ পালন, বিভিন্ন জাতীয় দিবস উদযাপন, প্রচারপত্র, ম্যাগাজিন ও সংবাদপত্র প্রকাশনা, সাহিত্যালোচনা, সাংস্কৃতিক অনুষ্ঠানের আয়োজন। ইত্যাদি ইত্যাদি। তখন দেশে কোনো দূর্যোগ দেখা দিলে এঁরা চাঁদা তুলে পাঠাতেন। ১৯৭০-এর ঘূর্ণীঝড় ও জলোচ্ছ্বাসের পরে এদেশে শতাধিক ত্রাণ কমিটি গঠিত হয়েছিল। এই কমিটিগুলোই ১৯৭১ সালে ২৫শে মার্চের পরে একঝটকায় অ্যাকশন কমিটিতে রূপ নিয়েছিল। দেশীয় রাজনীতি আমাদেরকে, আমাদের সংগঠনগুলোকে বিভাজিত করেছে, ধ্বংস করেছে।

অভি: বিলাতে বাংলা ভাষা, সাহিত্য ও সংস্কৃতির চর্চা ও বিকাশে অনেক সাহিত্য ও সাংস্কৃতিক সংগঠন কাজ করছে। বাঙালিদের উৎসব নিয়ে চমৎকার একটি প্রবাদ আছে,

'বারো মাসে তের পার্বণ'। বাংলাদেশের যে কোনো উৎসব, অনুষ্ঠানের চেয়েও আমাদের অনুষ্ঠানগুলোর মান ভালো এটা দেশ থেকে অতিথি হয়ে আসা গুণীজন আজকাল বলে থাকেন। ব্রিটেনে আমাদের সাংস্কৃতিক অভিযাত্রার বিষয়টি আপনি কীভাবে দেখছেন?

ফারুক: বিলাতে সাহিত্য ও সংস্কৃতির চর্চা বাড়ছে, একইসঙ্গে সংগঠনের সংখ্যাও বাড়ছে। কিন্তু একমাত্র বৈশাখি মেলায় অংশগ্রহণ ছাড়া বাকী সব জায়গায় আমরা বিভাজিত। দেশ থেকে বিভিন্ন সংগঠনের আমন্ত্রণে যাঁরা অতিথি হয়ে আসেন তাঁরা যেমন আমাদের সম্পর্কে তেমন কোনো খোঁজখবর নিয়ে আসেন না, তেমনি আয়োজকেরাও আমাদের সম্পর্কে ভালো কোনো ধারণা দিতে পারেন না। সেজন্যই তাঁরা এইসব হাস্যকর কথা বলে আমাদের ধন্য করেন, আয়োজকেরাও ধন্য হন।

অভি: বাংলাভাষী সংগঠনগুলো ইদানীং মাল্টিকালচারাল অনুষ্ঠান করছে —সংহতি সাহিত্য পরিষদ, সৌধ, বিশ্বসাহিত্য কেন্দ্র তাদের নিয়মিত কার্যক্রমে বহুভাষী কবি সাহিত্যিক, সংস্কৃতিকর্মীরা অংশ নিচ্ছেন...

ফারুক: ভালো কথা। কিন্তু তাতে কী লাভ হচ্ছে? মাল্টিকালচারাল অনুষ্ঠান করলেই কোনো সংগঠন জাতে উঠতে পারে না। প্রথমে দেখতে হবে, একজন ইংরেজ এসে আমাকে কিছু দিতে পারলেও আমার দেবার মতো সামর্থ্য আছে কি না। একজন সংস্কৃত পণ্ডিত কালিদাসের কবিতা সংস্কৃত ভাষায় শোনাতেই পারেন। কিন্তু শ্রোতারা যদি ভাষাটাই না বুঝে, তা হলে কাজটাতো পণ্ডশ্রম। অথবা একজন ফরাসি লেখক যদি বাংলা না বুঝেন, তা হলে, আমার বাংলা কবিতা শুনে তার কী লাভ? কাজগুলো এভাবেই হচ্ছে। সরকারি অনুদানলাভের জন্য মাল্টিকালচারাল অনুষ্ঠান করা, বইমেলা করা হয়ত সহায়ক, সাহিত্যের জন্য নয়।

অভি: প্রতিবছর বইমেলায় বিলাতের কবি-সাহিত্যিকদের অনেক বই বের হয়। আপনার একটি লেখায় দেখেছি ২০১৬ সালে বাংলাদেশে সালের একুশে বইমেলায় বিলাতবাসী প্রায় ৪০জন লেখকের ৫০টির মতো বই প্রকাশিত হয়েছে? বিষয়টিকে আপনি কীভাবে দেখছেন।

ফারুক: এটা নতুন কোনো তথ্য নয়। প্রতি বছরই এভাবে বই বেরুচ্ছে, ভবিষ্যতে হয়ত আরও বেশি বের হবে। বই বের করা আর লেখক হয়ে ওঠা এক কথা নয়। এই বইগুলো মান যাচাইয়ের দরকার নেই, শুধু নামগুলো পড়লেই বুঝতে পারবেন ক'জন লেখক বইয়ের নামগুলো শুদ্ধভাবে লিখতে পেরেছেন। আমি নজরুলের সেই কবিতার অনুকরণে বলতে চাইছি, এটা গুণতিতে বেড়ে চলার মতো।

অভি: বিলাতের অনেক লেখক আছেন, যাদের সাহিত্য বাংলা সাহিত্যে অনেক আগেই উচ্চারিত হয়ে থাকলেও জাতীয়ভাবে সম্মাননার বিষয়ে বরাবরই অবহেলিত। সচেতনভাবেই উল্লেখ করছি যে, একজন লেখকের মান তার পাঠকের কাছেই। কিন্তু যেখানে রাষ্ট্র সুনির্দিষ্টভাবে সম্মাননার একটা জায়গা তৈরি করে নিয়মিত প্রদান করছে সেখানে পুরস্কারের

জায়গাটি সার্বজনীয় হওয়াটাই তো প্রধান বিষয়? আজকাল অনেকভাবে উচ্চারিত হচ্ছে 'পুরস্কার-সম্মাননা' এগুলোও রাজনৈতিকভাবে প্রভাবিত।

ফারুক: এ ব্যাপারে আমার কোনো ধারণা নেই। একটি কালজয়ী লেখাই লেখকের জীবনের শ্রেষ্ঠ পুরস্কার। এটাই লেখকজীবনের সাধনা। সেখানে পুরস্কার কোনো বিষয় নয়। তাই কোন পুরস্কার কার হাতে বন্দী তাতে একজন লেখকের কী আসে যায়?

অভি: বিখ্যাত কবিদেরও 'পুরস্কার'-এর জন্য প্রকাশ্যে স্যোসাল মিডিয়ার মাধ্যমে দাবি জানাতে দেখা যায়। আবার 'পুরস্কারের দাবি' মানাও হয় 'রাজনৈতিক সাংস্কৃতিকবোদ্ধা'দের কল্যাণে!

ফারুক: আমি বুঝতে পারছি কার কথা বোঝাতে চাচ্ছেন। আসলেই ঘটনাটি হাস্যকর ও লজ্জাজনক। যিনি সাহিত্যের মাধ্যমে পুরো জাতিকে পুরিপুষ্ট করছেন, সম্মানীত করছেন, তিনি ভিক্ষুকের মতো সরকারের কাছে হাত পাতবেন কেন? এটা ব্যক্তি কবির চরিত্র, তার লেখার সঙ্গে এর কোনো মিল নেই। এ ধরণের চরিত্র আমাদের সমাজে বিরল নয়।

অভি: বাংলা একাডেমি প্রদত্ত 'প্রবাসী পুরস্কার' প্রচলন করে আমাদের আলাদাভাবে, করুণার চোখে দেখা হচ্ছে বলে অনেক অভিবাসী লেখক-সমালোচকরা মনে করেন? দেশের কিছু উচ্চমার্গীয় লেখক ও প্রতিষ্ঠানের দায়িত্বপ্রাপ্তরা অভিবাসীদের সাহিত্যকে 'মূলধারা সাহিত্য' নয় বলে মনে করেন! এ বিষয়ে আপনার অভিমত কী?

ফারুক: বাংলা একাডেমি প্রবর্তিত পুরস্কারের সংখ্যা অনেক। সম্ভবত ৮টির মতো। এর মধ্যে একটি ছিল 'প্রবাসী লেখক পুরস্কার'। একাডেমির মহাপরিচালক মহোদয় বার বার এ সম্পর্কে ব্যাখ্যা দিয়েছেন। কিন্তু আমাদের কেউ কেউ সজাগ থেকেও ঘুমিয়ে থাকার ভান করছে, বুঝেও বুঝতে চাচ্ছেন না। কারণ, 'আঙ্গুর ফল টক'। অর্থাৎ না পাওয়ার বেদনা। এ বেদনা বাংলা একাডেমি ২০১৭ সালে পূরণ করে দিয়েছে। এখন থেকে এ অভিযোগটা আর উচ্চারিত হবে না। আমার বলার বিষয় হচ্ছে, যারা এ নিয়ে জট পাকিয়েছিলেন তারা কী ধরণের সাহিত্য করেন এবং তা কোন মার্গের, আমাদের সবারই কমবেশি জানা। 'প্রবাসী' শব্দটি যোগ করে আমাদেরকে আলাদা করা হয়েছে বলেও আমি মনে করি না। এমনকি, ব্যক্তিগতভাবে আমি নিজেকে প্রবাসী বলেও মনে করি না, মনেকরি 'বিলাতবাসী'। আরও স্পষ্টভাবে বললে, 'বাঙালি-ব্রিটিশ' বা 'ব্রিটিশ-বাঙালি'। এর পরেও প্রবাসী বলে বাংলা একাডেমি আমাদেরকে দেশের আরও কাছাকাছি নিয়ে যাবার চেষ্টা করেছে। সেজন্য বাংলা একাডেমি কর্তৃপক্ষ অবশ্যই ধন্যবাদ পাবার যোগ্য।

অভি: এই 'প্রবাসী পদক'টি তো বাংলা একাডেমি মূল পুরস্কারের সঙ্গে ঘোষণাও হয় না, দেওয়াও হয় আলাদা অনুষ্ঠানের মাধ্যমে?

ফারুক: দেখুন, আমার জানামতে, প্রথম থেকেই প্রবাসী লেখক পুরস্কার ও বাংলা একাডেমি লেখক পুরস্কার একই দিনে একইসঙ্গে দেওয়া হচ্ছিল। শুধুমাত্র আমাদের সময়ে

(২০১৪ সালে) এসে এই নিয়মের একটু ব্যতিক্রম হয়। কারণ, প্রধানমন্ত্রী দিন ক'য়েকের জন্য সিলেট সফরে যাবেন, সেজন্য তারিখ পরিবর্তন করা হয়েছিল। আমরা তখনও লন্ডনে। তাই আমাদেরকে আলাদা অনুষ্ঠানের মাধ্যমে পুরস্কারটা দেওয়া হয়েছিল। সে অনুষ্ঠানে একাডেমির সভাপতি ইমেরিটাস প্রফেসর ড. আনিসুজ্জান, একাডেমির মহাপরিচালক প্রফেসর শামসুজ্জামান খান, বিমানমন্ত্রী রাশেদ খান মেনন সহ অনেক গণ্যমান্য লেখক, কবি, সাংবাদিক, সাহিত্যিক ও রাজনীতিবিদ উপস্থিত ছিলেন। অনুষ্ঠানটি সফল করার ব্যাপারে কোনো ধরণের কমতি ছিল না বরং আমাদেরকে আলাদাভাবে জনপ্রতি পঞ্চাশটিরও বেশি দাওয়াতপত্র ছাপিয়ে দেওয়া হয়েছিল। অনুষ্ঠানে আমাদের পরিচিতি পাঠ করে শোনানো হয়েছে, আমরাও আমাদের অনুভূতি প্রকাশের সুযোগ পেয়েছি। অনুষ্ঠান শেষে আমাদের সবান্ধবে একাডেমির সভাকক্ষে আমাদের নিয়ে গিয়ে আপ্যায়িত করা হয়েছে। এর পরে বাংলা একাডেমি আর কী করার ছিল অন্তত আমার জানা নেই।

অভি: সাহিত্যে 'মূলধারা' বলে কি কোন কিছু আছে?

ফারুক: সাহিত্যে মূলধারা বলে কোনো ধারা, অথবা আঞ্চলিক, দেশীয় বা আন্তর্জাতিক এজাতীয় সীমারেখা আছে বলে আমার জানা নেই। হতে পারে এ আমার জ্ঞানের দীনতা। তবে হ্যাঁ, ভাষার সীমাবদ্ধতা আছে। এটা তুলে দিলেই তা সকল মানুষের হয়ে যায়। বরীন্দ্রনাথ কি শুধু বাঙালির কবি?

অভি: বাংলা একাডেমির তথ্যমতে, প্রায় চার হাজারেরও বেশি বই এবারের বই মেলায় প্রকাশিত হয়েছে। অভিবাসিদের এক-দুইশো বই বাদ দিলে সবইতো বাংলাদেশের মানচিত্রের ভেতরে লেখকদল। তাদেরকে কি কোনো বিশেষণ করা হয়, যেমন— 'ঢাকাইয়া লেখক', 'খুলনার লেখক', 'সিলেটি লেখক'? আমি লেখকের লেখার মানদণ্ড নিয়ে কথা বলছিনা। আমার প্রশ্নটা হচ্ছে 'প্রবাসী লেভেল' লাগানো নিয়ে। এটা করা হবে কেন?

ফারুক: প্রবাসী লেখক, দেশী লেখক এভাবে কেউ কাউকে চিহ্নিত করেন কি না তাও আমার জানা নেই। লেখকের আবার দেশ-কাল কী? তবে কেউ বিদেশে থেকে সাহিত্যচর্চা করলে দেশের লোকেরা তাকে প্রবাসী লেখক বলতেই পারেন। 'ডিয়াস্পুরা সাহিত্য' শব্দটি এখন প্রায়ই শোনা যায়। এতে দোষের কিছু আছে বলে আমি মনেকরি না। ঢাকা, সিলেট কিংবা খুলনার লেখককে কেউ ঢাকাইয়া, সিলেটী এভাবে চিহ্নিত করবেন না এটাই স্বাভাবিক। কারণ তাদের মূল পরিচয় তারা বাঙালি অথবা বাংলাদেশী। তারা বাংলাদেশের পাসপোর্ট বহন করেন। একইভাবে আমরা বাঙালি অথবা বাংলাদেশী হলেও আমাদের আরেকটি পরিচয় আছে। আগেই বলেছি, আমরা কেউ ব্রিটিশ-বাঙালি অথবা বাঙালি-ব্রিটিশ। অনেকের দ্বৈত নাগরিকত্ম আছে, কিন্তু বেশির ভাগেরই নেই। দ্বৈত নাগরিকত্ব না থাকলে আপনাকে বাংলাদেশে যেতে হলে আইনত অবশ্যই ভিসা নিয়ে যেতে হবে, যেতে বাধ্য। যেমনটা ত্রিপুরা, আসাম অথবা কলকাতার বাঙালিরাও বাংলাদেশে যেতে, অথবা

বাংলাদেশের বাঙালিরা অন্য দেশে করে থাকেন। সেক্ষেত্রে তারা আমাদের প্রবাসী বলতেই পারেন। এতে দোষের বা অপমানের কী আছে?

অভি: বিলাতে বাংলাদেশীদের সুখ-দুঃখের অন্যতম সাথী ছিলেন তাসাদ্দুক আহমদ। তার লেখাগুলোকে সংগ্রহ ও সম্পাদনা করে আপনি 'জীবন খাতার কুড়ানো পাতা' গ্রন্থটি বের করেছেন? তার মতো প্রগতিশীল, দূরদর্শী চিন্তা-চেতনার মানুষের অভাব আছে এই সময়ে। আপনি কীভাবে দেখছেন?

ফারুক: তাসাদ্দুক আহমদ অবশ্যই একজন অনুকরণীয়, দূরদর্শী চিন্তাধারার প্রগতিশীল মানুষ ছিলেন। কিন্তু পরিণত বয়সে অনেক কিছুই আর ধরে রাখতে পারেন নি। সাম্রাজ্যবাদী খেতাব (এমবিই) সগৌরবে গ্রহণ করে, নামের সঙ্গে তা ব্যবহার করে ফেরি করেছেন। তিনি আমাদের প্রথম বাঙালি এমপি হতে পারতেন, কিন্তু সব সময় তা এড়িয়ে গেছেন। আমাদের যখন এমপি নির্বাচনের সময় এসেছিল তিনি তখনও পিটার শোরকে আসনটি ছেড়ে না দিয়ে আবারও নির্বাচন করার অনুরোধ করেছেন। এ নিয়ে পত্রপত্রিকায় বিবৃতি দিয়েছেন, বলেছেন বাঙালিদের সে সময় আসে নি। অথচ তখন তার উচিৎ ছিল বাঙালিদের অনুপ্রাণীত করা। এগুলোতে তিনি দূরদর্শী ছিলেন না, ছিল তার আত্মঘাতি সিদ্ধান্ত। এর পরেও যে বলবো, তিনি ছিলেন গৌরব করার মতো আমাদের একজন লোক।

অভি: আপনার পরবর্তী বই কবে আসছে?

ফারুক: আশা করছি আগামী মাস দু-একের মধ্যে।

অভি: বই ও প্রকাশের নাম কি জানতে পারি?

ফারুক: বইয়ের নাম 'বিলাতে বাংলা সাহিত্য ও সংস্কৃতি চর্চা'। প্রকাশক বাংলা একাডেমি, ঢাকা।

অভি: আরও বিশ বছর পর বিলাতের বাংলাদেশী কমিউনিটিকে কোন অবস্থানে দেখতে চান?

ফারুক: বাংলাদেশী রাজনীতিমুক্ত, ধর্মান্ধতামুক্ত একটি সেক্যুলার সমাজ। যে সমাজ এখানকার ভালো বিষয়গুলো গ্রহণ করবে এবং নিজের সংস্কৃতিকে লালন ও চর্চার মাধ্যমে এই সমাজকে আমাদের সংস্কৃতির ভাল উপাদানগুলো উপহার দেবে। অর্থাৎ রবীন্দ্রনাথের ভাষায়, 'নিবে আর দিবে মিলাবে মিলিবে'। তা হলেই আমরা আমাদের কাঙ্ক্ষিত লক্ষ্যে পৌঁছাতে পারবো।

অভি: অনেক ভালো থাকবেন, অন্যপ্রসঙ্গ নিয়ে কথোপকথনে আবার বসার তুমুল ইচ্ছা রাখছি,অনেক শ্রদ্ধা।

ফারুক: আপনাকেও অশেষ ধন্যবাদ।

এম স্বপন রহমান[৩২]

ভারতীয় উপমহাদেশ থেকে বর্হিবিশ্বে বাঙালির অভিযাত্রা শুরু হয়েছিল বিলাতের পথ ধরে। সেজন্য বাংলাদেশের বাইরে সবচে' বড়ো বাঙালি জনগোষ্ঠী যেমন বিলাতে গড়ে ওঠেছে, ঠিক তেমনি রয়েছে বিলাতবাসী বাঙালির ইতিহাস ও ঐতিহ্য। বিলাতে বাঙালির সেই বস্তুনিষ্ঠ ইতিহাস চর্চায় যারা নিষ্ঠার সঙ্গে নিবেদিত ফারুক আহমদ তাদের একজন। বিশ শতকের নয় দশকের গোড়া থেকে আজ অবধি তিনি এ পথের নিরলসযাত্রী। তার গবেষণামূলক ইতিহাস গ্রন্থের তালিকায়, 'বিলাতে বাংলা সংবাদপত্র ও সাংবাদিকতা', 'বিলাতে বাংলার রাজনীতি', 'বিলাতে বাংলা সাহিত্য ও সংস্কৃতি চর্চা' এবং 'বিলাতে বাঙালি অভিবাসন' ইত্যাদি উল্লেখযোগ্য।

ফারুক আহমদের জন্ম ১৯৬৪ সালের ২২শে জানুয়ারি সিলেট জেলার গোলাপগঞ্জ থানার গোয়াসপুর গ্রামে। বিশ শতকের আট দশকের গোড়ার দিক থেকে সাহিত্যচর্চা ও সাংবাদিকতার সঙ্গে জড়িত। রেডিও বাংলাদেশের অনুমোদিত গীতিকার ও নাট্যকার। ১৯৯৪ সালে লন্ডন থেকে প্রকাশিত মাসিক *লন্ডন বিচিত্রা* পত্রিকার প্রধান সম্পাদক ছিলেন। প্রকাশিত গ্রন্থের মধ্যে রয়েছে: 'এ মাটির বাউল' (গীতিকবিতা: ১৯৯৪);'বিলাতে বাংলা সংবাদপত্র ও সাংবাদিকতা (২০০২); 'মুক্তিযুদ্ধের স্মৃতি' (২০০৭); 'বিলাতে বাংলার রাজনীতি' (২০১২); 'গোলাপগঞ্জের ইতিহাস' (২০১৫); 'সাপ্তাহিক জনমত : মুক্তিযুদ্ধের অনন্য দলিল' (২০১৬)। 'বিলাতে বাংলা সাহিত্য ও সংস্কৃতি চর্চা' (২০১৯); প্রকাশিতব্য: 'বিলাতে বাঙালি অভিবাসন'।

তার ইংরেজি গ্রন্থগুলোর মধ্যে আছে: 'ইবহমধষর ঔড়ঁৎহধষং ধহফ ঔড়ঁৎহধষরংস রহ ইৎরঃধরহ (২০০০)';'ইবহমধষ চড়ষরঃরপং রহ ইৎরঃধরহ খড়মরপ, উুহধসরপং ধহফ উরংযধৎসড়হু (২০১০)'; 'ইবহমধষর ঝবঃঃষবসবহঃ রহ ইৎরঃধরহ (২০২০)'.

সম্পাদনা করেছেন লন্ডনবাসী সাংবাদিক ও বাম রাজনীতিবিদ তাসাদ্দুক আহমদের জীবনীমূলক গ্রন্থ 'জীবন খাতার কুড়ানো পাতা' (২০০২)সহ আরও অনেকগুলো গ্রন্থ। ২০১৩ সালে তিনি তার গবেষণামূলক লেখালেখির জন্য বাংলা একাডেমি প্রবাসী লেখক পুরস্কার লাভ করেন। ফারুক আহমদ ১৯৮৯ সাল থেকে লন্ডনে বসবাস করছেন। এই দীর্ঘ সময়ে দেশে এসেছেন মাত্র তিন বার। সেজন্য দেশের লেখক-পাঠকের কাছে তিনি অনেকটা অপরিচিত। তার সাহিত্যকর্মের সাথে দেশের লেখক-পাঠকের সঙ্গে পরিচয় করিয়ে দিতেই লিখিতভাবে এ প্রশ্নগুলো পাঠিয়েছিলাম।

প্রশ্ন: জীবনে কী হতে চেয়েছিলেন?

---

[৩২]BD24live.com, 15 August 2017.

উত্তর: বাল্যকালে স্বপ্ন ছিল বাস ড্রাইভার হবো। বাড়ি পাশ দিয়ে ড্রাইভারদের জোরে জোরে যারা গাড়ি চালিয়ে যাওয়া আমাকে খুবই আন্দোলিত করত। পরে স্কুলে গিয়ে দেখলাম প্রধান শিক্ষকের খুবই দাপট। তাই সিদ্ধান্ত পাল্টিয়ে প্রধান শিক্ষক হওয়ার স্বপ্ন বুকে লালন করতাম। এভাবে সময়ের সঙ্গে সঙ্গে চাওয়া-পাওয়ার স্বপ্নও পাল্টাতে থাকে।

প্রশ্ন: লেখালেখিতে কীভাবে এলেন? আমরা শুনেছি আপনি এর আগে গান ও নাটক লিখতেন। বেশ কয়েকটি বই সম্পাদনা করেছেন, অনুলিখনও করেছেন। এ বিষয়ে কিছু বলুন।

উত্তর: হ্যাঁ, ঠিকই শুনেছেন। তবে যা শুনেননি তা হচ্ছে এক সময় আমি গানও করতাম। স্কুলজীবনের একটি ঘটনা আমার কণ্ঠ থেকে গান কেড়ে নিয়ে হাতে কলম তুলে দেয় এবং আমি লিখতে শুরু করি। পরিণামে রেডিও বাংলাদেশে সিলেট কেন্দ্রের গীতিকার ও নাট্যকার হিসেবে তালিকাভুক্ত হই। এই পরিচয় নিয়েই আমার লন্ডনে আসা ও বসতি। আমার প্রথম বইটিরও ছিল গীতিকবিতার বই, 'এ মাটির বাউল'। মুখবন্ধ লিখে দিয়েছিলেন কবি দিলওয়ার। প্রকাশিত হয় ১৯৯৪ সালে লন্ডন থেকে। এর পরের বছর দ্বিতীয় গানের বই প্রকাশ করার জন্য পাণ্ডুলিপি প্রস্তুত করেছিলাম। মুখবন্ধ লিখে দিয়েছিলেন আবদুল গাফফার চৌধুরী। বইটির নাম 'আমার তনে কান্দে মন'। কিন্তু প্রকাশ করবো, করছি করতে করতে এখনো প্রকাশ করা হয়নি। সম্পাদনা করেছি পঞ্চাশের দশকের ঢাকার বিশিষ্ট সাংবাদিক-কলামিস্ট তাসাদ্দুক আহমদের লেখা স্মৃতিচারণমূলক লেখা 'জীবন খাতার কুড়ানো পাতা'। রাজনীতিবিদ আব্দুল মুনিমের, 'সিলেট জেলা আওয়ামী লীগ ও ছাত্রলীগের গোড়ার কথা'। সাংবাদিক-কলামিস্ট ইসহাক কাজলের ওপর (যৌথভাবে), 'একজন ইসহাক কাজল'। অনুলিখন করেছি,'বিলাতবাসী প্রবীন ক্যাটারার আব্দুল গফুরের আত্মজীবনী, 'এক ব্রিটিশ-বাঙালির আত্মকথা' ইত্যাদি।

প্রশ্ন: গান গাওয়া ছেড়ে দেবার কারণটা কি জানতে পারি? অর্থাৎ কোন ঘটনা আপনার কণ্ঠ থেকে গান কেড়ে নিয়ে হাতে কলম তুলে দিলো।

উত্তর: ঘটনাটি ঘটে ১৯৭৪ সালে। আমি তখন গোলাপগঞ্জ এম সি একাডেমিতে পড়ি। একসঙ্গে বরীন্দ্র ও নজরুল জয়ন্তী পালিত হবে। হবে সঙ্গীত প্রতিযোগিতাও। সহপাঠীদের অনুরোধে আমিও প্রতিযোগিতায় অংশ নিলাম। গানটি ছিল আব্বাস উদ্দিনের পল্লীগানের সুরে গাওয়া একটি নজরুল গীতি। প্রতিযোগিতায় গানটি গাওয়ার পরে অনেকক্ষণ ছাত্রছাত্রীরা হাততালি দেয়। কিন্তু জয়মাল্য আমার ভাগ্যে জুটলো না, আমি প্রথম, দ্বিতীয় বা তৃতীয় কোনো স্তরের পড়লাম না। পুরস্কার ঘোষণার সময় আমাদের প্রধান শিক্ষক মহোদয় জানালেন, নজরুল গীতি আমি যেভাবে গেয়েছি সেভাবে গাওয়া হয় না। তাই গানটি সবার শুনতে ভালো লাগলেও আমাকে পুরস্কৃত করা গেল না। তখন শিক্ষকদের এ সিদ্ধান্তের প্রতিবাদ করার মতো বয়স কিংবা সাহস কোনোটাই আমার ছিল না। অনুষ্ঠান শেষে স্কুলের বাংলার শিক্ষক আব্দুর রহমান চৌধুরীকে (কাছাড়ি স্যার) ফলাফল শুনে অনেকটা হতাশ

বলেই মনে হয়েছিল। আমি পুরস্কার না পাওয়ায় সহপাঠী ছাত্রছাত্রী প্রায় সবাই হাসাহাসি করলো। অনেকে বললো, বোকা তুই নজরুল গীতির অনুষ্ঠান পল্লীগীতি গাইলে কেন? যাক অনুষ্ঠান শেষে আব্দুর রহমান স্যার আমাকে ডেকে নিয়ে চুপি চুপি বললেন, তুমি কি দুঃখ পেয়েছ? আমার মুখ দিয়ে তখন কোনো কথাই বেরুচ্ছিল না। তিনি আমাকে শান্তনা দিতে গিয়ে বললেন, 'তুমি নজরুল গীতিই গেয়েছ এবং ভালোভাবেই গেয়েছ। কিন্তু স্যাররা ভুল সিদ্ধান্ত নিয়েছেন। আমি আগে জানলে প্রতিবাদ করতাম, কিন্তু ফলাফল ঘোষণার পরে স্যারদেরকে খাটো করতে চাইনি। তুমি গান গাওয়া চালিয়ে যাও। তবে পল্লীগীতি গাইলে ভাল করবে।' কিন্তু স্যারের কথা রাখতে পারিনি। সেদিন থেকে কেন জানি কণ্ঠ ছেড়ে আর গান করতে পারতাম না, এখনো পারি না।

প্রশ্ন: গানের জগৎ থেকে ইতিহাস চর্চার ভূবনে কীভাবে এলেন?

উত্তর: এ বিষয়ে আমার প্রথম শিক্ষক সিলেট কেন্দ্রীয় মুসলিম সাহিত্য সংসদের কর্ণধার মুহম্মদ নুরুল হক। তার বড়ো ছেলে আজিজুল হক মানিক আমার সহপাঠী। সেজন্য তিনি আমাকেও ছেলের মতো স্নেহ করতেন। ১৯৮০ সালে কলেজে অধ্যয়নকালীন অবসর কাটতো সিলেট কেন্দ্রীয় মুসলিম সাহিত্য সংসদে আড্ডা দিয়ে। তখন পদ্যজাতীয় কবিতা, গান, গল্প এবং নাটক লেখার চর্চা করতাম, এ নিয়ে পড়াশোনাও করতাম। আমার এ কাজগুলো সংসদের কর্ণধার মুহম্মদ নুরুল হকের নজরে পড়ে। একদিন কাছে ডেকে নিয়ে জানতে চান কোন বিষয়ে আমার আগ্রহ বেশি। উত্তর শুনে বলেন, 'লাইব্রেরির প্রতি মোহ দেখে মনে হচ্ছে, আপনি সময়-সুযোগে ইতিহাস-ঐতিহ্যের সন্ধান করলে ভালো করবেন। এই মুসলিম সাহিত্য সংসদের কথাই ধরুন। এটি গড়ে ওঠার পেছনেও একটি চমৎকার ইতিহাস আছে। সংশ্লিষ্টরা সবাই একে একে চলে যাচ্ছেন। সময়-সুযোগে নোট নিয়ে রাখলে একসময় দেখবেন এ প্রতিষ্ঠানটির ইতিহাস লেখার মতো উপাদান হয়ে গেছে। তখন লিখতে সময় লাগবে না। কাজ এভাবেই করতে হয়।'

কথাগুলো বলে সৈয়দ মুর্তাজা আলীর 'হযরত শাহজালাল ও সিলেটের ইতিহাস' গ্রন্থটি আমার হাতে তুলে দিয়ে বলেন— 'এটি পড়ে দেখবেন, ভালো লাগবে।' বইটি নিয়ে বাসায় ফিরলাম। পড়লাম। ভালোই লাগল। ফেরত দেবার সময় জানতে চাইলেন, পড়ে কোনো নোট নিয়েছি কি না? না বাচক উত্তর দিতেই বলেন— 'নোট নেবেন। এই যেমন আপনার গোলাপগঞ্জ থানা সম্পর্কে গ্রন্থটিতে কী আছে। সেগুলোর নোট নিয়ে সময়-সুযোগে আরও জানার চেষ্টা করবেন। গোলাপগঞ্জের কোনো লিখিত ইতিহাস নাই। সেই ইতিহাস লেখার ইতিহাস আপনি নিজেই সৃষ্টি করতে পারেন।'

কথাগুলো আমাকে এতো জোরে ধাক্কা দিয়েছিল যে, আমি প্রায় ঝাপটা মেরে তার হাত থেকে বইটি আবার ফিরিয়ে নিয়ে বলেছিলাম— বইটি আমি আবারো পড়তে চাই। সেই দিন থেকেই ইতিহাসের প্রতি আমার আগ্রহের সূচনা।

প্রশ্ন: ইতিহাসনির্ভর বই লিখতে অশেষ ধৈর্য ও সময়ের প্রয়োজন। প্রবাসে এমন ব্যতিব্যস্ত জীবনে এতো শ্রম, দৈর্য, মেধা ও সময় বিনিয়োগে আপনার প্রেরণার উৎস কী?

উত্তর: বিলাতেও আমাকে ইতিহাস-সন্ধানী হতে অনুপ্রেরণা যোগান প্রখ্যাত সাংবাদি-কলামিস্ট ও সমাজসেবী তাসাদ্দুক আহমদ। তার পরে কাজ হাতে-কলমে দীক্ষা দেন লেখক-সাংবাদিক আবদুল মতিন। আবদুল মতিনের কাছ থেকেই শিখেছি কীভাবে দিনের পর দিন একটি লেখাকে ঘষামাজা করতে হয়। তার পরে প্রেরণার উৎস বিলাতের বাঙালিসমাজ। প্রায় আড়াই দশকেরও বেশি সময় ধরে এখানকার বাংলা পত্রপত্রিকা, রেডিও, টেলিভিশন, ঐতিহাসিক, গবেষক এরা বিলাতের বাঙালি কমিউনিটি ইতিহাস ও ঐতিহ্য সম্পর্কে, মুক্তিযুদ্ধে বিলাতবাসী বাঙালির অবদান সম্পর্কে, বাঙালি অভিবাসন সম্পর্কে জানতে, প্রয়োজনে তথ্যচিত্র বানাতে তথ্য-উপাত্তের জন্য আমার কাছে আসেন। আমিও আমার সাধ্যমত তাদেরকে সাহায্য-সহযোগিতা করতে চেষ্টা করি। আমার প্রতি এদের বিশ্বাসই আমাকে ইতিহাসনির্ভর বই লিখতে প্রেরণা যোগায়।

প্রশ্ন: মাত্র দুটি ব্যতিক্রম ছাড়া আপনার প্রায় প্রত্যেকটি বই বিলাতকেন্দ্রীক, কেন?

উত্তর: দেখুন আমি বিলাতে থাকি। এখানকার বাঙালি সমাজের জীবনযুদ্ধ, ধর্ম, সংস্কৃতি ও রাজনীতি চর্চা ইত্যাদির আমি প্রায় তিন দশকের্ প্রত্যক্ষদর্শী। এছাড়া, এখানকার বাঙালিদের ওপর খুব বেশি লেখা হয়নি। ক্যারোলাইন অ্যাডাম্‌স মৌখিক ইতিহাস সংগ্রহের যে চর্চাটি শুরু করেছিলেন, সে ধারাকেই এগিয়ে নেন নুরুল ইসলাম, ইউসুফ চৌধুরী, আনসার আহমদ উল্লাহ প্রমুখ। একমাত্র ব্যতিক্রম ছিলেন প্রফেসর গোলাম মুরশিদ। কিন্তু তার গ্রন্থটি তথ্যগত বিভ্রান্তির কারণে বাঙালি কমিউনিটি গ্রহণ করতে পারেনি। বলতে পারেন এই ভেকুয়াম বা শূণ্যতাকেই আমি কাজে লাগাচ্ছি। সেজন্য আমার প্রায় প্রত্যেকটি বই বিলাতকেন্দ্রীক।

প্রশ্ন: প্রবাসী লেখকদের প্রকাশিত বই পড়লে সহজে অনুমান করা যায় যে, তা শুধু অর্থের শ্রাদ্ধ ও সৌখিনতা, কিছু ব্যতিক্রম ও আছে। এ ব্যাপারে আপনার ধারণা কী?

উত্তর: আপনার অনুমান পুরোপুরি সঠিক নয়। প্রথমে বলতে চাই আমরা যারা ইউরোপ-আমেরিকা-অস্ট্রেলিয়া ইত্যাদি উন্নত দেশ ও মহাদেশে বাস করি, তারা এখন আর প্রবাসী নই, ঐ সকল দেশবাসী। সে হিসেবে আমি বিলাতপ্রবাসী নই, বিলাতবাসী। আরও স্পষ্টভাবে বললে বাঙালি-ব্রিটিশ। দ্বিতীয়ত বিলাতে বসে যারা সাহিত্যচর্চা করেন, তারা কোনো ভাবেই বাংলাদেশের লেখকদের চাইতে খারাপ লেখেন না, বরং অনেকেই আরও ভালো লেখেন। বাংলাদেশের সঙ্গে বিলাতের বাঙালির তুলনা করতে হলে মনে রাখতে হবে বিলাতের বাঙালির সংখ্যা বাংলাদেশের যেকোনো উপজেলার লোকসংখ্যার চাইতেও কম। এই কথাটি মনে রেখে যখন তুলনা করবেন তখন দেখবেন— নিরদ সি. চৌধুরী, তাসাদ্দুক আহমদ, আবদুল মতিন, হিরন্ময় ভট্টাচার্য, আব্দুর রউফ চৌধুরী, সিরাজুর রহমান, কেতকী কুশারী ডাইসন, মাসুদ আহমদের মতো শক্তিমান লেখক-সাংবাদিক-কলামিস্ট ও

কথাসাহিত্যিকরা লন্ডনে বসেই তাদের সাহিত্যকর্ম করেছেন। বাংলাদেশের কাগজগুলোর অদ্বিতীয় সাংবাদিক-কলামিস্ট আবদুল গাফফার চৌধুরী লন্ডনে বসেই লেখালেখি করছেন। বাংলা সাহিত্য ও ইতিহাসের উভয় বাংলায় বিখ্যাত পণ্ডিত গোলাম মুরশিদ, কবি-সাংবাদিক ও কথাসাহিত্যিক কাদের মাহমুদ, গোলাম কাদের, সালেহা চৌধুরী, শামীম আজাদ প্রমুখতো লন্ডনেরই বাসিন্দা। অন্যান্যদের মধ্যে আছেন— গোলাম কবির, ইসহাক কাজল, ফরিদ আহমদ রেজা, রেণু লুৎফা, রব্বানী চৌধুরী, মাসুদ রানা, আতাউর রহমান মিলাদ, আহমদ ময়েজ, দিলু নাসের, মাশুক ইবনে আনিস, দেলওয়ার হোসেন মঞ্জু, মুজিব ইরম প্রমুখ। এরা কিন্তু একদিনে লেখক হয়ে ওঠেননি। যাদের বই পড়ে মনে হচ্ছে শুধু অর্থের শ্রাদ্ধ ও সৌখিনতা, একদিন দেখবেন তারাই বড়ো লেখক হয়ে উঠেছেন।

আর যদি আপনি এখানে জন্ম নেয়া বাঙালির কথা বলেন তাহলে আমি বলবো তারা বিশ্বজয়ী। বিশ শতকের শেষ দশক থেকে যে বাঙালি-ব্রিটিশরা ইংরেজি সাহিত্য করছেন, তাঁদের মধ্যে মনিকা আলী সবচে আলোচিত ও প্রশংসিত (এবং পূর্ব লন্ডনের সিলেটি বাঙালি সমাজের একটি অংশের কাছে সমালোচিত)।

আরেকজন খ্যাতিমান লেখক হচ্ছেন জিয়া হায়দার রহমান। তার জন্ম মৌলভিবাজার জেলায় কাদিপুর ইউনিয়নের হাসিমপুর গ্রামে। ১৯৭১ সালের পরে, মাতাপিতার সঙ্গে লন্ডনে আসেন। অক্সফোর্ড, ক্যাম্ব্রিজ ও ইয়েল বিশ্ববিদ্যালয়ে পড়াশোনা করে, জিয়া প্রথমে ছিলেন একজন বিনিয়োগ ব্যাংকার হন; এরপর কর্পোরেট আইনজীবী, আরও পরে আন্তর্জাতিক মানবাধিকার বিষয়ক আইনজীবী হিসেবে কাজ করছেন। ২০১৪ সালে তার প্রথম উপন্যাস *ইন দ্য লাইট অব হোয়াট উই নো* প্রকাশিত হয়। উপন্যাসটি এখন পর্যন্ত— ডাচ, হিব্রু, স্পেনিশ, ফ্রেঞ্চ, জার্মান, বাংলা, পর্তুগিজসহ বিভিন্ন ভাষায় অনূবাদিত হয়েছে। এই উপন্যাসটির জন্য তিনি ২০১৫ সালে যুক্তরাজ্যের সবচে পুরানো ব্রিটিশ সাহিত্য পুরস্কার— 'জেইম্স টেইট ব্ল্যাক প্রাইজ' লাভ করেন। অন্যদের মধ্যে আছেন— আইরিন জোবাইদা খান, মঞ্জু ইসলাম (সৈয়দ মঞ্জুরুল ইসলাম), তাহমিমা আনাম, সঞ্চিতা ইসলাম, মোহাম্মদ মাহবুব হোসেন (ইড হাসান), ফয়সল ইসলাম, রাবিনা খান, কেয়া আব্দুল্লাহ, শেলি সিলাস, রেখা ওয়াহিদ, শাহিদা রহমান, সাবিরুল ইসলাম প্রমুখ। বর্তমানে কানাডাবাসী কথাশিল্পী নিয়ামত ইমাম, তাঁর বিখ্যাত উপন্যাস *দ্য ব্লাক কোট* লন্ডনে বসে লিখিছিলেন। উপন্যাসটি পেঙ্গুইন ২০১৩ সালে ভারতে ও ২০১৫ সালে লন্ডনে প্রকাশ করে।

প্রশ্ন: প্রবাসে সবাই যায় জীবিকার সন্ধানে। যদিও কেউ কেউ সাহিত্য করে থাকেন। কিন্তু অনেকের লেখা পড়ে বিরক্তি লাগে। বুঝা যায় লেখার পেছনে কোনো শ্রম নেই এর কারণ কী?

উত্তর: দেখুন যারা লেখালেখি করেন তাদের কাছে টাকা কখনোই মুখ্য বিষয় নয়। আমার বিশ্বাস আপনিও টাকার পেছনে ছুটেননি বা ছুটছেন না। তবে হ্যাঁ, পশ্চিমা বিশ্বের অনেক লেখকই তাদের সাহিত্যকর্মের মাধ্যমে বিত্তবান হয়েছেন, অর্থাৎ টাকাই তাদের পেছনে

ছুটেছে, তারা নন। যারা টাকার পেছনে ছুটেছেন তারা লেখক থাকেননি, ব্যবসায়ি হিসেবেই প্রতিষ্ঠা পেয়েছেন।

প্রশ্ন: আপনি ব্রিটেন প্রবাসী। সেখানে ইতিহাসচর্চার পেছনে যে সময় দিয়েছেন তা যদি পাউন্ডের পেছনে দিতেন তা হলে, ব্যক্তিগতভাবে লাভবান হতেন। বিত্ত না বই এই প্রশ্নে কোনটাকে আগে স্থান দিবেন, কেন দেবেন?

উত্তর: আপনাকে প্রথমেই বলে নেয়া দরকার যে, আমি পেশায় ব্যবসায়ী, নেশায় লেখক। জীবন ও জীবিকার তাগিদেই ব্যবসায়ী, মনের প্রয়োজনে লেখক। কোনোটাই আমার কাছে গুরুত্বহীন নয় বরং একটি আরেকটির পরিপূরক। আমার ব্যবসা থাকার কারণেই লেখালেখিতে সময় দিতে পেরেছি, নতুবা পারতাম না। সেজন্য আমি প্রথমে ব্যবসা এবং পরে লেখালেখিকে স্থান দিয়েছি। সব সময়ই আমার মনে ছিল কবি সুকান্তের সেই বিখ্যাত কবিতা, 'ক্ষুধার রাজ্যে পৃথিবী গদ্যময়, পূর্ণিমা চাঁদ যেন ঝলসানো রুটি'।

প্রশ্ন: এত পড়াশুনা লেখালেখি করেন তাতে পরিবারের সমস্যা হয় নিশ্চয়ই। বাংলাদেশ হলে অন্য কথা গ্রেট ব্রিটেন যেখানে হিসেব করে সময় খরচ করতে হয়, আপনার পারিবারিক কোনো অসন্তুষ্টি আছে কি?

উত্তর: আগে সমস্যা হত না, মধ্যখানে হয়েছিল কিন্তু এখন আর হয় না। আরেকটু খোলাসা করে বলি— আমার 'বিলাতে বাংলা সংবাদপত্র ও সাংবাদিকতা' নামক ২৫২ পৃষ্ঠার পুরো বইটি আমার স্ত্রীর নিজের হাতে টাইপ করা। তখন আমি বাংলা টাইপ করা জানতাম না। আমার স্ত্রী বিলাতবাসী হয়েছেন খুব সম্ভব চার অথবা পাঁচ বছর বয়সে। লেখাপড়ার হাতেখড়ি লন্ডনে। এখানেই তিনি তার পিতার কাছে বাংলা শিখেছেন এবং মাধ্যমিক স্কুলেও বাংলা পড়েছেন। আমি যখন বইটি লিখি তখন আমার মেয়ের জন্ম হয়। তিনি তখন ছুটিতে। দিনে আমি কাজে থাকি তখন ঘরে একা কী করবেন? বসে বসে তার সেই বাংলা ভাষাজ্ঞান দিয়েই বাংলা টাইপ করতে শিখেন। আমি তখন কয়েক পৃষ্ঠা করে লিখে দিয়ে কাজে চলে যেতাম এবং দিনে তিনি সেগুলো টাইপ করে রাখতেন। রাতে দুজনে বসে সেগুলো ঠিক করতাম। পরে তার কাছ থেকেই আমি বাংলা টাইপ করতে শিখি। তিনি মনে করেছিলেন এই বই লেখার পরেই সম্ভবত আমার লেখার কাজ শেষ। পরে যখন দেখলেন আমার কাজের কোনো শেষ নেই তখন রাগগোসা করতেন, এখন আর করেন না।

প্রশ্ন: আমাদের দেশে একটি প্রবাদ প্রচলিত আছে যে, বাঙালি বই পড়েনা। বড়ো-বড়ো লেখকদের বই বাংলা একাডেমি বর্তুকী দিয়ে কিনে প্রকাশনা শিল্পকে টিকিয়ে রেখেছে, এর কারণ কি?

উত্তর: বাঙালির বই পড়ার অভ্যাস কম, এটা ঠিক। আমিও অনেক লেখককে জানি, তারা তাদের প্রকাশিত বইও ভালো করে পড়ে দেখেন না যে সেগুলোতে কোনো ত্রুটি আছে কি না। আপনি নিশ্চয়ই 'ওয়ার অ্যান্ড পিস' বইটির নাম শুনে থাকবেন, হয়ত পড়েছেনও।

এটিকে লেখক ছয় বার পূর্ণলিখন করেছিলেন। তার পরেই বইটি বিশ্বখ্যাতি লাভ করে। আর বাংলা বাংলা একাডেমি বিষয়ে বলবো যে, এটি প্রকাশনা শিল্পকে টিকিয়ে রাখার কাজে নিয়োজিত কোনো ব্যবসা প্রতিষ্ঠান নয়। এটির কাজই হচ্ছে বাংলা ভাষা, সাহিত্য, সংস্কৃতি, ইতিহাস ইত্যাদির ওপর গবেষণামূলক বইপত্র, বিদেশী সাহিত্যের অনুবাদ ইত্যাদি প্রকাশ করা। সেজন্য প্রতি বছর সরকারি বাজেটও থাকে।

প্রশ্ন: ব্যক্তিগত জীবন সম্পর্কে জানতে চাই?

উত্তর: আগেই বলেছি ব্যক্তিগত জীবনে আমার মূল পেশা ব্যবসা, নেশা লেখালেখি। এক কন্যা এবং দুইপুত্র নিয়েই আমার আটপৌরে পরিবার। মেয়ে লেখাপড়া শেষ করে কাজ করছেন। বড়ো ছেলে বিশ্ববিদ্যালয়ে পড়ছে এবং ছোটো ছেলে এ বছর মাধ্যমিক পরীক্ষা দেবে। স্ত্রীও একটি নার্সারি স্কুলে কাজ করেন। অর্থাৎ আমরা সবাই যে যার কাজেই ব্যস্ত।

প্রশ্ন: লেখক হওয়ায় এবং লেখকদের অবমূল্যায়নের এ যুগে কোনো ক্ষেদ কাজ করে কিনা?

উত্তর: মূল্যায়ন-অবমূল্যায় নিয়ে আমার কোনো মাথাব্যথা নেই, ক্ষেদতো দূরের কথা। আমি যে বিষয় নিয়ে লিখি সে বিষয়ে বিশ্বস্ত থেকেই পরিশ্রম করে লিখি। এখন পর্যন্ত আমার কোনো লেখা নিয়ে কোনো ধরণের বিতর্ক হয়নি। কারণ, লেখাগুলো তথ্যভিত্তিক। আমি চেষ্টা করেছি লেখাগুলো বস্তুনিষ্ঠভাবে তথ্যসূত্র উল্লেখ করেই লিখতে। সেজন্য গত প্রায় চার দশকের বেশি সময় ধরে লেখালেখি করলেও প্রকাশিত বিষয়ভিত্তিক মননশীল বইয়ের সংখ্যা মাত্র তিনটি এবং প্রকাশিতব্য আরও দুটি। অর্থাৎ এক একটি বইতে আমি কমপক্ষে পাঁচ থেকে দশ বছর বা আরও বেশি সময় ব্যয় করেছি।

প্রশ্ন: বইগুলোর নাম কি জানতে পারি?

উত্তর: হ্যাঁ, সেগুলো হচ্ছে, ‘বিলাতে বাংলা সংবাদপত্র ও সাংবাদিকতা’, ‘বিলাতে বাংলার রাজনীতি’, ‘গোলাপগঞ্জের ইতিহাস’,‘সাপ্তাহিক জনমত : মুক্তিযুদ্ধের অনন্য দলিল’। প্রকাশিতব্য গ্রন্থের মধ্যে আছে, ‘বিলাতে বাংলা সাহিত্য ও সংস্কৃতিচর্চা’, এবং ‘বিলাতে বাঙালি অভিবাসন’। এর মধ্যে ‘বিলাতে বাংলা সাহিত্য ও সংস্কৃতিচর্চা’ গ্রন্থটি এ বছর বাংলা একাডেমি থেকে প্রকাশের কথা রয়েছে।

'ডানা ভাইঙ্গা পড়লাম আমি লন্ডনের শহরে তোমরা আমায় চিনো নি'

।। ইসহাক কাজল ।।

লেখক-গবেষক ফারুক আহমদের জন্ম ১৯৬৪ সালের ২২শে জানুয়ারি সিলেট জেলার গোলাপগঞ্জ থানার গোয়াসপুর গ্রামে। বিশ শতকের আট দশকের গোড়ার দিক থেকে সাহিত্যচর্চা ও সাংবাদিকতার সঙ্গে জড়িত। রেডিও বাংলাদেশের অনুমোদিত গীতিকার ও নাট্যকার। ১৯৯৪ সালে লন্ডন থেকে প্রকাশিত মাসিক *লন্ডন বিচিত্রা* পত্রিকার প্রধান সম্পাদক ছিলেন। প্রকাশিত গ্রন্থের মধ্যে রয়েছে: 'এ মাটির বাউল' (গীতিকবিতা: ১৯৯৪);'বিলাতে বাংলা সংবাদপত্র ও সাংবাদিকতা (২০০২); 'মুক্তিযুদ্ধের স্মৃতি' (২০০৭); 'বিলাতে বাংলার রাজনীতি' (২০১২); 'গোলাপগঞ্জের ইতিহাস' (২০১৫); 'বিলাতে বাংলা সাহিত্য ও সংস্কৃতি চর্চা' (২০১৯); 'সাপ্তাহিক জনমত : মুক্তিযুদ্ধের একটি অনন্য দলিল' (২০১৬); প্রকাশিতব্য: 'বিলাতে বাঙালি অভিবাসন'। এবং ইংরেজি: Bengali Journals and Journalism in Britain (2000), Bengal Politics in Britain Logic, Dynamics and Disharmony (2010).

সম্পাদনা করেছেন লন্ডনবাসী সাংবাদিক ও বাম রাজনীতিবিদ তাসাদ্দুক আহমদের জীবনীমূলক গ্রন্থ 'জীবন খাতার কুড়ানো পাতা' (২০০২)। ইতোমধ্যে তিনি তার উল্লিখিত গবেষণামূলক গ্রন্থগুলোর জন্য দেশে-বিদেশে খ্যাতি অর্জন করেছেন। গবেষণামূলক কাজের জন্য ২০১৩ সালে বাংলা একাডেমি প্রবাসী লেখক পুরস্কার লাভ করেন। আশির দশকে তিনি রেডিও বাংলাদেশের অনুমোদিত গীতিকার ও নাট্যকার হিসেবে খ্যাতি অর্জন করলেও নব্বইয়ের দশকের প্রথম দিকে তার বিলাতে বাংলা সংবাদপত্র ও সাংবাদিকতা গ্রন্থটি প্রকাশের সঙ্গে সঙ্গে তিনি বিলাতের বাঙালি মহলে গবেষক ফারুক আহমদ নামেই পরিচিতি লাভ করেন। এর আগে বিচ্ছিন্নভাবে বাঙালির ওপর লিখেছেন— ক্যাথলিন হান্টার, ক্যারোলাইন অ্যাডাম্‌স প্রমুখ। তবে ফারুক আহমদই বিলাতের বাঙালিদের ইতিহাসও ঐতিহ্য নিয়ে সবচেয়ে বেশি গবেষণা করেছেন, ইতিহাস লিখেছেন। এ পর্যন্ত বিলাতে বাঙালি সম্প্রদায়ের জনবসতিস্থাপনের ইতিহাস, সংবাদপত্রের ইতিহাস, রাজনীতির ইতিহাস, মুক্তিযুদ্ধে বাঙালির অংশগ্রহণ, বর্ণবৈষম্যবিরোধী আন্দোলনে বাঙালির ভূমিকা, তাদের সাহিত্য ও সংস্কৃতি চর্চা ইত্যাদি ইত্যাদি। এর আগে বিলাতের বাঙালিদের নিয়ে এ ধরণের কাজ হয়নি। তার বিলাত-সিরিজের বইগুলো জন্যই বিলাতে বাঙালি সম্প্রদায়ের বর্তমানে অনেকেই তাকে ঐতিহাসিক ফারুক আহমদও বলে থাকেন।

ফারুক আহমদ ১৯৮৯ সাল থেকে লন্ডনে বসবাস করছেন। প্রায় তিন দশকের কাছাকাছি সময়ের ঘনিষ্ঠ বন্ধু। আমি লন্ডনবাসী হওয়ার পর থেকে প্রায় প্রত্যেক সপ্তাহে অন্তত একদিন আমরা একসঙ্গে বেড়াই, বিভিন্ন আচার-অনুষ্ঠানে যাই। অথবা কোনো পত্রিকা অফিসে না হয় চায়ের স্টলে বসে আড্ডা দিই। নানা ধরণের গল্প-গুজব করি, চা-য়ের কাপে ঝড় তুলে

রাজা-উজির মারি। কিন্তু তার চিন্তা-চেতনা, এবং ধ্যান-ধারণা সম্পর্কে সিরিয়াস কোনো আলোচনা হয় না। এ দৃষ্টিকোণ থেকেই লেখক-গবেষক ফারুক আহমদের মুখোমুখি হয়েছিলাম এবং সেগুলোই পাঠকের কাছে নিবেদন করলাম।

প্রশ্ন: প্রথম লেখা কোথায় এবং কত সালে প্রকাশিত হয়?

উত্তর: প্রথম লেখা প্রকাশিত হয় ১৯৭৯ সালে গোলাপগঞ্জ এম সি একাডেমি থেকে প্রকাশিত গোলাপ কুঁড়ি ম্যাগাজিনে।

প্রশ্ন : আপনার লেখা গানের সংখ্যা কত?

উত্তর: হিসেব করে দেখিনি। তবে দুই তিনশ' হবে বলে ধারণা করি।

প্রশ্ন : আপনার গানের কোনো বই বের হয়েছে?

উত্তর: হ্যাঁ, আমার প্রথম প্রকাশিত গ্রন্থটিই হচ্ছে 'এ মাটির বাউল'। গীতিকবিতার বই। বইটিতে মাত্র নিরানব্বইটি গান স্থান পেয়েছে।

প্রশ্ন: বাকি গানগুলো দিয়ে বই করার ইচ্ছে আছে?

উত্তর: হ্যাঁ, আছে। পাণ্ডুলিপি তৈরি করেছিলাম প্রায় বছর দশেক আগে। মুখবন্ধ লিখে দিয়েছিলেন আবদুল গাফফার চৌধুরী। কিন্তু প্রকাশকে দেবো, দিচ্ছি করে তা আর হয়ে উঠছে না। ভাবছি, অল্প বয়সের লেখা গানগুলো আরেকটু ঘষামাজা করে বের করতে।

প্রশ্ন: এখনো গান লেখেন?

উত্তর: লন্ডনে আসার পরে, দু' থেকে তিনটের বেশি গান লেখা হয়ে ওঠেনি মূলত অন্যান্য কাজে ব্যস্ত থাকার কারণে। এখনতো প্রায় ভুলেই গেছি যে, এক সময় আমি গান লিখতাম।

প্রশ্ন: আপনার দেয়া তথ্যমতে বিলাতে বাঙালিদের গমনাগমন চলছে ষোল শতক থেকে। অথচ খুবসম্ভব বাঙালিদের নিয়ে প্রথম বই লেখেন অন্তত আমার জানামতে ক্যারোলাইন এডাম্‌স। এর কারণ কী? অর্থাৎ আমাদের ব্যাপারে ইংরেজদের আগ্রহ এতো কম কেন?

উত্তর: আপনার ধারণা সঠিক নয়। এর আগেও অনেক বই লেখা হয়েছে। তবে তখন আমাদের পূর্বসূরিরা ছিলেন ভারতীয় লস্কর। অর্থাৎ ইন্ডিয়ান লস্কর। ১৯৪৭ সালে পাকিস্তান হওয়ার পরে, পাকিস্তানী হিসেবে মূলত বাঙালিরদের ওপর বই লেখেন ব্যারিস্টার আলী মোহাম্মদ আব্বাসের স্ত্রী ক্যাথলিন হান্টার। নাম 'পাকিস্তানিজ ইন ব্রিটেন'। প্রকাশ কাল সেই ১৯৬৩ইং। তার পরে, ১৯৮৭ সালে ইনার লন্ডন অথোরিটির উদ্যোগে বাঙালি নয়, সিলেটীদের নিয়ে বই লেখেন এফ আর ভাট্টি। অবাক হওয়ার মতো বিষয় যে, তখন পর্যন্ত বাঙালিদের মধ্যে, বাঙালিদের ওপর বই লেখার মতো আগ্রহী হয়ত এমন কেউ ছিলেন না। নতুবা একজন পাকিস্তানী সিলেটীদের ওপর বই লেখার দায়িত্ব হয়ত পেতেন না। বইটিতে তথ্যগত বিভ্রান্তির কারণে পরবর্তীকালে এর প্রকাশনা বাতিল হয়ে যায়। তার পরেই বাঙালি লস্করদের নিয়ে বই লেখেন ক্যারোলাইন অ্যাডাম্‌স। মূলত তারই দেখানো পথে বাঙালি লস্করদের নিয়ে বই লেখেন নুরুল ইসলাম এবং ইউসুফ চৌধুরী। এদের লেখা বইগুলো আসলে ওর‍্যাল হিস্টরি বা মৌখিক ইতিহাস। নুরুল ইসলামের 'প্রবাসীর কথা' বইটি আকারে বিশাল হলেও গোছালো নয়, এমনকি শুধু বিলাতবাসী বাঙালিদের নিয়ে লেখাও নয়।

বইটিতে তিনি পৃথিবীর বিভিন্ন দেশে বাঙালিদের অভিবাসন নিয়ে লিখেছেন। লিখেছেন অবাঙালি, এমনকি কৃষ্ণাঙ্গদের কথাও। এই বইয়ের তুলনায় ইউসুফ চৌধুরী বইগুলো তথ্যগত দিক থেকে কিছুটা দুর্বল হলেও বিলাতকেন্দ্রীক। মৌখিক ইতিহাস আরও অনেকে লিখেছেন। তার পরে, ড. আলী আসগর পূর্ব লন্ডনে বাঙালির সংগঠনগুলো নিয়ে গবেষণা করেছেন। এটি একটি উল্লেখযোগ্য গবেষণাকর্ম। ভারতীয়দের বিলাত আগমন সম্পর্কে সবচে উল্লেখযোগ্য গবেষণাকর্ম হচ্ছে রোজিনা বিসরামের 'আয়াজ, লস্কর্স, অ্যান্ড প্রিন্সেস'। এভাবে বাঙালিদের নিয়ে অসংখ্য গবেষণাকর্ম, ইতিহাস আছে। এর পরে আমাদের আরেক বাঙালির ইংরেজ বধু জর্জি ওয়াইম্স গবেষণা কর্ম হচ্ছে 'দ্য ইনভিজিবল অ্যাম্পায়ার'।

প্রশ্ন:আপনার 'বিলাতে বাংলা সংবাদপত্র ও সাংবাদিকতা' বইটির প্রথম সংস্করণ বের হয়েছিল ২০০২ সালে। বর্তমানে শুনলাম এটির দ্বিতীয় সংস্করণ হচ্ছে।

উত্তর: ২০০২ সালে এটির প্রথম সংস্করণ বের হয়নি, বইটি প্রথম প্রকাশিত হয়েছিল। প্রথম সংস্করণ বের হবে এখন। বাংলাদেশের অনেক প্রকাশক এ অতি সাধারণ ভুলটি প্রায় সময়ই করে থাকেন। অর্থাৎ তারা প্রথম 'প্রকাশ' ও 'সংস্করণ'কে গুলিয়ে ফেলেন। 'সংস্করণ' শব্দটা এসেছে 'সংস্কার' থেকে। নতুন ভাবে তৈরি কোনো কিছুর প্রকাশকে সংস্কার বলা যাবে না। সংস্কার করা হয় তৈরি অথবা পুরনো জিনিসকে। বইয়ের সংস্করণ তখনই হবে যখন এটার ভুলক্রুটি সংশোধন করে, তবেই প্রকাশ করা হবে। আবার একই বই হুবহু দ্বিতীয়বার প্রকাশ করাকেও সংস্কার বলা যাবে না, এটাঁ দ্বিতীয় প্রকাশ অথবা দ্বিতীয় মুদ্রণ। এই কথাটির সম্পূরক আরেকটি ঘটনা মনে পড়ে গেল। ঘটনাটি লন্ডনবাসী লেখক-সাংবাদিক আবদুল মতিনের কাছ থেকে শোনা। তিনি প্রত্যেক বছর ফেব্রুয়ারি মাসে দেশে যেতেন। ১৯৮৩ সালে দেশে গিয়ে বেড়াতে গেছেন চরমপত্রখ্যাত সাংবাদিক এম আর আখতার মুকুলের সাগর পাবলিশার্সে। তখন তার 'আমি বিজয় দেখেছি' গ্রন্থের মুদ্রণ চলছিল। মতিন ভাই বাসায় ফেরার সময় মুকুল ভাই তাকে বইটির প্রুফ দেখে দেবার জন্য একটি ফর্মা হাতে তোলে দেন। দুদিন পরে এগুলোর প্রুফ দেখে ফেরত দিতে গিয়ে জানতে পারেন মুকুল ভাই বাইরে গেছেন, শিগগীরই ফিরে আসবেন। তবে বলে গেছেন তিনি গেলে তাকে বসিয়ে রাখার জন্য। মতিন ভাই সাগর পাবলিশার্সের অফিসে বসে আছেন তখন দেখেন টেবিলের ওপর 'আমি বিজয় দেখেছি' বইয়ের ক্রেডিট পেইজ। কাগজটি হাতে নিয়েতো তার চক্ষু চড়কগাছ! একটিতে প্রথম মুদ্রণ অগ্রহায়ন ১৩৯১, আরেকটিতে দ্বিতীয় মুদ্রণ ১৩৯১।

আরেকটি হাতে নিয়ে দেখেন চতুর্থ সংস্করণ। এভাবে এক থেকে পঞ্চম সংস্করণ পর্যন্ত ছাপানো। মুকুল ভাই ফিরে আসার পর জানতে চাইলেন এগুলো কী? ঘটনাটি শুনে তিনি যেন আকাশ থেকে পড়লেন, এবং বললেন ওরা সম্ভবত ভুল করে এগুলো করেছে। মতিন ভাই বললেন, আমি আর কথা বাড়াতে গেলাম না। আসলে এটা ছিল প্রচার বাড়িয়ে দেখানোর এটা একটা কৌশল।

প্রকৃতপক্ষে অধিকাংশ প্রকাশনা সংস্থার মালিকেরা, প্রকাশক বলতে যা বুঝায় তারা তা নয়, তারা মুদ্রণ তদারক। একটি প্রকাশনা সংস্থার একটি সম্পাদনা পরিষদ থাকে, দক্ষ প্রুফ রিডার থাকেন। কিন্তু বাংলাদেশে অনেক প্রকাশনা প্রতিষ্ঠানের এসবের কিছুই নেই।

প্রশ্ন: আপনার বইতো বাংলা একাডেমি, সাহিত্য প্রকাশ, জ্যোৎস্না পাবলিশার্স, ইত্যাদি গ্রন্থ প্রকাশ থেকে বের হয়েছে। তাদের সম্পর্কে আপনার মন্তব্য কী?

উত্তর: মননশীল বই প্রকাশের ক্ষেত্রে বাংলা একাডেমিতো দেশের একটি অভিভাবক প্রতিষ্ঠান। ইউনিভার্সিটি প্রেস লিমিটেডতো আন্তর্জাতিক প্রকাশনা সংস্থা 'অক্সফোর্ড ইউনিভার্সিটি প্রেস'-এর ভিন্ন সংস্করণ। আগে এটার নাম ছিল 'অক্সফোর্ড ইউনিভার্সিটি প্রেস লিমিটেড'। তাদের কাজ ছিল ইংরেজি বই প্রকাশ। কিন্তু ভালো ব্যবসা না হওয়ায় তারা তাদের ব্যবসা গুটিয়ে নেয়। তখন এই প্রেসের সম্ভবত ম্যানেজার ছিলেন মহিউদ্দিন আহমদ। এই ঐতিহ্যবাহী প্রকাশনা সংস্থার ট্রেইন করা মানুষ। তিনি প্রেসটি কিনে নিয়ে বর্তমান নামে ব্যবসাটি চালু রাখেন। সেজন্য এই প্রতিষ্ঠানটি থেকে প্রকাশিত বইগুলো আন্তর্জাতিক মানের। এর পরেই ছিল সম্ভবত জাতীয় সাহিত্য প্রকাশের অবস্থান। কর্ণধার ছিলেন মফিদুল হক। এখন তিনি 'সাহিত্য প্রকাশ'-এর মালিক। আমার 'বিলাতে বাংলার রাজনীতি' বইটি সাহিত্য প্রকাশ থেকে বের হতে সময় লেগেছিল প্রায় চার বছর। আমি অনেকটা অধৈর্য্য হয়ে ওঠেছিলাম। অন্তত তিন থেকে চার বার প্রুফ দেখা ও সম্পাদনার পরে এটির ম্যানেজার মুমু জানালেন, মফিদুল হক নিজে একবার পুরো বইটি না পড়ে ছাপাতে দেবেন না, সেজন্য আরও কিছুদিন লাগবে। বইটি প্রকাশিত হলে পরে বুঝেছিলাম কেন এতো দিন লেগেছে। আসলেই তিনি প্রকাশক। এখন এই মানের অনেক প্রকাশনা সংস্থা বাংলাদেশে গড়ে উঠেছে।

প্রশ্ন : শুনেছিলাম আপনার বিলাত-সিরিজের আরেকটি বই খুব শীগশীরই বাজারে আসছে।

উত্তর: ঠিকই শুনেছেন। তবে কবে প্রকাশিত হবে তা বলা যাচ্ছে না। বইটির নাম 'বিলাতে বাঙালি অভিবাসন'।

প্রশ্ন : অনেকে বলেন আমাদের নতুন প্রজন্মের সামনে কোনো রোল মডেল নেই, তাদের রোল মডেল দরকার। আপনার অভিমত কী?

উত্তর: দেখুন মন্তব্য করতে, উপদেশ দিতে আমাদের জুড়িমেলা ভার। সেজন্য আমরা এসব কথা বলি। আসলে এগুলো কথার কথা। বলার কিছুই নেই তাই বলা। টিউলিপ সিদ্দিকীর কথা না হয় বাদই দিলাম। ধরুন রুশানারা আলী, ড. রূপা হক, আনোয়ার চৌধুরী এদের সামনে কি কোনো রোল মডেল ছিল? ইংল্যান্ডের মতো একটি পশ্চিমা দেশে জন্মগ্রহণ ও লেখাপড়া করে আমাদের ছেলেমেয়েরা রোল মডেলের অভাব বোধ করবে কেন?

প্রশ্ন : এদেশে, ২১শে ফেব্রুয়ারি, ১৬ই ডিসেম্বর, ২৬শে মার্চ পত্রিকা প্রকাশনা, টেলিভিশন চ্যানেল চালু হতে দেখা গেছে। এ ধরণের উদ্যোগকে আপনি কীভাবে দেখছেন?

উত্তর: আমার জানামতে, ১৯৫৪ সালের ২১শে ফব্রুয়ারি প্রকাশিত হয়েছিল তাসাদ্দুক আহমদ প্রকাশিত সংবাদ সাময়িকী দেশের ডাক। তার পরে, ১৯৬৯ সালের ২১শে ফেব্রুয়ারি

সাপ্তাহিক জনমত। এগুলো অবশ্যই ভালো লক্ষণ ছিল। কিন্তু ইদানীং আমাদের জাতীয় দিনগুলোতে চালু হওয়া পত্রিকা, টেলিভিশন চ্যানেল থেকে আরম্ভ করে গ্রোসারিশপ, রেস্টুরেন্ট ইত্যাদির জন্মদিন মানুষের মতো পালনের যে রীতি চালু হয়েছে, এতে দেখা যায়, ঐদিন আমাদের জাতীয় দিবসের চাইতে প্রতিষ্ঠানগুলোর জন্মবিষয়ক আচার-অনুষ্ঠানই মুখ্য হয়ে উঠছে। যা কোনো ভাবেই কাম্য হতে পারে না। এই রীতি ভবিষ্যতে আরও বাড়বে বলে ধারণা করি। মূলত এই আশঙ্কা থেকে আমার ক্ষুদ্রজ্ঞানে মনে হয়, আমাদের জাতীয় দিনগুলোতে পত্রিপত্রিকা এবং টেলিভিশন চ্যানেলতো বটে, অন্য কোনো ধরণের প্রতিষ্ঠানের উদ্বোধন না করাই উত্তম।

প্রশ্ন: আপনি দীর্ঘদিন হয় বিলাতে আছেন। দেশেও খুব বেশি যাওয়া-আসা করেন না। আগে বিলাতের বাঙালির জীবন ও কর্মকে নিয়ে গবেষণা করলেও বর্তমানে সিলেটের ইতিহাস নিয়ে চর্চা করছেন। কারণটা একটু ব্যাখ্যা করবেন?

উত্তর: আমার সকল কাজই মূলেই বাঙালি। সে সিলেট, ঢাকা, পশ্চিম বাংলা, ত্রিপুরা অথবা অন্য কোনো জায়গারই হোক। আরেকটু সহজভাবে বলতে চাইলে বলবো যত বয়স হচ্ছে, ততই চিন্তাধারাও প্রতিনিয়তই বদলে যাচ্ছে। যখন ভাবি সময়ের এই মহাসমুদ্রে আমার অবস্থান কোথায়? তখন বার বার নিজের অজান্তেই আমাদের সিলেটের কৃতিসন্তান গণসঙ্গীতশিল্পী হেমাঙ্গ বিশ্বাসের সেই বিখ্যাত গানটিই প্যারোডি করে গাই:

গোলাপগঞ্জের জালালি কৈতর
সুনামগঞ্জের কুড়া
সুরমা নদীর গাংচিল আমি শূণ্যে দিলাম উড়া
শূণ্যে দিলাম উড়ারে ভাই
যাইতে চান্দের চর
ডানা ভাইঙ্গা পড়লাম আমি লন্ডনের শহর
তোমরা আমায় চিননি।।

আমি আমাকে বাঁচিয়ে রাখতে হলে শিকড়ের কাছে ফিরে যাওয়া ছাড়া অন্য কোনো বিকল্প নেই। আপনারা আমার যে কাজগুলোকে গবেষণা বলেন, আমার কাছে সেগুলো শিকড়ের কাছে; মা, মাটি আর মানুষের কাছে ফিরে যাবার, এবং তাদের একজন হয়ে বেঁচে থাকার সাধনামাত্র। বর্তমানে আমি এই সাধনাই করছি।

মননশীল সাহিত্য চর্চা[৩৩]

।। চিন্তাসূত্র ডক কম ।।

ফারুক আহমদের জন্ম ১৯৬৪ সালের ২২শে জানুয়ারি, সিলেটের গোলাপগঞ্জ থানার গোয়াসপুর গ্রামে। রেডিও বাংলাদেশের গীতিকার ও নাট্যকার। রয়েছে সাহিত্য, সংবাদপত্রি ও সাংবাদিকতা নিয়ে ডজনখানেক গ্রন্থ। ১৯৮৯ সাল থেকে লন্ডনে বসবাস করছেন। প্রবাসে সাহিত্য চর্চা ও বাংলা সাহিত্যের ভবিষ্যৎ নিয়ে চিন্তাসূত্রের মুখোমুখি হয়েছেন তিনি।

চিন্তাসূত্র : দেশ থেকে অনেক দূরে আছেন। কত বছর ধরে আছেন প্রবাসে? কেমন লাগছে প্রবাসজীবন?

ফারুক আহমদ: বিলাতে আছি আজ প্রায় তিন দশকের কাছাকাছি। আপনার প্রশ্নের উত্তর দেবার আগে, 'প্রবাস' শব্দের একটি ব্যাখ্যা দেওয়া প্রয়োজন। যেমন, আমাদের পূর্বপুরুষের কাছে বাংলাদেশের বাইরের যেকোনো দেশই ছিল প্রবাস। তারা বিশেষ করে ইউরোপ-আমেরিকার বিভিন্ন দেশে ছিলেন 'সজান' বা কর্মসূত্রে আসা মানুষ। একটা নির্দিষ্ট সময় অবস্থান করে রুজিরোজগার করে আবার দেশে ফিরে যেতেন, আবার আসতেন। কিন্তু কোনো দিনই তারা এদেশগুলোকে ভুলেও নিজের দেশ মনে করেননি, করার কারণও ছিল না। এই ঐতিহ্য চলছিল ঊনিশ শ' সত্তরের দশক পর্যন্ত।

কিন্তু আমরা সে ধরণের প্রবাসী নই বা প্রবাসীজীবন যাপন করছি না। মোঘলরা যেমন ভারতে গিয়ে দেশটাকে আপন করে নিয়েছিল, অপ্রিয় হলেও সত্য যে, এখন আমরাও অনেকটা সেভাবেই বিলাতকে দেশ ভাবতে শুরু করেছি। আমাদের সন্তানদের কাছেতো এটা স্বদেশের মতো। বাংলাদেশ তাদের পূর্বপুরুষের দেশ। বাংলাদেশে তারা যায় বেড়াতে। এই সত্যকে মেনে নিয়ে আমিও বলতে চাই আমরা আমাদের পূর্বসূরিদের মতো বিলাতপ্রবাসী নই, বিলাতবাসী। ঠিক একইভাবে আমাদের উত্তরসূরিদের সংজ্ঞাও পরিবর্তিত হচ্ছে। তারা বাঙালি হলেও আমাদের মতো বাঙালি নয়, তারা— বাঙালি-ব্রিটিশ অথবা ব্রিটিশ-বাঙালি। কেমন লাগছে এর জবাবে বলবো: 'আমি এক যাযাবর/ পরকে আপন করেছি আমি/ আপন করেছি পর'। সুতরাং ভাল লাগার চাইতে অন্তর পুড়ার মাত্রাটাই বেশি।

চিন্তাসূত্র: কর্মব্যস্ততার ফাঁকে লেখালেখির সুযোগ পান কেমনে?

ফারুক আহমদ: আমার কাছে জীবনের আরেক নামই কর্ম। কার্মহীন জীবনতো জীনব নয়, জড়। সেই বাল্যকাল থেকেই আমি কাজ করতে পছন্দ করি। সেজন্য কর্মব্যস্ততার সঙ্গে প্রতিযোগিতা করেই সুযোগটা বের করে নিতে চেষ্টা করি এবং নেই।

---

[৩৩]চিন্তাসূত্র.কম, পয়লা ডিসেম্বর ২০১৭।

চিন্তাসূত্র: দূরপ্রবাসে বসে দেশকে কেমন অনুভব করেন? হঠাৎ করেই দেশে ফেরার জন্য প্রাণ কেঁদে ওঠে কখনো? দেশের কথা মনে পড়লে কী করেন?

ফারুক আহমদ: জন্মভূমি ভুলে থাকা কী কোনো মানুষের পক্ষে কখনো সম্ভব? গত প্রায় তিন দশকের মধ্যে হয়ত এমন কোনো দিন ছিল না যেদিন দেশের কথা মনে না আসেনি। এছাড়া, আমাদের মতো নবিস লেখকদের লেখার মূল চালিকাশক্তিইতো— মা, মাটি আর মানুষ। তাই কোনো না কোনো ভাবে প্রতিদিনই দেশ মাতৃকার কথা এসেই যায়। আর এখনতো ফেইসবুক, টুইটার, ওয়াট্‌সআপের মাধ্যমে প্রতিমুহূর্তেই বন্ধুবান্ধব, আত্মীয়স্বজনের সঙ্গে আলাপ হচ্ছে। দেশের কথা মনে হলে অবশ্যই প্রাণ কেঁদে ওঠে। তখন প্রাণ খুলে বেসুরো কণ্ঠে কবিতা আবৃতি কার, গুন গুনিয়ে নিজের মতো করে গান গাই তবে বেশির ভাগ সময়ই গানে প্রাণ জুড়াই।

চিন্তাসূত্র: প্রবাসে সাহিত্য চর্চায় কোনো প্রতিকূলতার মুখোমুখি পড়েছেন?

ফারুক আহমদ: আমার লেখালেখির ক্ষেত্র হচ্ছে মননশীল সাহিত্য। এই দৃষ্ঠিকোণ থেকে বলা যায় এখানকার জীবন আমার লেখালেখির জন্য সহায়ক ভূমিকা পালন করেছে। যে সকল বই বাংলাদেশে থাকাকালীন আমার পক্ষে কেনা বা পড়া সম্ভব ছিল না, অথবা যে সকল দলিল-দস্তাবেজ পাওয়া ছিল প্রায় অসম্ভব এখানকার ব্রিটিশ লাইব্রেরি, সোয়াস লাইব্রেরি ইত্যাদির বদৌলতে তা আমি পড়তে পেরেছি। রূপসী বাংলা, সঙ্গীতা, গ্রন্থনীড় ইত্যাদি বুক শপগুলোর মাধ্যমে বাংলাদেশ ও ভারত থেকে প্রকাশিত গুরুত্বপূর্ণ বইগুলো অতি সহজে সংগ্রহ করতে পেরেছি। তৃতীয়ত আমি অত্যন্ত সৌভাগ্যবান যে, এখানকার কয়েকজন প্রবীণ মারা যাবার আগে তাদের ব্যক্তিগত সংগ্রহ আমাকে দিয়ে গেছেন। তার ওপর রয়েছে আমার বন্ধুবান্ধবদের ব্যক্তিগত লাইব্রেরি। এতো গেল একটি দিক। অন্যদিকে আমার স্ত্রী বিলাতে লেখাপড়া করে বড়ো হলেও সুখের কথা যে জিসিএসসি পর্যন্ত বাংলা পড়েছেন। আমার দ্বিতীয় বইটি তারই টাইপ করা। এদেশে আসার আগে আমি বাংলা টাইপ করা, কম্পিউটার চালানো ইত্যাদি জানতাম না। এখানে আসার পরে তার হাত ধরেই এগুলো শিখেছি। সেজন্য এখন পর্যন্ত আমার সাহিত্য চর্চায় বড়ো ধরণের কোনো প্রতিকূলতার মুখোমুখি হতে হয়নি বা হচ্ছে না।

চিন্তাসূত্র: সামনে বিজয় দিবস। এ সময় আপনি দেশের বাইরে। বিজয় দিবসসহ জাতীয় দিবসগুলোর সময় বিদেশের মাটিতে বসে দেশকে কিভাবে উপলব্ধি-ধারণ করেন। দিবসগুলো পালন করবেন কীভাবে?

ফারুক আহমদ: আমি মুক্তিযুদ্ধে বিলাতবাসী বাঙালির অবদান নিয়ে দীর্ঘদিন কাজ করেছি। সেজন্য শুধু বিজয় দিবস নয়, যেকোনো জাতীয় দিবসের সময় তুলনামূলকভাবে একটু বেশি ব্যস্ত থাকি। তখন এখানকার পত্রপত্রিকার কাছ থেকে লেখা দেবার তাগাদা আসে। টেলিভিশনগুলোর প্রতিনিধিরা আসেন অভিমত, সাক্ষাৎকার, মুক্তিযুদ্ধবিষয়ক ছবি, লিফলেট ইত্যাদির স্থির চিত্র সংগ্রহের জন্য। দেশের মতো, এখানকার বিভিন্ন সংগঠন অনেক

আগে থেকেই দিবসগুলো পালনের প্রস্তুতি নিয়ে থাকে এবং সে অনুষ্ঠানগুলোতে যাবার জন্য অনুরোধ আসে। তখন মনে হয়, বিদেশে নয়, দেশেই আছি।

চিন্তাসূত্র: আগামী বইমেলায় আপনার কোনো বই আসছে?

ফারুক আহমদ: দুটো বই আসার সম্ভাবনা রয়েছে। প্রথমটি 'বিলাতে বাংলা সাহিত্য ও সংস্কৃতি চর্চা'। এটি প্রকাশ করছে বাংলা একাডেমি, ঢাকা। দ্বিতীয় বইটি হচ্ছে ২০০২ সালে প্রকাশিত 'বিলাতে বাংলা সংবাদপত্র ও সাংবাদিকতা' গ্রন্থের প্রথম সংস্করণ। প্রকাশ করছে ইত্যাদি গ্রন্থ প্রকাশ, ঢাকা।

চিন্তাসূত্র: দেশের সাহিত্য চর্চার নিয়মিত খোঁজ পান? কীভাবে দেখছেন এ সময়ের সাহিত্য চর্চা?

ফারুক আহমদ: ইতঃপূর্বে দেশের সাহিত্য চর্চা সম্পর্কে জানার মাধ্যম ছিল বাংলা সংবাদপত্র। কিন্তু ২০১৪ সালে এখানকার বুকশপগুলো একে একে বন্ধ হয়ে যাবার পর থেকে আগের মতো নিয়মিত খোঁজ পাচ্ছি না। এক্ষেত্রে আমার ধারণা— তা সঠিক নাও হতে পারে— আগের চাইতে, বিশেষ করে কথা সাহিত্য এবং মননশীল সাহিত্যের চর্চা তুলনামূলকভাবে কম হচ্ছে। তবে যারা করছেন তারা ভালোই করছেন।

চিন্তাসূত্র: বাংলা সাহিত্যকে আন্তর্জাতিক পরিমণ্ডলে ছড়িয়ে দিতে হলে, কী ধরণের পদক্ষেপ নেয়া উচিত বলে আপনি মনে করেন?

ফারুক আহমদ: এর একমাত্র পথ হচ্ছে অনুবাদ। এ কাজের জন্য বাংলা একাডেমির মতো, আরেকটি প্রতিষ্ঠান, 'আন্তর্জাতিক মাতৃভাষা ইন্সটিটিউট' রয়েছে। এ প্রতিষ্ঠানটি এক্ষেত্রে উল্লেখযোগ্য ভূমিকা রাখতে পারে। কিন্তু 'আন্তর্জাতিক মাতৃভাষা ইন্সটিটিউট'-এর কাজটা কী? অর্থাৎ প্রতিষ্ঠানটি কী কাজ করছে তা আমরা জানিনা।

এখানে অপ্রাসঙ্গিক হলেও বলতে চাই, আমরা বাংলা ভাষার সাহিত্য আন্তর্জাতিক পরিমণ্ডলে কাঙ্ক্ষিতভাবে ছড়িয়ে দিতে না পারলেও বাঙালি-ব্রিটিশ, বাঙালি-আমেরিকান এবং অস্ট্রেলিয়ানদের সাহিত্যকর্ম সে শূণ্য স্থানটি পূরণ করছে বলেই আমার বিশ্বাস। এর ইতিহাস দীর্ঘ। আমি নীরোদ সি চৌধুরী, তপন রায় চৌধুরী, অমর্ত্য সেন, কেতকী কুশারি ডাইসন, গোলাম মুরশিদ, হিরন্ময় ভট্টাচার্য, আবদুল গাফফার চৌধুরী প্রমুখ প্রবীন বাঙালির কথা বাদ দিয়ে একেবারে সাম্প্রতিক যে উদাহরণগুলো দেয়া যায়, সে তালিকার প্রথম নামটি হচ্ছে মনিকা আলী।বিশ শতকের শেষ দশক থেকে যে বাঙালি-ব্রিটিশরা ইংরেজি সাহিত্য করছেন, তাদের মধ্যে মনিকা আলী সবচে আলোচিত ও প্রশংসিত একটি নাম (এবং পূর্ব লন্ডনের সিলেটি বাঙালি সমাজের একটি অংশের কাছে সমালোচিত)। বাঙালি পিতা ও ইংরেজ মাতার সন্তান মনিকা আলীর জন্ম বাংলাদেশে, বেড়ে ওঠা ইংল্যান্ডের বল্টনে এবং লেখাপড়া অক্সফোর্ডে। ২০০৩ সালে তার 'ব্রিক লেইন' উপন্যাসের পাণ্ডুলিপির ওপর ভিত্তি করে ইংরেজি সাহিত্যপত্রিকা *গ্রান্টা* তাকে ব্রিটেনের শ্রেষ্ট তরুণ ঔপন্যাসিক মনোনীত করে।

২০০৩ সালে প্রকাশিত হলে, উপন্যাসটি বিলাতে 'ম্যান বুকার' ও 'হুইটব্রেড' এবং আমেরিকার 'ন্যাশনাল ক্রিটিক সার্কেল' পুরস্কারের জন্য বাছাই-তালিকায় যায়। ২০০৭ সালে উপন্যাসটিকে নিয়ে নির্মিত হয়, *ব্রিক লেইন* চলচ্চিত্র। মনিকা আলী লিখিত অন্য বইগুলোর মধ্যে আছে—*অ্যালেন্তেজো ব্লু* (২০০৬), ইন দ্য কিচেন (২০০৯) ও *আনটোল্ড স্টোরি* (২০১১)।

তার পরেই আসে জিয়া হায়দার রহমানের নাম। জিয়া ১৯৭১ সালের পরে, মাতাপিতার সঙ্গে লন্ডনে আসেন। অক্সফোর্ড, ক্যাম্ব্রিজ ও ইয়েল বিশ্ববিদ্যালয়ে পড়াশোনা করে, জিয়া প্রথমে ছিলেন একজন বিনিয়োগ ব্যাংকার হন; এরপর কর্পোরেট আইনজীবী, আরও পরে আন্তর্জাতিক মানবাধিকার-বিষয়ক আইনজীবী হিসেবে কাজ করছেন। ২০১৪ সালে তার প্রথম উপন্যাস *ইন দ্য লাইট অব হোয়াট উই নো* প্রকাশিত হয়। উপন্যাসটি এখন পর্যন্ত—ডাচ, হিব্রু, স্পেনিশ, ফ্রেঞ্চ, জার্মান, বাংলা, পর্তুগিজসহ বিভিন্ন ভাষায় অনূবাদিত হয়েছে। এই উপন্যাসটির জন্য তিনি ২০১৫ সালে যুক্তরাজ্যের সবচে পুরানো ব্রিটিশ সাহিত্য পুরস্কার— 'জেম্স টেইট ব্ল্যাক প্রাইজ' লাভ করেন। অন্যদের মধ্যে আছেন— আইরিন জোবাইদা খান, মঞ্জু ইসলাম (সৈয়দ মঞ্জুরুল ইসলাম), তাহমিমা আনাম, সঞ্চিতা ইসলাম, মোহাম্মদ মাহবুব হোসেন (ইড হাসান), ফয়সল ইসলাম, রাবিনা খান, কেয়া আব্দুল্লাহ, শেলি সিলাস, রেখা ওয়াহিদ, শাহিদা রহমান প্রমুখ। বর্তমানে কানাডাবাসী কথাশিল্পী নিয়ামত ইমাম, তার বিখ্যাত উপন্যাস *দ্য ব্লাক কোট* লন্ডনে বসে লিখেছিলেন। উপন্যাসটি পেঙ্গুইন ২০১৩ সালে ভারতে এবং ২০১৫ সালে লন্ডনে প্রকাশ করে। এভাবে ইউরোপ, আমেরিকা ও অস্ট্রেলিয়ায় আরও অনেক বাঙালি আছেন যারা আন্তর্জাতিক পরিমণ্ডলে বাংলাদেশের নামটাকে ধারণ করছেন, দূত হিসেবে কাজ করছেন।

চিন্তাসূত্র: বাংলা সাহিত্যের ভবিষ্যৎ নিয়ে আপনার অভিমত-মূল্যায়ন জানতে চাই।

ফারুক আহমদ: বাংলাদেশে বাংলা সাহিত্যের ভবিষ্যৎ অবশ্যই সম্ভাবনাময়। যে দেশে এখন প্রায় সতের থেকে আটারো কোটি বাঙালির বসবাস সে দেশে বাংলা সাহিত্যের ভবিষ্যৎ নিয়ে চিন্তা করার কোনো কারণ নেই। যুগে যুগে বঙ্কিম, রবীন্দ্রনাথ, শরৎ কিংবা জীবনানন্দের মতো লেখক না জন্মালেও শামসুর রহমান, আল মাহমুদ, হুমায়ুন আজাদ, সৈয়দ শামসুল হক, হুমায়ুন আহমদের মতো লেখকতো আমরা পেয়েছি। এখনো আমাদের হাসান আজিজুল হক, হেলাল হাফিজ, নির্মলেন্দু গুণ, মহাদেব সাহা, আসাদ চৌধুরী, প্রশান্ত মৃধা, ইমদাদুল হক মিলন, আনিসুল হক প্রমুখ তো রয়েছেন।

ব্যক্তিগত এ্যালবাম

সম্মিলিত সাহিত্য ও সাংস্কৃতিক পরিষদ, যুক্তরাজ্য বইমেলা ২০১৮

বাম থেকে: রেজুয়ান মারুফ, স্মৃতি আজাদ, কবি আসাদ মান্নান, ওসমান গণি, আবদুল গাফ্ফার চৌধুরী, প্রফেসর মাহমুদ শাহ কোরেশী, ফারুক আহমদ (সভাপতি), আদিত্য অন্তর ও ইসহাক কাজল

রাণাপিং আদর্শ উচ্চবিদ্যালয় ও কলেজ ২০১৩

চৌঘরী গোয়াসপুর সরকারী প্রাথমিক বিদ্যালয়

রাণাপিং আদর্শ উচ্চবিদ্যালয় ১৯৮৭ (বাম থেকে: আব্দল খালিক, ফারুক আহমদ ও আব্দুল মুকিত)

গোয়াসপুর কুতুব আলী সরকারি প্রাথমিক বিদ্যালয় ২০১৩

গোলাপগঞ্জ কোয়ালিটি (ইংলিশ মিডিয়াম) স্কুল, জানুয়ারি ২০২০

বাম থেকে: সৈয়দ আবতার হোসেন ও সাহারুন নিসা

সামির হাসান ফারুকী, জাহানারা বেগম, দ্বীনা লায়লা, ফারুক আহমদ, আবরার নাদিম ফারুকী ২৮ শে জুলাই ২০১৮

প্রয়াত আবদুল মসব্বিরের পরিবার
বাম থেকে: রাশেদ আহমেদ, ফাহিমা বেগম, সালমা বেগম, রোকেয়া বেগম (স্ত্রী), হালিমা বেগম ও মাসুদ আহমেদ

আবদুল মসব্বির, আফতাব উদ্দিন, তানযিফা হোসেন ও আবদুল মুক্তাদির (বাম থেক)

বাম থেকে: আবদুল মসব্বির, আবদুল মুক্তাদির, আফতাব উদ্দিন (আফতাব আলী), সাহারুন নিসা

বাম থেকে : আবদুল মুক্তাদির, আফতাব উদ্দিন (আফতাব আলী)

আবদুল মুক্তাদির ও বেগম বাহার

মোহাম্মদ মনসুর ম্যামোরিয়াল (নয়া বাড়ি), গোয়াসপুর

জাহানরা বেগম ও দ্বীনা লায়লা

ফারুক আহমদ, ১৯৮০

ফারুক আহমদ, ১৯৯০

ফারুক আহমদ, ১৯৯৭

ফারুক আহমদ, ২০১৭

ফারুকআহমদ, ১৮ আগস্ট ২০১৩ (ছবি: জাহানারা বেগম)

MAPublisher Catalogue

ISBN/Titles /Image/Author	Description	ISBN/Titles /Image/Author	Description
978-1-910499-00-9 Father to child By Mayar Akash	This book about poetry of transition to adulthood. Ebook version 978-1-910499-02-3	978-1-910499-08-5 HSJ Lakri Tura By Mayar Akash	Lakri Tura is a tradition attached to the veneration of Hazrat Shahjalal of Sylhet, still practiced by his devotees.
978-1-910499-03-0 HSJ Mazar Sharif By Mayar Akash	This book is about the shrine of the Sufi Saint Hazrat Shah Jalal who propagated Islam in Sylhet, Bangladesh in the 1300s.	978-1-910499-09-2 HSJ Gilaf Procession By Mayar Akash	Gilaf change is another part of the veneration pageant that for Hazrat Shahjalal, sufi saint of Sylhet, Bangladesh.
978-1-910499-05-4 Tides of Change By Mayar Akash	This book is about the Sylheti history in 1993. Where the community took another beating.	978-1-910499-14-6 The Halloweeen Poem by Zainab Khan	This is poetry book written by an 8 year old about their Halloween experience.
978-1-910499-06-1 Hazrat Shahjalal By Mayar Akash	This book is about a Sufi Saint Hazrat Shahjalal who propagated Islam in Sylhet, Bangladesh in the 1300s.	978-1-910499-15-3 Anthology One By Penny Authors	This is the first Anthology - of poetry from different writers.
978-1-910499-07-8 HSJ Urus By Mayar Akash	Urus is the veneration days of the Sufi Saint Hazrat Shahjalal of Sylhet, Bangladesh.	978-1-910499-17-7 Anthology Two By Penny Authors	This is the second Anthology - of poetry from different writers.

ISBN/Titles /Image/Author	Description	ISBN/Titles /Image/Author	Description
978-1-910499-18-4 Basic Numbers 1-10  By MAPublisher	This is the 1st stage of LLB number learning of 1-10.	978-1-910499-26-9 Colouring Numbers 1-10 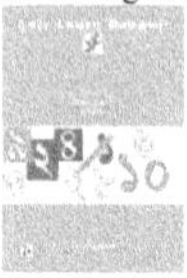 By MAPublisher	This is a colouring book for 2+ children to get introduced to the Bengali numbers.
978-1-910499-19-1 Number 1-100  By MAPublisher	This is the 2nd stage of LLB number learning of 1-100.	978-1-910499-27-6 Activity Numbers 1-10  By MAPublisher	This is activity book for children from the ages 5+, where they will visualise, write and pronounce the numbers.
978-1-910499-20-7 Vowels  By MAPublisher	This is the 1st stage of LLB. Learning the vowels of the Bengali alphabets.	978-1-910499-28-3 Activity Colouring Alphabets  By MAPublisher	This is a colouring book with Bengali Alphabets for children from 2+ to get introduced to the language.
978-1-910499-21-4 Alphabet Consonants  By MAPublisher	This is the 2 stage of LLB. Learning the Consonants of the Bengali Alphabets.	978-1-910499-29-0 Book of Lived v3  By Penny Authors	This is the third Anthology - of poetry from different writers .
978-1-910499-22-1 Vowels & Short  By MAPublisher	This is the 3rd stage of LLB: learning the shorthands before starting to read and write.	978-1-910499-38-2 Bite Size Islam: 99 Names of Allah  By Mayar Akash	This is the first of the Bite Size Islam books to come. This format will cover the various aspect of the religion in bite size for the young people.

ISBN/Titles /Image/Author	Description	ISBN/Titles /Image/Author	Description
978-1-910499-35-1 V4 Book of Lived By Penny Authors	This is the fourth Anthology - of poetry from different writers.	978-1-910499-37-5 When You Look Back By Rashma Mehta	When you look back", who hasn't been there? No matter how strong you are, she manages to take you back to memory lane.
978-1-910499-36-8 Delirious By Liam Newton	This is the first of the Writer's Champion book getting Liam Newton's book of lyrics and poem.	978-1-910499-42-9 Bangladeshi Fishes basic Guide By Mayar Akash	Basic guide to Bangladeshi fishes and the fishes that are eaten in the UK. Contain pictures, names, and their suitability for eating.
978-1-910499-39-9 Eyewithin By Mayar Akash	This is the 3rd book of Mayar Akash. The book catalogues the lost paintings by himself.	978-1-910499-13-9 Chronicle of Sylhetis of UK By Mayar Akash	The community, who after 46 years have managed to get themselves in the driving seats of their life in United Kingdom.
978-1-910499-37-5 My Dream World By Rashma Mehta	This book will keep readers spell-bound as they read the stories, poems and lyrics wanting to know more looking into Rashma's dream world.	978-1-910499-40-5 World's First University By Dr Gias Uddin Ahmed	This book focus on the first world university and the ancient education system dating far back as 3500bc.
978-1-910499-49-8 Cry for Help By B. M. Gandhi	This is B. M. Gandhi's collection of poetry depicting his life, Tanzanian life.	978-1-910499-51-1 Brick & Mortar By Mayar Akash	This book lists all the changes that the Bangladeshi community has made in London Borough of Tower Hamlets.

ISBN/Titles /Image/Author	Description	ISBN/Titles /Image/Author	Description
978-1-910499-50-4  Penny Authors	This is the fifth Anthology - of poetry from different writers.	978-1-910499-55-9 Riversolde  By Meriyon	2020 release. Children's book based around fish life written and told through a poem.
978-1-910499-43-6 **My Life Book 1**  By Mayar Akash	This is the first book of the author's entire collection of writing since the age of 12 to 43.	978-1-910499-54-2 **V6 Book of Lived**  By Penny Authors	2020, the year of the Covid 19 issues, Penny Authors' anthology. This collection, Covid 19 experiences are encapsulated in their poems.
978-1-910499-44-3 **My Life Book 2**  By Mayar Akash	The journeys are many and varied with so many challenges and obstacles as a Sylheti, Bangladeshi.	978-1-910499-32-0 WG & ME  By Mayar Akash	Mayar writes about his journey with a rare autoimmune disease, how he survived it.
978-1-910499-52-8 Lit from within  By Ruth Lewarne	This Ruth's collection of her poems keeping with the old school Shakespearian style.	978-1-910499-53-5 Angel Eyez  By Rashma Mehta	This is Rashma's 3rd book with more of her poems. This installation is packed with over 398 pages of her poems.
978-1-910499-56-6 The Warrior Queen  By Dr Gias Uddin Ahmed	This book celebrates women from all ages, starting with Lilith.	978-1-910499-57-3 The vampire of the Resistance  By Ruth Lewarne	This is a rollicking tale of a reluctant heroine, forced into a world where she encounters high drama and low scheming, and not least of all, the Gestapo.

ISBN/Titles /Image/Author	Description	ISBN/Titles /Image/Author	Description
978-1-910499-58-0 **East End Photos** Mayar Akash	Author's collection of photographs of the East End. This collection is of the Borough of Tower Hamlets	978-1-910499-59-7 **East End Photos** By Mayar Akash	Author's collection of photographs of the East End. This collection is of: Brick Lane, LBTH
978-1-910499-60-3 **East End Photos** By Mayar Akash	Author's collection of photographs of the East End. This collection is of the Borough of Tower Hamlets 2	978-1-910499-61-0 **Grenfell Tower** By Mayar Akash	Author's collection of photographs from the aftermath of the tragic fire of Grenfell Tower.
978-1-910499-62-7 **East End Photos** By Mayar Akash	Author's collection of photographs of the East End. This collection is of: Voluntary Service PYO; LBTH	978-1-910499-63-4 **East End Photos** By Mayar Akash	Author's collection of photographs of the East End. This collection is of: Mulberry Place, Town Hall LBTH
978-1-910499-64-1 **East End Photos** By Mayar Akash	Author's collection of photographs of the East End. This collection is of: BBQ at Bancroft Estate; LBTH	978-1-910499-65-8 **East End Photos** By Mayar Akash	Author's collection of photographs of the East End. This collection is of: PYO, Poland Exchange; LBTH
978-1-910499-67-2 By Mukid Choudhury	This is about the Faruque Ahmed and his love of history. He is a prominent writer of the Bangladeshi community in UK.	978-1-910499-68-9 **Mazar Adventure** By Mayar Akash	This is a collection of over 300 Mazaar sites of Sylhet, Bangladesh. This is for the Sufi enthusiast.

All books are available on-line, Google the titles and they will take you to the sites where you can acquire copies.

www.ingramcontent.com/pod-product-compliance
Ingram Content Group UK Ltd.
Pitfield, Milton Keynes, MK11 3LW, UK
UKHW020129250726
13967UKWH00002B/549